rotpunkt

Sportkletterführer

ÖSTERREICH

Vorarlberg
Reutte
Affenhimmel
Ötztal
Chinesische Mauer
Dschungelbuch
Östliche Martinswand
Ewige Jagdgründe
Tulfer
Kufstein
Schleier Wasserfall
Hohlwegen
Falkenstein
Rettenbach
Bad Goisern
Burgstall
Kleiner & Großer Falkenstein
Lienzer Dolomiten
Malta
Dobratsch
Kanzianiberg
Graz
Unteres Ennstal
Rettenstein
Scheibbs
Wachau
Helenental
Peilstein
Thalhofergrat
Hohe Wand

TIMO MARSCHNER

Titel: Stefan Fürst in *Gambit 8c+*, Schleier Wasserfall
Foto Leo Himsl
Bild Seite 5: Gerhard Hörhager in *The big red 8a+*, Tulfer
Foto Timo Marschner

Timo Marschner,
Sportkletterführer Österreich

Rotpunkt Verlag, Weinstadt

3. komplett überarbeitete Auflage, April 1995

ISBN 3-928899-17-1

Copyright bei Rotpunkt Verlag, Postfach 21 60

D-71371 Weinstadt-Benzach, Tel.: 0 71 51/9 99 02-0

Alle Rechte, auch auszugsweise, vorbehalten

Produktion/Layout Stefan Brandes: Rotpunkt Produktions GmbH

Gestaltung Titel: Werner Bauer

Gedruckt auf sauerstoffgebleichtem Papier

**Top-Marken
für den
Outdoor- und
Bergbereich:**

DIETER KLETT
Sportartikelvertrieb

Postfach I 83 • D-72422 Albstadt
Telefon (0 74 31) 20 22
Telefax (0 74 31) 20 10

Inhalt

Übersicht der Gebiete 10
Vorwort 12
Gebrauch des Führers 13

1	VORARLBERG	28
2	REUTTE	60
3	AFFENHIMMEL	72
4	ÖTZTAL	92
5	CHINESISCHE MAUER	106
6	DSCHUNGELBUCH	118
7	ÖSTLICHE MARTINSWAND	138
8	EWIGE JAGDGRÜNDE	146
9	TULFER	156
10	KUFSTEIN	162
11	SCHLEIER WASSERFALL	180
12	HOHLWEGEN	190
13	FALKENSTEIN	206
14	RETTENBACH	210
15	BAD GOISERN	218
16	BURGSTALL	226
17	KLEINER & GROSSER FALKENSTEIN	232
18	LIENZER DOLOMITEN	240
19	MALTA	256
20	DOBRATSCH	260
21	KANZIANIBERG	264
22	GRAZ	276
23	UNTERES ENNSTAL	302
24	RETTENSTEIN	330
25	SCHEIBBS	336
26	WACHAU	340
27	HELENENTAL	362
28	PEILSTEIN	380
29	THALHOFERGRAT	388
30	HOHE WAND	396

Übersicht der Gebiete

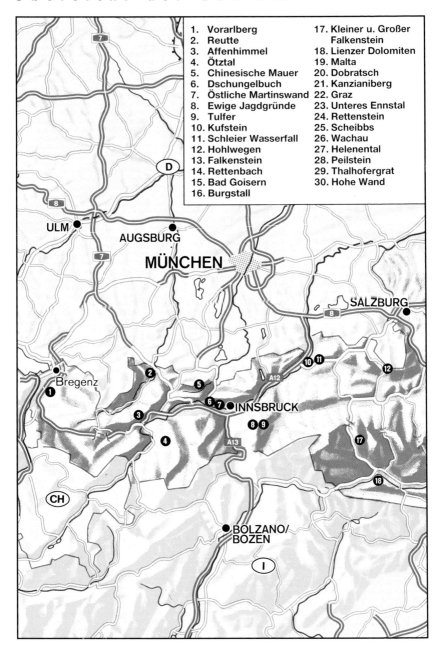

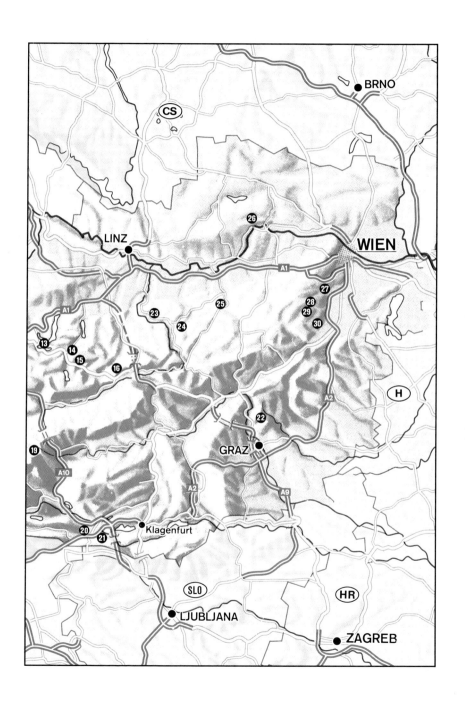

Vorwort

Drei Jahre ist es nun her, seit ich zum ersten Mal durch Österreich zog, um den vorliegenden Sportkletterführer zu recherchieren. In den drei Jahren hat sich einiges getan, viele neue Klettergärten wurden erschlossen, bei etlichen Gebieten kamen neue Massive hinzu und mehrere hundert neue Anstiege wurden in den »alten« Sektoren eröffnet.

Bevor ich im Sommer 94 losfuhr, hatte ich über 100 Kletterinnen und Kletterer aus Österreich angeschrieben, ob sie mir die neuesten Infos liefern könnten. Die Resonanz war einfach toll, aus dem ganzen Land kamen Rückmeldungen über neue Klettergärten, Kontaktadressen, Verbesserungsvorschläge und gute Tips. Doch auch weniger erfreuliches flatterte ins Haus, wie zum Beispiel Felssperrungen, Probleme mit den Anliegern oder den Gemeinden, Vogel- und Naturschutz und sonstiger Ärger. Dank der Vorinformationen konnten wir vor Ort die entsprechenden Locals aufsuchen und die Probleme besprechen.

So fielen etliche Klettergärten, die im Buch bereits fest eingeplant waren, aus den oben erwähnten Gründen wieder heraus. Auf Wunsch der Jäger mußten wir auf das Gebiet Warmbad bei Kärnten verzichten. Der Plombergstein am Wolfgangsee soll laut Locals weiterhin ein Geheimgebiet bleiben, bei Achleiten gab's Mammuttelefonate mit den Grundbesitzern, Pächtern und Locals, bis ich dann endlich ein klares »Nein« bekam. Dasselbe beim Klettergarten Saubichl, wo es Probleme mit dem Zugang gibt. Der Streit zwischen den Sankt Johanner Kletterern und dem Grundbesitzer lief bereits über den Rechtsanwalt. Ganz klar, daß Saubichl in diesem Buch nicht erscheint. Am Hengstpaß gab's oder gibt es Probleme mit der Forstwirtschaft und den Jägern, die um ihr Wild fürchten. Und in dem familienfreundlichen Oberried im Ötztal stellt sich die Agrargemeinschaft quer, da es in vergangener Zeit Parkplatzprobleme und Probleme mit dem Weidevieh gab.

Auch Klettergärten, die noch nicht komplett erschlossen sind, wie beispielsweise Au im Vorarlberg oder das (noch) Geheimgebiet von Reinhart Schiestl im Ötztal, habe ich natürlich nicht aufgenommen, denn die Erschließer sollen in Ruhe arbeiten und erstbegehen können.

Um den Österreichführer möglichst attraktiv zu gestalten, habe ich aus dem alten Führer einige Gebiete gestrichen. So mußten die Spullerplatten, das Hahntennjoch, die Waidringer Steinplatte, Paß Lueg und Mödling Platz machen für die drei Klettergärten bei Reutte, das wunderschön gelegene Tulfer oberhalb der Ewigen Jagdgründe. Neu sind auch das zweistöckige Burgstall, Dobratsch im Kärntner Land, Rettenstein nahe dem bekannten Unteren Ennstal und der Thalhofergrat in der Wiener Ecke.

Wie ihr vielleicht bereits erkannt habt, fehlt in dieser Ausgabe das Routenregister. Schweren Herzens habe ich mich für diese Kürzung entschlossen, denn sonst hätte ein weiteres Klettergebiet rausfallen müssen. In Absprache mit dem Verlag durfte der Führer nicht mehr als 420 Seiten haben. Schade, wenn man bedenkt, daß bereits die Lessnerwand bei Leoben, Eppenstein bei Knittelfeld, die Kollerwand, Flatzer Wand und Teichmühle bei Wiener Neustadt und das Konglomeratgebiet Känzele dem Rot(punkt)stift zum Opfer gefallen sind.

Doch ich denke, der vorliegende Kletterführer bietet trotzdem sehr viel neue Informationen, um einen tollen und erlebnisreichen Kletterurlaub in Österreich zu gestalten.

April 1995, Timo Marschner

Gebrauch des Führers

Alle Gebiete sind in ein 4-Sterne-System aufgegliedert. Natürlich ist solch eine Bewertung immer etwas subjektiv, wir hoffen aber, möglichst objektive Bewertungen zu liefern. Priorität haben hierbei die Absicherung und die Felsqualität. Weniger ausschlaggebend soll die Größe des Gebietes oder der Zugang sein.

Allgemein:
Das Gebiet sowie das Umfeld werden in kurzen Worten beschrieben.

Lage:
Hier wird die Entfernung eines Gebietes in Kilometern (Luftlinie) von den nächsten größeren Städten angegeben.

Zufahrt:
Anhand dieses Punktes ist die genaue Zufahrt zum Gebiet, ausgehend von der Autobahn oder Bundesstraße, zu ersehen. Als Hilfe können zum Beispiel die KOMPASS Wanderkarten mit dem Maßstab 1:50 000 verwendet werden.

Parken:
Ein wichtiger Infopunkt. Es werden immer die Plätze genannt, an denen es keine Probleme mit der Polizei (so hoffen wir) und der einheimischen Bevölkerung gibt. Natürlich besteht oftmals die Möglichkeit, noch ein paar Meter näher am Fels zu parken, doch um dem Unmut der Einheimischen aus dem Weg zu gehen, sollte sich jeder beim Abstellen des Fahrzeuges seine Gedanken machen.

Zugang:
Es wird immer der kürzeste, öffentliche Weg beschrieben. Als Hilfe dient eine Übersichtsskizze.

Lage der Felsen:
Um sofort einen Überblick zu haben, in welcher Jahreszeit und zu welcher Tageszeit mit Genuß geklettert werden kann, haben wir bei jedem Gebiet die Ausrichtung der Felsen mit aufgeführt.

Meereshöhe:
Wie hoch liegt das Klettergebiet über dem Meeresspiegel? Muß in den späten Herbsttagen bereits mit Schneefall gerechnet werden?

Routenanzahl:
Als erstes wird die Größe des Gebietes anhand der Tourenanzahl angegeben. Desweiteren werden die Routen nach dem Schwierigkeitsgrad geordnet. Nach Absprache mit etlichen Locals habe ich mich entschlossen, die französische Bewertungsskala zu verwenden. Zusätzlich wird angegeben, ob die Routennamen an den Einstiegen stehen.

Absicherung:
Wo gibt es Ringhaken, wo Bohrhaken, Bühler-Haken oder geschlagene Haken? Es wird ebenfalls darauf hingewiesen, in welchen Sektoren Klemmkeile benötigt werden.

Felsstruktur:
Ob Kalk, Granit oder Sandstein, ob vorwiegend löchriger Fels, Platten, Risse oder Querbänder, dies vermittelt der Abschnitt Felsstruktur.

Wandhöhe:
Damit man schon zu Hause weiß, was auf einen zukommt. Braucht man ein Doppelseil oder ein 50- bzw. 60-Meter-Seil?

Beste Jahreszeit:
Wann ist es im betreffenden Gebiet am angenehmsten zum Klettern? Ausschlaggebend ist die geografische Lage, Meereshöhe und die Ausrichtung der Felsen. Die Sommerzeit wird immer pauschal mit angegeben, obwohl es oftmals zu heiß ist.

Topo:
Es wird nur auf österreichische Gebietsführer hingewiesen. Desweiteren wird angegeben, wo man diese Kletterführer kaufen kann.

Übernachtung:
Meist werden hier die in näherer Umgebung liegenden Campingplätze beschrieben. Desweiteren werden die Öffnungszeiten und Preise angegeben (Stand 1994).

Lebensmittel:
Es werden der nächste größere Supermarkt und kleinere Einkaufsgeschäfte beschrieben.

Wasser:
Wichtig fürs Kochen und Waschen.

Hallenbad:
Nach zwei Wochen Kletterurlaub kann eine Dusche einiges bewirken. Es wird das nächstgelegene Hallenbad beschrieben.

Vergleichsskala Frankreich-UIAA

Frankreich	UIAA
5a	5+
5b	6-
5c	6
6a	6+
6a+	7-
6b	7
6b+	7+
6c	8-
6c+	8-
7a	8
7a+	8+
7b	8+
7b+	9-
7c	9
7c+	9
8a	9+
8a+	10-
8b	10
8b+	10+
8c	11-
8c+	11-
9a	11

Sportgeschäft:
Um zum Beispiel bei Chalkverlust nicht frühzeitig den Urlaub abbrechen zu müssen, haben wir die nächsten größeren Sportgeschäfte angegeben.

Kletterhalle:
Damit man wenn's regnet nicht in Panik verfällt.

Touristenbüro:
Sollten irgendwelche Probleme, z. B. mit der Auffindung einer Straße auftreten, so bekommt Ihr beim Touristenbüro die richtige Antwort. Fast überall wird einem auf Verlangen ein kostenloser Stadtplan überreicht. Desweiteren erhaltet Ihr Infos über Pensionen und Restaurants.

Routen:
In vielen Klettergebieten stehen an den Einstiegen die Tourennamen angeschrieben, somit erscheint uns ein Topo oft überflüssig. Die Routen sind dann von links nach rechts aufgelistet. Sollten wir von dieser Regel abweichen, wird extra darauf hingewiesen!

Nun dürften alle Unklarheiten beseitigt sein. Für Fehlinformationen bitten wir vorsorglich um Nachsicht. Wir wären natürlich dankbar, wenn Ihr uns in solchen Fällen informieren würdet. Wie immer an dieser Stelle einen Dank an Bernd Hlawatsch, der die Übersichtskarte erstellte.

Einen herzlichen Dank an

Armin Auer, Hall
Thomas Behm, Wiener Neustadt
Georg Blasl, Losenstein
Jörg Brejcha, Höfen
Franz Bräuer, Steyr
Claus Candido, Saalfelden
Alfred Dworak, Lienz
Stefan Eder, Landeck
Uwe Eder, Finkenberg
Gerhard Ehetreiber, Troifach
Christoph Finkel, Hindelang
Mathias Fluch, Purgstall
Gerhard Forcher, Lienz
Stefan Fürst, Kirchbichl
Harald Gansterer, Wiener Neustadt
Ewald Gauster, Wien
Hannes Gassner, Mondsee
Hubert Göberl alias Pip, Losenstein
Robert Gruber, Wien
Albert Grüner, Längenfeld
Sepp Gstöttenmayr, Großraming
Jürgen Höfle, Dornbirn
Heinz Höllebauer, Rohrendorf
Gerhard Hörhager, Finkenberg
Alex Huber, Palling

Beat Kammerlander, Feldkirch

Paul Koller, Kufstein

Willi Koller, Aich

Rainer Krismer, Imst

Klemens Loskot, Puch

Rochus Mathis, Hohenems

Michael Matlschwaiger alias Much, Bruck

Udo Meschik, Treffen

Sigi Moschen, Grins

Michael Nedetzky, Graz

Ingo Neumann, Schiefling

Franz Niederegger, Huben

Egon Pletzer, Opponitz

Christoph Prager, Innsbruck

Paul Preßlaber, Matrei

Heli Putz, Bad Goisern

Norbert Reizelsdorfer, Lenzing

Gerhard Schaar, Malta

Peter Schäffler, Götzis

Reini Scherer, Innsbruck

Reinhard Schiestl, Längenfeld

Martin Schuster, Knittelfeld

Wolfgang Vogl, Hörbranz

die mich tatkräftig bei diesem Führer unterstützten!

KUFSTEIN

Stefan Fürst beim Training
an der
Geisterschmiedwand.

Foto Leo Himsl

FALKENSTEIN

Eine optimale Mischung
aus Familienurlaub,
Baden und Klettern
bietet die nach Südwesten
ausgerichtete Felswand
des FALKENSTEINS.

Foto Timo Marschner

BURGSTALL

Durch die vielen einfacheren und
gut abgesicherten Touren eignet
sich BURGSTALL besonders für
Anfänger und etwas
fortgeschrittenere Kletterer.
Doch auch im extremen Bereich
gibt es sehr lohnende Anstiege.

Foto Timo Marschner

CHINESISCHE MAUER

Über 100 Routen findet man mittlerweile am Fuße des Öfelekopfes. Weiter links gibt es noch jede Menge Neuland.

Foto Timo Marschner

KANZIANIBERG

Ganz in der Nähe des Faaker Sees liegt der Klettergarten KANZIANIBERG. Durch die große Auswahl der Routen findet man von den einfachen bis extremen Routen in jedem Schwierigkeitsgrad einen passenden Anstieg.

Foto Timo Marschner

Nicolaus Mitterer in *Marakuja 7a+*,
Sektor Wig, EWIGE JAGDGRÜNDE.

Foto Timo Marschner

EWIGE JAGDGRÜNDE

Im hinteren Zillertal liegen die verschiedenen Granitblöcke der EWIGEN JAGDGRÜNDE. Sektorennamen wie Häuptling, Wig und Wam sowie *Tomahawk* oder *Sitting Bull* als Routennamen, lassen jedes Indianerherz höher schlagen.

Foto Timo Marschner

TULFER

Hoch über den Jagdgründen befindet sich das Kleinod TULFER. Wer erst einmal den Zugang hinter sich gebracht hat, wird mit tollen Routen in himmlischer Ruhe belohnt.

Foto
Timo Marschner

Stefan Fürst in *Gambit 8c+*, Schleier Wasserfall

Foto Leo Himsl

SCHLEIER WASSER-FALL

Eines der Schönsten und bedeutendsten Klettergebiete in Österreich ist der SCHLEIER WASSERFALL. Wer noch nie dort oben war, sollte auf jeden Fall einmal vorbeischauen, wenn's auch nur beim Sightseeing-Trip bleiben sollte.

Foto Timo Marschner

HOHE WAND

Von den unzähligen Wandabschnitten haben wir die interessantesten Sportklettersektoren vorgestellt. Im Bild der Bereich Sonnenuhrwand

Foto Timo Marschner

UNTERES ENNSTAL

Das UNTERE ENNSTAL besteht aus 6 Hauptsektoren, die sich alle verstreut um die Ortschaft Losenstein befinden. Im Bild oben der Sauzahn, dessen löchriges Gestein ein wenig an die Felsen vom nördlichen Frankenjura erinnern.

Foto Timo Marschner

Klaus Sonnleitner in *First class 8b+*, Sektor Hackermauer, UNTERES ENNSTAL

Foto Leo Himsl

VORARLBERG **

Allgemein

Die nachfolgenden Klettergärten von Bregenz über Feldkirch nach Bludenz haben wir zu einem großen Gebiet unter dem Namen VORARLBERG zusammengefaßt.

Beginnen wir mit dem Gebiet KÄNZELE, welches aus Platzgründen nur in kurzen Stichworten aufgeführt wird. Trotzdem einen Dank an Wolfgang Vogl, der mir bereits im Vorfeld meine Topos ergänzte, bzw. korrigierte.

Relativ unbekannt sind die Felsen zwischen den beiden Ortschaften Gütle und Ebnit, welche besonders im Sommer oder bei Regen zu empfehlen sind. Ganz lustig ist der ganz linke Wandteil, der etwa sechs Meter überhängt und fast nur aus geklebten Griffen besteht. Eine Bank und ein Rasenteppich sorgen für eine gewisse Gemütlichkeit. Auch zum Bouldern eignet sich EBNIT sehr gut. Jürgen Höfle ergänzte die fehlenden Schwierigkeitsangaben.

Ein sehr schönes Klettergebiet im Vorarlberg sind die LÖWENZÄHNE. Der lange Zugang zu diesem Miniaturgebirge lohnt sich auf jeden Fall. Insgesamt 110 Touren, vom 3. bis hin zu den ganz oberen Schwierigkeitsgraden sind an 7 verschiedenen Felsmassiven verteilt. Helmut Scheichl und Rochus Mathis unterstützten mich hilfsbereit bei den topographischen Zeichnungen und den dazugehörigen Routenauflistungen. Rochus war es auch, der den Sektor WENDKOPF einrichtete, alle Routen wurden übrigens im Vorstieg eingebohrt.

Den HÄNGENDEN STEIN habe ich nur ganz kurz erwähnt, da er zur Zeit saniert und neu erschlossen wird. Desweiteren muß mit der Gemeinde das Parkplatzproblem noch gelöst werden.

Über gute und weniger gute Klettergebiete läßt sich bekanntlich streiten, doch eines steht fest, BÜRS gehört mit Sicherheit zu den besseren, für mich zu dem besten Gebiet im Vorarlberg. Die Konglomerat-Wand hängt bis zu 18 Meter über, alle Ausdauerspezialisten werden in BÜRS ihre Freude haben. Robert Renzler vom Österreichischen Alpenverein berichtete mir, daß die Felsen Privatbesitz der Bürser Agrargemeinschaft sind. Der ÖAV hat jedoch einen Benutzungsvertrag ausgehandelt, wobei die Agrargemeinschaft darauf bestand, daß an den Felsen nur mit AV- Ausweis geklettert werden darf. Also Leute, vergeßt Euren Mitgliedsausweis nicht! Peter Schäffler war so nett und stand mir bei den fehlenden Infos zur Seite.

Zum Schluß noch die »Hart-Climbs« von LORÜNS. Nachdem das untere »Lorünser Wändle« der Industrie zum Opfer gefallen ist, haben die Vorarlberger, allen voran Beat Kammerlander, die oberen Felsmassive erschlossen. Was dabei herauskam seht Ihr ab Seite 50. Die künstlerisch gezeichneten Topos stammen von Beat.

An alle »Helfer« einen riesigen Dank für die fleißige Unterstützung.

Von Bregenz am Bodensee über Feldkirch nach Bludenz.	**Lage**
Von Ulm auf der Autobahn A 7 bis Memmingen und weiter auf der B 18 über Leutkirch nach Bregenz. Weitere Zufahrt siehe jeweiliges Teilgebiet (KOMPASS Wanderkarten 1:50 000, Nr. 2 »Bregenzerwald«/»Westallgäu« und Nr. 32 »Bludenz- Schruns«/»Klostertal«).	**Zufahrt**
Siehe jeweiliges Teilgebiet.	**Parken/Zugang**
Zur Zeit ist kein Führer erhältlich.	**Topo**
In Bregenz - Camping »Lamm«, Mehrerauerstraße 51, Tel. 0 55 74/7 17 01. - Camping »Weiß«, Brachsenweg 4, Tel. 0 55 74/3 57 71. - »Seecamping«, Bodangasse 7, Tel. 0 55 74/3 18 95. - Camping »Mexiko«, Hechtweg 4, Tel. 0 55 74/3 32 60. In Nüziders Camping »Sonnenberg«, 6714 Nüziders, Tel. 0 55 52/6 40 35. Preise: Zwei Personen (inkl. Platz, Auto, Kurtaxe und warme Duschen) Hochsaison ÖS 210; Nebensaison ÖS 170; jede weitere Person ÖS 50; Kinder zwischen 2 und 13 Jahre ÖS 30. Geöffnet von Mitte Mai bis Anfang Oktober. In Bürs »Auhof Camping«, 6706 Bürs, Tel. 0 55 52/6 70 44. Preise: Pro Person ÖS 37; Kinder zwischen 6 und 14 Jahren ÖS 32; großes Zelt mit Auto ÖS 68; kleines Zelt mit Auto ÖS 58; kleines Zelt ohne Auto ÖS 38. Ganzjährig geöffnet.	**Übernachten**
Größere Supermärkte in Bregenz, Dornbirn, Hohenems, Koblach, Feldkirch sowie Bludenz.	**Lebensmittel**
Brunnen in den nahegelegenen Ortschaften.	**Wasser**
– In Bregenz »Seehallenbad«, Strandweg (beim Stadion), Tel. 0 55 74/7 42 42. Öffnungszeiten: Di. bis Fr. 9.00 - 21.00 Uhr, Sa. 9.00 - 19.00 Uhr, So. und Feiertag 13.00 - 18.00 Uhr. Mo. geschlossen. – In Dornbirn »Städtisches Hallenbad«, Schillerstraße 18, Tel. 0 55 72/2 26 87. Öffnungszeiten: Di. 7.30 - 20.00 Uhr, Do. von 7.30 - 20.30 Uhr, Mi. und Fr. von 8.00 - 20.30 Uhr, Sa. von 8.00 - 20.00 Uhr, So. von 8.00 - 12.00 Uhr, Mo. geschlossen; im August geschlossen.	**Hallenbad**

VORARLBERG **

Sportgeschäft   – In Dornbirn »Bergsport Leitner«, Kapuzinergasse 8, Tel. 0 55 72/2 77 88.

– In Götzis »Alpin Loacker«, Montfortstr. 5, Tel. 0 55 23/5 53 92.

Kletterhalle   In Dornbirn auf dem Messegelände, Halle 5 (Parkplatz und Eingang zur Halle 6). Größe: 350 qm (11,2 m hoch), zusätzliche Boulderwand mit 50 qm. Öffnungszeiten: Di., Mi. und Do. von 16.00 - 22.00 Uhr, Fr. von 14.00 - 22.00 Uhr, Sa. und So. von 10.00 - 17.00 Uhr, Mo. geschlossen.

Touristenbüro   – 6990 Bregenz, Anton-Schneider-Str. 4a, Tel. 0 55 74/4 33 91-0. Öffnungszeiten: Mo. bis Fr. von 9.00 - 12.00 Uhr und 13.00 - 17.00 Uhr, Sa. 9.00 - 12.00 Uhr.

– 6850 Dornbirn im Alten Rathaus, Tel. 0 55 72/2 21 88. Öffnungszeiten: Montag bis Freitag von 8.00-12.00 Uhr und 13.00-18.00 Uhr, Samstag von 9.00-12.00 Uhr.

– 6800 Feldkirch, Herrengasse 12, Tel. 0 55 22/7 34 67. Öffnungszeiten: Mo. bis Fr. von 8.00 - 12.00 Uhr und 14.00 - 18.00 Uhr, Sa. von 9.00 - 12.00 Uhr.

BERGSPORT SCHITOUREN WANDERN ALPIN-KURSE

A - 6840 Götzis Montfortstr. 5
Tel. Fax 05523-55392

Das Bergsportfachgeschäft
der Berg.- und Schiführer
Wandern, Klettern, Trekking, Schitouren
patagonia DEALER

Touristenbüro

– 6700 Bludenz, Werdenbergerstraße 42, Tel. 0 55 52/6 21 70. Öffnungszeiten: Montag bis Freitag von 8.00 - 12.00 Uhr und 14.00 - 17.30 Uhr; von Ende Juni bis Sept. Sa. von 9.00 - 12.00 Uhr.

– 6706 Bürs, Tel. 0 55 52/6 26 17 oder 6 28 12. Öffnungszeiten: Mo. bis Fr. von 9.00 - 11.00 Uhr.

Übersicht der verschiedenen Teilgebiete

Teilgebiet 1	**KÄNZELE */**	Seite 32
Teilgebiet 2	**EBNIT ***	Seite 34
Teilgebiet 3	**LÖWENZÄHNE **/***	Seite 36
Teilgebiet 4	**HÄNGENDER STEIN */**	Seite 46
Teilgebiet 5	**BÜRS ***	Seite 48
Teilgebiet 6	**LORÜNS **	Seite 50

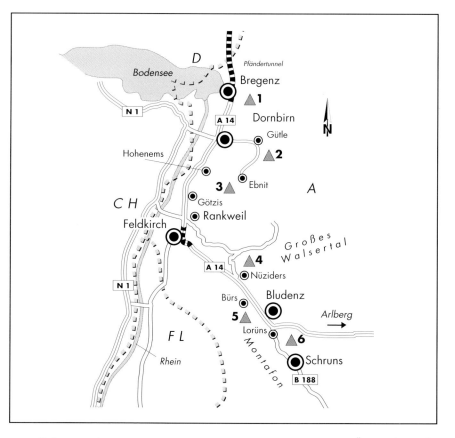

Verlag rotpunkt · Österreich

VORARLBERG - Känzele */**

Lage Am östlichen Stadtrand von Bregenz.

Zufahrt Von Bregenz (am Bodensee) auf der B 190 in Richtung Feldkirch, bis kurz vor dem Ortsausgangsschild von Bregenz eine Straße in Richtung Bregenz-Fluh/Gebhardsberg abzweigt. Dieser Ausschilderung folgen und steil den Berg hoch, bis es rechts zum Burgrestaurant »Gebhardsberg« weggeht.

Parken Auf dem großen Parkplatz kurz vor dem Burgrestaurant »Gebhardsberg«.

Zugang Vom Parkplatz an der Schranke vorbei und auf breitem Schotterweg nach links (»Känzeleweg«) in Richtung »Fluh«/»Pfänder«. Nun immer dem Naturlehrpfad folgen, bis dieser unmittelbar an der Abseilstelle des Sektors A vorbeiführt. Gehzeit cirka 3 Minuten.

Allgemeine Infos Das 70 Touren umfassende Konglomerat-Klettergebiet (im Sektor A überwiegend Sandstein) ist nach Süden bzw. Südwesten ausgerichtet. Der Schwerpunkt liegt im Bereich 6a bis 6c+, wobei es auch 20 Routen im französischen siebten Grad gibt. Wem dies immer noch zu einfach erscheint, kann sich im Sektor B in *Metamorphose 8a/8a+* versuchen. Abgesichert sind die Touren mit Bohrhaken, Klemmkeile können meist im Rucksack bleiben. Die allgemeine Wandhöhe liegt zwischen 25 und 50 Metern.

Übersicht der Sektoren

Sektor A	**TRAUMLAND**
Sektor B	**SIBSTINE**
Sektor C	**AMEISENPFAD**
Sektor D	**WANZENBURGBOULDER**
Sektor E	**JUST IN TIME**
Sektor F	**MAUERLÄUFER**
Sektor G	**DSCHUNGELBUCH**
Sektor H	**SUPERFRICTION**
Sektor I	**BOULDERWAND**

Bei allen Routen (außer Sektor I) muß zu den Einstiegen abgeseilt werden (oftmals Schlingenstand). Es empfiehlt sich ein 60 m-Seil. Bitte beim Abseilen eine Schlinge um die Bäume legen.

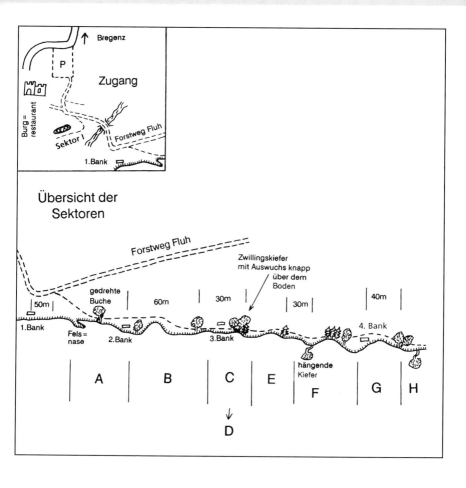

VORARLBERG - Ebnit *

Lage	Cirka 5 Kilometer südöstlich von Dornbirn.
Zufahrt	Von Bregenz auf der Autobahn A 14 in Richtung Feldkirch zur Ausfahrt Dornbirn-Süd und weiter nach Dornbirn. Von dort der Ausschilderung Ebnit folgen. In Gütle nach rechts über den Fluß und sehr steil bergauf, bis sich nach 3 km (von der Abzweigung in Gütle) links, direkt am Straßenrand, ein hohes Felsmassiv befindet.
Parken	Siehe Skizze. Bitte nur an den beiden eingezeichneten Stellen parken, da sonst der Bus nicht mehr vorbeikommt.
Zugang	In wenigen Sekunden zu den Routen 1 - 7. Zu den weiteren Touren zwischen 3 - 5 Minuten.
Lage der Felsen	Alle Himmelsrichtungen.
Meereshöhe	Dornbirn etwa 440 Meter, Einstiege ungefähr 850 Meter.
Routenanzahl	Insgesamt cirka 30 Touren, davon noch einige Projekte. bis 4+ = keine Touren bis 6a+ = 2 Touren 6c+ = 14 Touren 7b+ = 5 Touren 7c = 1 Tour 8a = 1 Tour Zum Teil stehen die Routennamen an den Einstiegen angeschrieben.
Absicherung	Meist sehr gut, Bohrhaken. Klemmkeile werden nicht benötigt.
Felsstruktur	Kalk, meist senkrechter Fels, der sehr lange feucht bleibt. Der ganz linke Wandbereich (Routen 1 - 7) ist stark überhängend, die meisten Griffe sind geklebt (ideal bei Regen).
Wandhöhe	10 - 35 Meter.
Beste Jahreszeit	Sommer.
Weitere Infos	Siehe Seite 29.

In den Routen Nr. 1 - 7 ist der Fels stark überhängend und die Griffe sind meist angeklebt (ideal bei Regen). Die Schwierigkeiten liegen ungefähr bei 6a+/6b.

Routen

8. Projekt
9. Reifeprozeß 8a
10. Projekt
11. King of Rap 6c+/7a
12. Bananenschale 6b+
13. Reve de Poutine Projekt
14. Projekt
15. La Symphonie des Pompes a Bicycles 7a/7a+
16. Woman in the wall 6c
17. Land of the brav's 7b+
18. Taxic Wasteland Projekt
19. Kashmir 6b+ (mit Baumeinstieg!)
20. Zuviel des Guten 6b (blaue Haken)
21. Vierte Tür rechts 6b (expo!)
22. Lex BBOBIT 6c+ (blaue Haken)
23. Hopp oder tropp 1.SL 6c+/7a/2.SL 7b
24. Maria Island 7a
25. Rapunzel 1.SL 6b+/2.SL 7c
26. Projekt (grüne Haken)
27. Projekt (rote Haken)
28. No, no, no 6b+
29. Aus alt mach neu 6a+ (oft verschmutzt)
30. 6a (blaue Haken)
31. Projekt

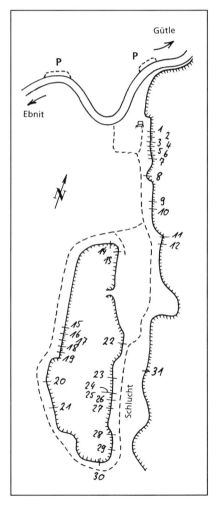

VORARLBERG - Löwenzähne **/***

Lage Cirka 15 Kilometer südlich von Bregenz.

Zufahrt Von Bregenz auf der Autobahn A 14 in Richtung Feldkirch zur Ausfahrt Hohenems. Vom Zentrum von Hohenems nach links durch einen schmalen Torbogen (dieser kann auch umfahren werden) und ansteigend nach Emsreute. Nun durch Emsreute hindurch und immer auf der Hauptstraße weiter, steil ansteigend in den Wald (Schotterstraße). Am Gasthaus »Kreiers-Alp« vorbei und am Weidegitter geradeaus zum Gasthof »Schuttannen«. Dort rechtshaltend und ansteigend zum Gasthaus »Schiheim« (3,5 km vom Ortsausgang Emsreute).

Parken Bei der Fahrverbotstafel auf Höhe des Gasthauses »Schiheim«.

Zugang Vom Parkplatz auf der Forststraße ansteigend, an der Talstation des Skiliftes vorbei und weiter zur zweiten Gabelung. Dort nach links und nach 100 m nach rechts zum Wandfuß des Sektors A.

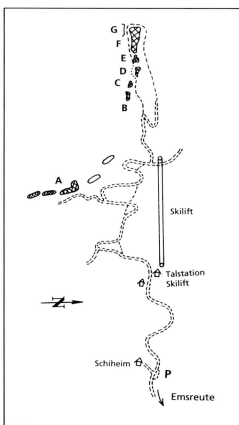

Zu den Sektoren B - G geht man vom Parkplatz auf der Forststraße ansteigend, immer rechtshaltend zum Ende des Skilifts. 20 m vor dem Skilift nach links und auf dem Forstweg wieder bergab zur ersten Rechtskehre. Je nach Sektor nun geradeaus weiter und auf deutlichem Pfad zu den verschiedenen Massiven. Oder dem Forstweg zu seinem Ende folgen, dort geradeaus und auf deutlichem Pfad absteigend, an der Nordseite der Löwenzähne entlang zur Westseite des Sektors G, bzw. zum Beginn der Rinne. Gehzeit cirka 30 - 40 Minuten.

Sektor A	- Nordwesten	**Lage der Felsen**
Sektor B	- Norden	
Sektor C	- Norden	
Sektor D	- Westen	
Sektor E	- Süden bzw. Norden	
Sektor F	- Süden	
Sektor G	- Süden bzw. Westen	

Hohenems 432 Meter, Gasthaus Schiheim knapp über 1200 Meter, Einstiege etwa 1350 Meter. **Meereshöhe**

Insgesamt cirka 130 Touren. **Routenanzahl**
bis 4+ = 9 Touren
bis 6a+ = 34 Touren
bis 6c+ = 32 Touren
bis 7b+ = 19 Touren
     7c = 3 Touren
     7c+ = 4 Touren
     8a = 1 Tour
     8a+ = 1 Tour
     8b = 2 Touren
     A0 = 1 Tour
     A1 = 1 Tour

Vereinzelt stehen die Routennamen an den Einstiegen angeschrieben.

Gut bis sehr gut. Überwiegend Bohrhaken. Klemmkeile werden in den meisten Routen nicht benötigt. **Absicherung**

Kalk, überwiegend hervorragend fester Fels, stellenweise mit leicht alpinem Touch. **Felsstruktur**

15 - 120 Meter. **Wandhöhe**

Spätes Frühjahr, Sommer, Herbst. **Beste Jahreszeit**

Siehe Seite 29. **Weitere Infos**

VORARLBERG - Löwenzähne **/***

Übersicht der Sektoren

Sektor A	**WENDKOPF**	Seite 39
Sektor B	**LÖWENKOPF**	Seite 40
Sektor C	**FALKENKOPF**	Seite 41
Sektor D	**STOCKZAHN**	Seite 41
Sektor E	**GROSSER LÖWENZAHN**	Seite 42
Sektor F	**MITTLERER LÖWENZAHN**	Seite 43
Sektor G	**KLEINER LÖWENZAHN**	Seite 43

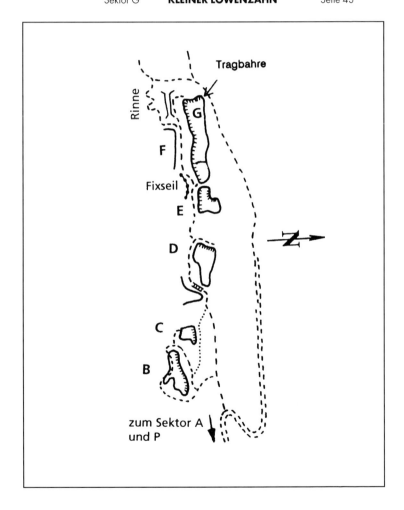

WENDKOPF

Routen Sektor A

1. 6b
2. 6b+
3. Wandertag 6c+
4. Diagonale 7b+
5. Als der Regen kam 8a
6. Ritzenfüller 7c+
7. Eierei 7c
8. Notlösung 7a
9. Pfeiler 6a
10. Streck Di 7b+
11. Wendkopf Express 7a (40 m)
12. Verschneidung 7b
13. Rätikon Vision 7c+
14. Auf Satans Rücken 7a+
15. Dachverschneidung 7b+

SEKTOR A

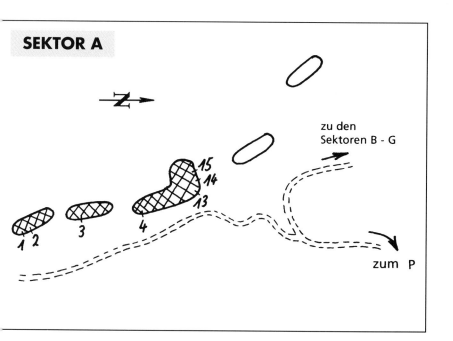

VORARLBERG - Löwenzähne **/***

**Routen
Sektor B**

LÖWENKOPF

Nordseite
1. La Bamba 1.SL 6b+/2.SL 7c
2. Pfeiler 1.SL 6b/2.SL 6c
3. Hammer 6c
4. Fluger 1.SL 6a+/2.SL 5a/b/3.SL 3
5. Direkter Fluger 1.SL 6a+/2.SL 5c
6. Striz 7a+
7. Direktausstieg 5c
8. Neue 1.SL 5b/2.SL 6a/3.SL 6b+
9. Rolls Royce 6b+
10. Buick 6c
11. Alte 1.SL 6a+/2.SL 5a
12. Notausgang 6b
13. Höhlenriß 6b

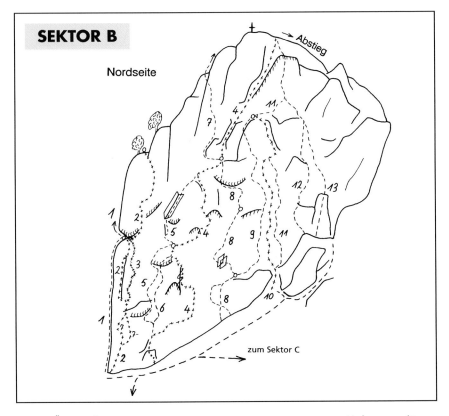

FALKENKOPF

Routen Sektor C

Nordseite
1. Via Monika 5/A1
2. Nos Veratos 6a
3. Rainy Day 6a+

Desweiteren gibt es noch fünf Toprope-Touren in den Graden 7a - 7c.

STOCKZAHN

Routen Sektor D

Westseite
1. Mode 6b
2. Moschtrampe 4
3. Fatamorgana 6a+
4. Westwändle 5c
5. Zampano 5c
6. Huseck 4

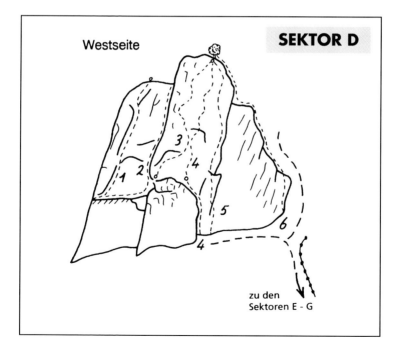

VORARLBERG - Löwenzähne **/***

Routen Sektor E

GROSSER LÖWENZAHN

Südseite
1. Sonnenverschneidung 6b
2. Gambisi 7a
3. Alte Südwand 6c+
4. Zwischenraum 7a
5. Inflation 6c+
6. Schleudersitz 6b
7. Neurotiker 7a+
8. Neue Südwand 6c+
9. Rudi Planlos 6b+
10. Winzig 5c
11. Wanderweg 3 (Abstieg)

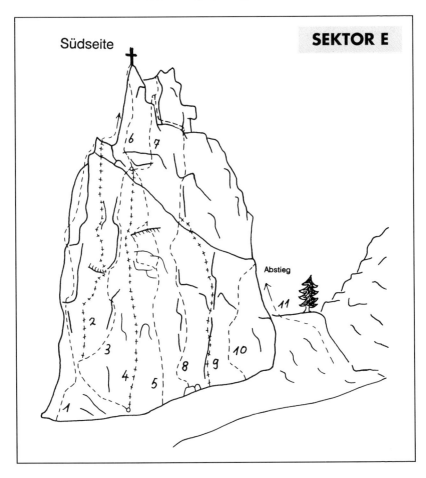

Nordseite   **Routen Sektor E**
12. Krokus 1.SL 6c+/2.SL 6b+
13. Abendpfeiler 6a
14. Nordwandplatte 6b+ (alpine Tour)
15. Herma-Führe 6b+ (alpine Tour)
16. Via Barbara 1.SL 7b+/2.SL 7a+/3.SL 6c+
17. Seitensprung 7b+
18. Kerkermeister 8b

MITTLERER LÖWENZAHN   Routen Sektor F

Südseite
1. Normalaufstieg 3
2. Nähmaschine 4
3. Südpfeiler 6a+
4. Fluger 6b
5. Spiralriß 4+
6. Spreizschritt 4
7. Sonnenverschneidung 6b

Topo siehe Seite 45.

KLEINER LÖWENZAHN   Routen Sektor G

Westseite
1. Flaschenhals 6a
2. Bohrhakenplatte 5c/A0
3. Pumpriß 6a+
4. Urzeit 6b
5. Rechte dir. Westkante 5a
6. Westkamin 1.SL 6a/2.SL 6a
7. Spartakus 6b
8. Westverschneidung 1.SL 3/2.SL 5c
9. Westpfeiler 1.SL 5c/2.SL 4-
10. Karl-Brutal-Riß 6b
11. Dir. Westkante 5b
12. Gelbes Wändchen 4+/5a
13. Herman 6a+
14. Geisterkante 6b+
15. Linke Westkante 6a+
16. Lochriß 6a+
17. Caterpiller 6a+
18. Top rop 6a+

VORARLBERG - Löwenzähne **/***

Routen
Sektor G

19. Klimbim 6b
20. Düfus 5a
21. Westkante 1.SL 3/2.SL 4+/3.SL 3
22. Doppelrißvariante 5a/b

Südseite
23. Dir. Einstieg zur Westkante 4-
24. Wechselriß 6a
25. Ekel Alfred 6b+
26. Junge Römer 7a

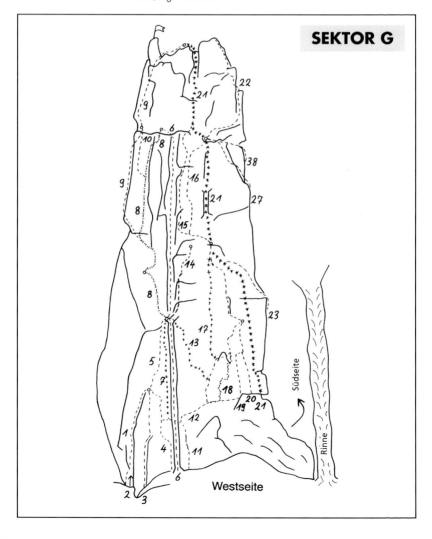

27. Lustenauer 1.SL 6c+/2.SL 6a
28. Ohne Lustenauer 7c+
29. Mikrochip 7a
30. Wolfurter Verschneidung 4+/5a
31. Zwicktsmi 8a+
32. Geierwalli 7a+
33. Bludenzer 6a
34. Kolophonium 7b+
35. Kralle 6b+
36. Schrägriß 5a
37. Harakiri 7b+
38. Doppelrißvariante 5a/b
39. Gnom 7c+
40. Doppelriß 1.SL 5c/2.SL 6c+
41. Via Lobo 6a+
42. Bergbauern-Tölpel 8b
43. Bounty 6c+
44. Brösel 7c
45. Susi Sorglos 7a

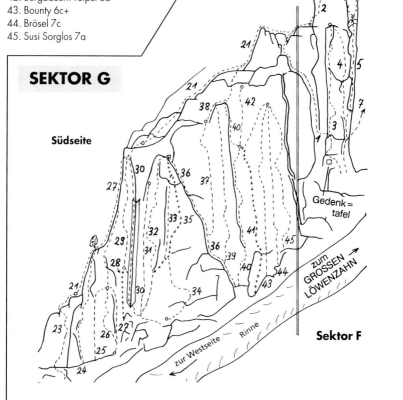

SEKTOR G

Südseite

Sektor F

Verlag rotpunkt Österreich **45**

VORARLBERG - Hängender Stein */**

Allgemein	Da der HÄNGENDE STEIN zur Zeit saniert und neu erschlossen wird, war es mir nicht möglich, ein aktuelles Topo sowie eine Routenauflistung zu erstellen. Nach Auskunft der Sportklettergruppe in Nüziders gibt es derzeit auch Probleme mit dem Parken. Aus diesen Gründen wird der Klettergarten nur in Kürze beschrieben.
Lage	Cirka 16 Kilometer südöstlich von Feldkirch und 3 Kilometer nordwestlich von Bludenz.
Zufahrt	Von Bregenz auf der Autobahn A 14 über Feldkirch in Richtung Bludenz zur Ausfahrt Bludenz-Nüziders. Von dort nach Nüziders und weiter in Richtung Feldkirch/Großes Walsertal zum sichtbaren Felsmassiv direkt neben der Straße.
Parken	Cirka 150 Meter nach dem Ortsausgangsschild von Nüziders rechts am Straßenrand vor einer kleinen Brücke. Bitte nicht auf den angrenzenden Wiesen parken!
Zugang	In wenigen Schritten zum Fels.
Lage der Felsen	Die Felsen sind meist nach Süden, bzw. Südwesten ausgerichtet.
Meereshöhe	Knapp über 500 Meter.
Allgemeine Infos	Insgesamt über 60 Touren (von 3+ bis 8a+), deren Routennamen zum Teil an den Einstiegen angeschrieben sind. Bei der Felsstruktur handelt es sich meist um senkrechten bis überhängenden, plattigen Kalk mit vielen kleinen und kleinsten Leistchen. Die Wandhöhe beträgt zwischen 10 und 80 Meter.

Statt Karten

In stillem Gedenken
nehmen wir Abschied
vom letzten deutschen

Klettergebiet

Das dahingegangene hat uns
Jahrzehntelang Freude und
Glück bereitet.

Im Namen aller Angehörigen

damit die
Beisetzung NIE
stattfinden muß:

F. Lender
Georg Strobel Str. 73
90489 Nürnberg

H.M. Urban
Rigaweg 14
48159 Münster

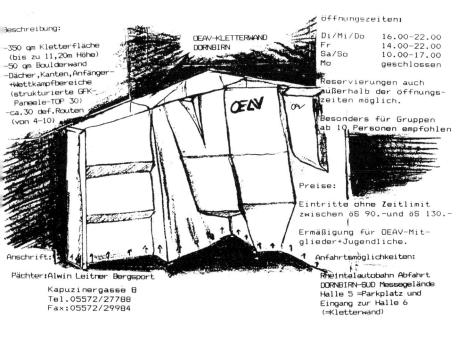

Beschreibung:

- 350 qm Kletterfläche (bis zu 11,20m Höhe)
- 50 qm Boulderwand
- Dächer, Kanten, Anfänger- +Wettkampfbereiche (strukturierte GFK- Paneele-TOP 30)
- ca. 30 def. Routen (von 4-10)

OEAV-KLETTERWAND
DORNBIRN

Öffnungszeiten:

Di/Mi/Do	16.00-22.00
Fr	14.00-22.00
Sa/So	10.00-17.00
Mo	geschlossen

Reservierungen auch außerhalb der öffnungszeiten möglich.

Besonders für Gruppen ab 10 Personen empfohlen

Preise:

Eintritte ohne Zeitlimit zwischen öS 90.- und öS 130.-

Ermäßigung für OEAV-Mitglieder+Jugendliche.

Anfahrtsmöglichkeiten:

Rheintalautobahn Abfahrt DORNBIRN-SÜD Messegelände Halle 5 =Parkplatz und Eingang zur Halle 6 (=Kletterwand)

Anschrift:

Pächter: Alwin Leitner Bergsport

Kapuzinergasse 8
Tel. 05572/27788
Fax: 05572/29984

VORARLBERG - Bürs ***

Lage	Cirka 1 Kilometer nordwestlich von Bludenz.
Zufahrt	Von Bregenz auf der A 14 über Feldkirch in Richtung Bludenz zur Ausfahrt Bludenz-Bürs. Nun der Ausschilderung Bürs-Zentrum folgen. In Bürs vor der Brücke (beim Gasthof »Adler«) links ab in Richtung »Bürser Schlucht«, bis sich auf der rechten Seite ein Parkplatz befindet.
Parken	Damit es mit der Gemeinde und den Arbeitern vom E-Werk keine Probleme gibt, sollte das Fahrzeug auf dem oben beschriebenen Parkplatz (100 m vom E-Werk entfernt) abgestellt werden.
Zugang	Rechts vom E-Werk 130 Treppen empor, dann rechts über das Geländer und auf deutlichem Pfad zu den Einstiegen. Gehzeit cirka 3 Minuten.
Lage der Felsen	Die Felsen sind überwiegend nach Norden ausgerichtet.
Meereshöhe	Cirka 600 Meter.

Routenzahl	Insgesamt 29 Touren.
	bis 4+ = keine Touren
	bis 6a+ = 2 Touren
	bis 6c+ = 8 Touren
	bis 7b+ = 7 Touren
	     7c = 1 Tour
	   7c+ = 3 Touren
	     8a = 1 Tour
	   8a+ = 1 Tour
	8a+/8b = 1 Tour
	     8b = 1 Tour
	
	Die Routennamen stehen am Einstieg angeschrieben.

Absicherung	Sehr gut, überwiegend Bohrhaken, vereinzelt kleine Bühler-Haken. Klemmkeile werden nicht benötigt.
Felsstruktur	Konglomerat, viele Löcher und Aufleger. Steile, überhängende Ausdauerkletterei.
Wandhöhe	Bis 40 Meter (bis zu 18 m überhängend).
Beste Jahreszeit	Frühjahr, Sommer (viel Schatten), Herbst.
Wasser	Brunnen in Bürs.

1

Siehe Seite 29.

Weitere Infos

! Die Routen sind von links nach rechts aufgelistet!

Routen

1. Let it Rock 6b
2. Plastic People 6a
3. Bürser Verschneidung 6a
4. Rattenfänger 7a
5. Metamagikum 6c
6. Octopus 7a+
7. Adabsurdum 7b+ (direkt 8a)
8. Quedrophenia 7c+
9. Schmarotzer 7c
10. Move your body 8b
11. Projekt
12. Sky line 8a+/8b
13. Projekt
14. Hormonsklave 7c+
15. Have fun 8a+
16. Hautentsorger 7c+
17. Stahlfinger 7b+
18. Lichtspiel 7b
19. Let the sun go down on me 7a
20. Palazzo colonno 6a/b
21. Apro dyamanto 6b
22. Felssynfonie 6a/b
23. Anthroprometric man 6b
24. La fluit magic 6b

20 m rechts
25. ? (rechts der Verschneidung)
26. ? (Name schlecht lesbar)
27. Angsthase 7a
28. Metallische Melancholie 6c
29. Projekt

In naher Zukunft werden weiter rechts noch neue Routen eingerichtet.

VORARLBERG - Lorüns **

Lage   Cirka 4 Kilometer nordöstlich von Bludenz, am Eingang zum Montafon.

Zufahrt   Von Bregenz auf der Autobahn A 14 über Feldkirch in Richtung Bludenz zur Ausfahrt Bludenz-Ost/Montafon. Von dort weiter in Richtung Montafon. Cirka 50 m nach dem Ortseingangsschild von Lorüns am Straßenrand parken.

Parken   Wie oben beschrieben am Straßenrand der L 188. Bitte nicht beim Zementwerk oder an der Zufahrtsstraße zum Zementwerk parken!

Zugang   Vom Parkplatz auf dem Fußgängerweg (parallel zur Eisenbahn) in Richtung Bludenz. Nach dem Ortsausgangsschild von Lorüns rechts in Richtung Zementwerk. Nach Überqueren der Ill und dem Kanal die Straße verlassen, die Eisenbahnschienen überqueren zum geteerten Weg. Dort nach rechts und nach 100 Metern (beim Beginn des Schotterwegs) nach links, die nächsten Schienen überqueren und

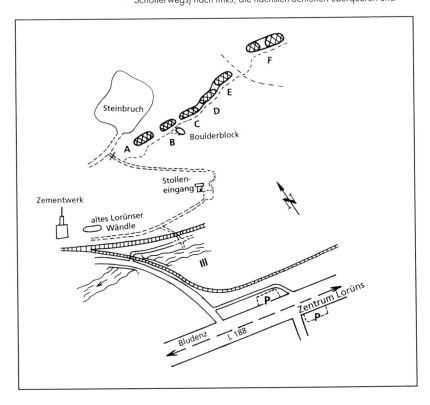

Zugang

ansteigend zum Querweg. Nun nach rechts und steil ansteigend zum Ende des Schotterwegs (beim Stolleneingang). Von dort über Treppen zum darüberliegenden Querweg und diesem bis 30 m vor seinem Ende folgen, wo rechts ein undeutlicher Pfad in den Wald führt. Auf diesem in knapp hundert Metern zum Sektor A. Gehzeit cirka 15 Minuten.
Die weiteren Sektoren erreicht man immer im Wald ansteigend auf teils undeutlichem Pfad.

Lage der Felsen

Die verschiedenen Massive sind nach Süden ausgerichtet.

Meereshöhe

Parkplatz 580 Meter, Einstiege Sektor A 660 Meter und Sektor F 750 Meter.

Routenanzahl

Insgesamt cirka 40 Touren und 10 Boulder.
bis   4+ = keine Touren
bis 6a+ = keine Touren
bis 6c+ = 7 Touren
bis 7b+ = 14 Touren
     7c = 3 Touren
    7c+ = 2 Touren
     8a = 1 Tour
     8b = 1 Tour
    8b+ = 3 Touren
     8c = 2 Touren

Es stehen überwiegend keine Routennamen an den Einstiegen angeschrieben.

Absicherung

Sehr gut, Bohrhaken. Zum Teil sind die Hakenabstände etwas größer. Klemmkeile werden nicht benötigt.

Felsstruktur

Kalk, viele kleine Leisten und Kanten. Technisch anspruchsvolle Kletterei. Viele Bouldermöglichkeiten.

Wandhöhe

8 - 30 Meter, durchschnittlich 15 - 20 Meter.

Beste Jahreszeit

Frühjahr, Sommer, Herbst.

Weitere Infos

Siehe Seite 29.

VORARLBERG - Lorüns **

Übersicht der Sektoren

Sektor A	**ZUKUNFTSMUSIK**	Seite 53
Sektor B	**WANDA**	Seite 54
Sektor C	**DUMMULTT**	Seite 54
Sektor D	**ERIKA**	Seite 55
Sektor E	**PARIS TEXAS**	Seite 56
Sektor F	**ROBIN HOOD**	Seite 57

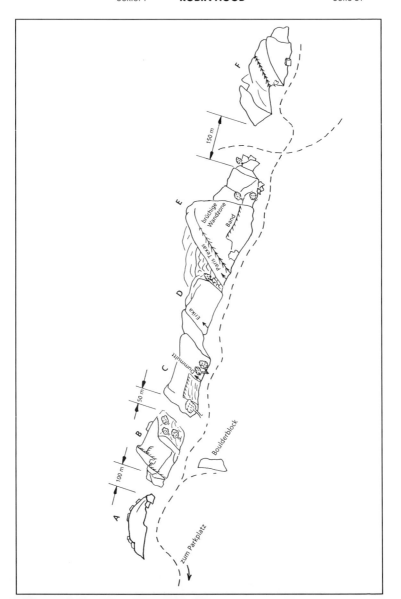

ZUKUNFTSMUSIK

1. Ki (Boulder)
2. Zange (Boulder)
3. Diagonale (Boulder)
4. Quergang (Boulder-Projekt)
5. Zorro (Boulder)
6. Projekt
7. Projekt
8. Never mind 8c
9. Zukunftsmusik 8b
10. Tai Chi 8b+

Routen Sektor A

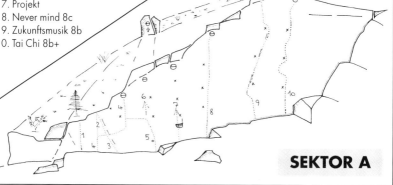

SEKTOR A

EINER FÜR ALLE

OB FREECLIMBER • BERGSTEIGER • BERGFEX • WANDERER • GIPFELSTÜRMER • EISSPEZIALIST • TOURENGEHER • TREKKER • KLETTERPROFI

WIR HABEN DIE GRÖSSTE AUSWAHL

BERGSPORT LEITNER

DORNBIRN/AUSTRIA
KAPUZINERGASSE
TEL. 05572/27788

VORARLBERG - Lorüns **

Routen Sektor B

WANDA

1. Lederstrumpf 7c
2. Wanda 7c+

Boulderblock
3. Mona Lisa (Boulder)
4. Matcho (Boulder)
5. Kante und Verschneidung (Boulder)
6. Quergang (Boulder)

Boulderblock **SEKTOR B**

Routen Sektor C

DUMMULTT

1. Marocaine 6c+
2. Diplomat 7b
3. Dummultt 6c

4. Projekt
5. Gaston 7a+
6. Gigolo 7c
7. Transformer 7b

**Routen
Sektor C**

ERIKA

**Routen
Sektor D**

1. Erika 7b
2. Nawa 7b
3. Patrik 7a+
4. Zeckenwahn 7a+
5. Grell Pastell 6c+
6. Flint 7b
7. Helli Spezial 7a+

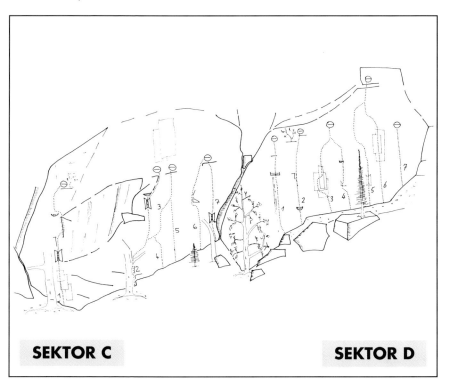

SEKTOR C

SEKTOR D

VORARLBERG - Lorüns **

Routen Sektor E

PARIS-TEXAS

1. Paris-Texas 7a+
2. Dirty Harry 8b+
3. Projekt
4. Grauschleier 8b+
5. Projekt
6. Pusher 8c
7. Soyaman 7b
8. Gelobtes Land 6c
9. Igel 7a
10. Emanuel 6c
11. Cosanostra 7b+
12. Hard men 7b

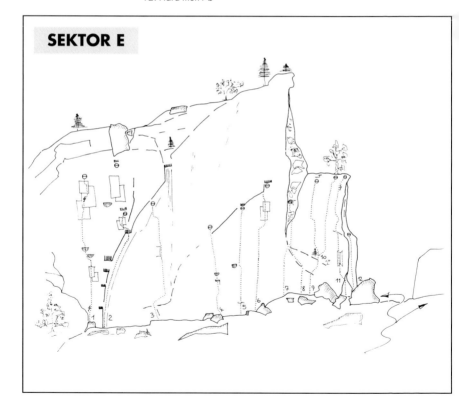

SEKTOR E

ROBIN HOOD

1. Highlander 6c
2. Robin Hood 6b
3. Space man 7c
4. Self man 8a
5. Stone free 7c+

**Routen
Sektor F**

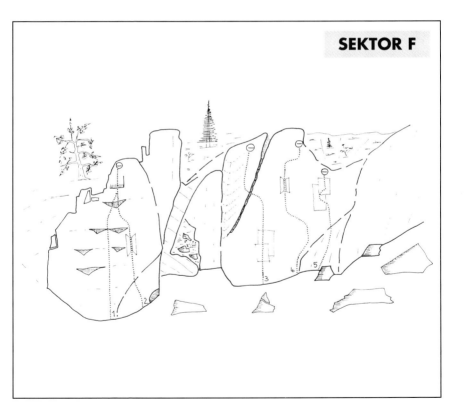

MODERNE ZEITEN:
KLETTERN MIT RÜCKSICHT

```
        Gesperrt!
     Fichtelgebirge:
  ganzjährig gesperrt! -
  Nördlicher Frankenjura:
    Hunnenstein, Dülfer
    Wand, Fischbrunner
    Wand, Teufelsturm -
  ganzjährig! Nordwest-
   deutschland: Weser-
  Leine-Bergland, Süntel,
   Oberharz - ganzjährig!
  Sachsen: Elbsandstein-
   gebirge - ganzjährig! -
   mit Ausnahme von ....
```

Die endgültige Liste der ganzjährigen oder zeitlich begrenzten Kletterverbote an Felsmassiven in Deutschland würde diese Seite füllen. Mehrere Interessenverbände - an der Spitze der Deutsche Alpenverein - kämpfen heute um Ausnahmeregelungen. Der DAV-Ausschuß »Klettern und Naturschutz« mit haupt- und ehrenamtlichen Mitarbeitern bemüht sich um Kompromisse zwischen dem Klettersport und dem »Biotopschutzgesetz«, das erstmals verschiedene Biotoptypen - u.a. auch Felsen - unter unmittelbaren gesetzlichen Schutz stellt. Alle Handlungen, »die zu einer Zerstörung oder erheblichen oder nachhaltigen Beeinträchtigung führen können« - z.B. Klettern - sind verboten! (§ 24a Abs. 4) Klettern ist nur dort erlaubt, wo ausdrückliche Genehmigungen erteilt wurden!

DIE SITUATION IN ÖSTERREICH

Im Vergleich mit Deutschland drängt sich die vielstrapazierte Metapher mit der 'Insel der Seligen' auf. Tatsächlich sind wir mit derart massiven Konflikten nicht konfrontiert. Die »freie Begehbarkeit des Waldes« (§ 33 Forstgesetz) ist gesetzlich verankert und gestattet jedermann und jedefrau den Zutritt »zum Zwecke der Erholung«. Doch es gibt sie auch bei uns, die Konflikte. Und auch die Klettersperre: Seit 10. 8. 1993 am Hohen Ifen im Kleinwalsertal - ganzjährig! (Der Oesterreichische Alpenverein arbeitet an einem Kompromiß.) Und Konflikte gab es: An der Martinswand bei Innsbruck und am Schleier-Wasserfall beim Going am Wilden Kaiser (Lösungen wurden hier durch Initiative des OeAV gefunden). Und Konflikte gibt es: Im Grazer Bergland, im Adlitzgraben, teilweise am Peilstein bei Wien. Und Konflikte liegen in der Luft: An der Chinesischen Mauer bei Leutasch, ... (Auch hier ist der OeAV aktiv - präventiv).

URSACHEN UND HINTERGRÜNDE

Klettern ist heute ein Sport der boomt. Freeclimbing ist in, »just for fun« die Philosophie. Der Spielplatz Klettergarten, auf den wir Kletterer ein angeborenes Recht tief in uns spüren, ist aber auch Natur-Raum, an den andere Interessensgruppen ebenso Ansprüche stellen: z.B die Forstwirtschaft, die Jagdwirtschaft, die Grundbesitzer - nicht zu vergessen die Wildtiere (Im Gegensatz zu Deutschland gibt es in Österreich keinen Konflikt mit dem organisierten Natur- u. Umweltschutz). Wir müssen lernen. Lernen nicht nur frei zu klettern (das läuft schon ganz gut), wir müssen lernen ökologisch zu klettern (freeclimbing - ökoclimbing).

Um Schäden und Konflikte zu vermeiden, brauchen wir Eure Unterstützung:

DAS PARKPROBLEM

Zugeparkte Zufahrtsstraßen und Hofeinfahrten, Autos in Wiesen, verparkte Forststraßen und Straßenbanketts verärgern die Anrainer oder beeinträchtigen die Verkehrssicherheit. Bitte unbedingt nach einer ordentlichen Parkmöglichkeit suchen - auch wenn sich der Zustieg dadurch um 5 Minuten verlängert.

Nur die angelegten Steige benützen!
Eine Unzahl von Abkürzungen und Verbindungswegen zieht häufig die Kritik des Försters und des Grundbesitzers nach sich. In einigen Klettergärten organisierte die Alpenvereinsjugend 'Umweltbaustellen', bei denen Abschneider rekultiviert und abgesperrt wurden. Ein einziger, gut ausgebauter Steig sollte einen Klettergarten erschließen.

Die richtige Tageszeit
Die Zeit der Nahrungsaufnahme ist für Wildtiere sehr wichtig - besonders in den Wintermonaten: Bis eine Stunde nach Sonnenaufgang und eine Stunde vor Sonnenuntergang bis zur Dämmerung. In entsprechenden Gebieten daher unbedingt rechtzeitig absteigen.

Keinen Müll zurücklassen
Jeder Kletterer soll seinen Müll (auch Bananenschalen) wieder selbst mitnehmen - auch dann, wenn Mülleimer in der Nähe sind.

Fäkalien vergraben
Das »kleine Geschäft« stellt mit Sicherheit kein Problem dar. Für das »große« gibt es in manchen Klettergärten bereits Trockenklos mit Traubenkernschrot (Auskünfte über Anschaffung, Bauweise und Kosten bei: Oesterreichischer Alpenverein - Alpinreferat, Wilhelm-Greil-Str. 15, 6010 Innsbruck). Wenn es keine Alternativen gibt, muß man seine Ausscheidungen zumindest vergraben - möglichst tief. Manche Kletterer haben für diesen Zweck einen kleinen Spaten mit, in der Not tut's auch ein Stock.

Keinen unnötigen Lärm
Ob heavy metal oder Zillertaler Schürzenjäger - Die tragbare HiFi-Anlage hat im Klettergarten nichts verloren!

Kein Biwak, kein Feuer
Das Biwakieren und Feuer machen im Wald ist generell verboten!

Respekt und Stil
im Umgang mit anderen Interessensgruppen - z.B. Jägern und Förstern. Wer nicht sofort auf Konfrontation geht, findet meistens einen Weg der Verständigung.

Neuerschließungen
Bei Erschließungen neuer Klettergärten unbedingt die Zustimmung des Grundbesitzers einholen.
Selbstbeschränkung bei Neuerschließungen
Tausende Routen stehen heute in Mitteleuropa zur Auswahl. Bitte prüft selbstkritisch, ob es sich auch wirklich lohnt, ein vielleicht sehr ruhiges Stück Felsnatur dem Klettersport zu öffnen.

Sperren respektieren
Die freie Begehbarkeit des Waldes kann eingeschränkt werden durch jagdliche oder forstliche Sperrgebiete. Wenn wir solche Sperren mißachten, schaden wir uns selbst. Wir leben in einem Rechtsstaat, d.h. wir müssen den Verhandlungsweg suchen, wenn wir mit behördlichen Maßnahmen nicht zufrieden sind.

Michael Larcher
OeAV-Alpinreferat

REUTTE **

Allgemein

Von der Vielzahl an Klettergärten bei Füssen und Reutte habe ich drei interessante Gebiete herausgezogen. Da wäre zum Beispiel das KRAFTWERK, nahe der Grenze zu Füssen. Ernst Gamperl bohrte 1991 die Route *Erfolgsteam* ein. Erst im darauffolgenden Jahr erkannte man so richtig das Neutourenpotential an den meist senkrechten bis überhängenden Felsen und begann, das Massiv systematisch zu erschließen. Mittlerweile gibt es 24 Touren, die überwiegend von Jörg Brejcha eingebohrt wurden. Für mich ist das KRAFTWERK das lohnendste Gebiet in dieser Gegend.

Gleich um die Ecke liegt die Ortschaft Pinswang und der gleichnamige Klettergarten. Mit 17 Routen gehört PINSWANG zu den kleineren Gebieten und doch bin ich der Meinung, daß diese Felsen einen Platz in diesem Buch verdient haben. Vielen Dank an Christoph Finkel, der mich bei der Routenauflistung und dem Topo unterstützte.

Zum Schluß noch der Klassiker bei Reutte, die WEISSE WAND. Bereits in frühen Jahren trainierten dort die einheimischen Alpinisten für ihre Gebirgstouren. Auf den ersten Blick schauen die Felsen eher etwas brüchig aus, doch bei näherer Betrachtung erweist sich das Gegenteil. Ganz lustig im mittleren Wandbereich der Boulder zur Glocke, akustisch erkennt man, ob das Problem gelöst wurde. Der Wandfuß ist an mehreren Stellen sehr feucht und bietet daher die geeignete Heimat für Frösche und anderes Getier. Bitte nehmt Rücksicht auf diese Anwohner!

Vielen Dank an Jörg Brejcha, der die Gebiete KRAFTWERK und WEISSE WAND überarbeitete und ergänzte!

Wie bereits erwähnt, gibt es in der Ecke zwischen Füssen und Reutte noch mehr Klettergärten, doch in vergangener Zeit gab's teils Probleme mit den Grundbesitzern (siehe VILSER-WÄNDLE) oder die Felsen werden bislang noch als Geheimtip gehandelt oder sind unlohnend oder.......

Lage

Die drei beschriebenen Klettergärten liegen zwischen Füssen und Reutte.

Zufahrt

Von Kempten auf der Autobahn A 7 in Richtung Füssen, bis zur Ausfahrt Oy-Mittelberg. Von dort weiter auf der B 532 über Pfronten nach Vils. Weitere Zufahrtsbeschreibung siehe jeweiliges Klettergebiet (KOMPASS Wanderkarte 1:30 000, Nr. 04 »Tannheimer Tal«).

Beste Jahreszeit

Frühjahr bis Herbst.

Topo

Zur Zeit ist kein aktueller Topoführer vorhanden.

In Reutte, »Intersport Zotz«, Obermarkt 35, Tel. 0 56 72/23 52.	**Sportgeschäft**
In Reutte in der Volksschule. Es handelt sich um eine Boulderwand (60 qm) des ÖAV ohne fixe Öffnungszeiten, Eintritt frei. Auskunft erteilt Jörg Brejcha, Tel. 0 56 72/56 59.	**Kletterhalle**
In Reutte, »Außerferner Alpenbad«, Tel. 0 56 72/26 66. Öffnungszeiten: Täglich 14.00 - 21.00 Uhr, Montags geschlossen.	**Hallenbad**
6600 Reutte, Postfach 150 (Ecke Bahnhofstr.), Öffnungszeiten: Mo. - Fr. 8.00 - 12.00 und 14.00 - 17.00, Sa. 8.30 - 12.00 Uhr.	**Touristenbüro**

Gebiet 1	**KRAFTWERK **/*****	Seite 62	**Übersicht**
Gebiet 2	**PINSWANG */****	Seite 64	**der Klettergärten**
Gebiet 3	**WEISSE WAND ****	Seite 68	

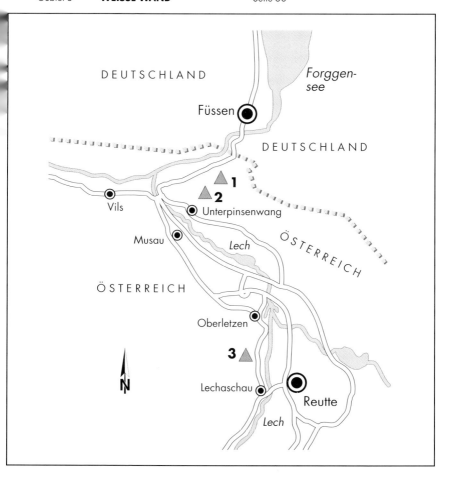

REUTTE - Kraftwerk **/***

Zufahrt Von Vils auf der B 314 in Richtung Reutte. Nach cirka 2 km links weg in Richtung Füssen, bis sich nach ungefähr 2 km auf der rechten Seite ein Elektrizitätswerk befindet. 50 m davor auf einem Schotterweg zum Waldrand.

Parken Am Waldrand.

Zugang Vom Parkplatz dem Forstweg ansteigend ca. 350 m folgen, bis links ein deutlicher Pfad abzweigt. Auf diesem steil ansteigend zum Wandfuß. Gehzeit ca. 5 Minuten.

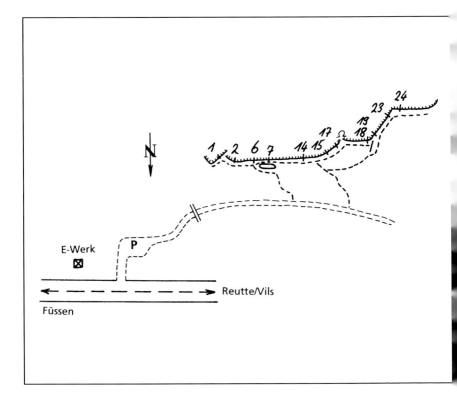

Lage der Felsen Die Felsen sind nach Norden ausgerichtet.

Meereshöhe Cirka 850 Meter.

Insgesamt 24 Touren.
bis 4+ = keine Touren
bis 6a+ = 2 Touren
bis 6c+ = 7 Touren
bis 7b+ = 9 Touren
     7c = 1 Tour
     7c+ = 2 Touren
     8a+ = 1 Tour

Routenanzahl

Die Routennamen stehen an den Einstiegen angeschrieben.

Sehr gut, Bohrhaken (vereinzelt Klebehaken). Klemmkeile werden nicht benötigt.

Absicherung

Kalk, meist senkrecht bis überhängend mit vielen Leisten und Auflegern.

Felsstruktur

Bis 25 Meter.

Wandhöhe

1. Erfolgsteam (Imteam) 7b+
2. Stolze Tirolerin 6b+
3. Ahornsirup 6c+
4. November Rain 6b+
5. I wooaß net 6c+
6. Do schougs 4+/5a
7. Kleiner Lauser 6b
8. Merci Max 6b+
9. Fred Feuerstein 7a+
10. Spucke im Lech 7a+
11. Kinderüberraschung 7a
12. Casanovas Bekehrung 6c+
13. Stau im Rücken 7c
14. Carpe diem 6c+/7a
15. Mephisto 7b
16. Kloas Aasle 6a
17. Liebelei 6c+/7a
18. Projekt

Routen

19. Tarzan ohne »n«! 7c+
20. Kangtega 7a+
21. Stonehopper 7c/7c+
22. Bonsai 7b+
23. Grenzgänger 8a+

24. Projekt

REUTTE - Pinswang */**

Zufahrt Von Vils auf der B 314 in Richtung Reutte. Nach cirka 2 km links ab in Richtung Füssen, unmittelbar nach der Brücke (Lech) rechts weg nach Unterpinswang.

Parken Bei der Kirche in Unterpinswang.

Zugang Von der Kirche in östlicher Richtung (die Wand ist bereits sichtbar), dann nach links zum Waldrand, dort nach rechts und diesem entlang. Nach dem kleinen See nach links und auf markiertem Wanderweg der Ausschilderung »Höhlenburg« ansteigend folgen. Gehzeit cirka 10 Minuten.

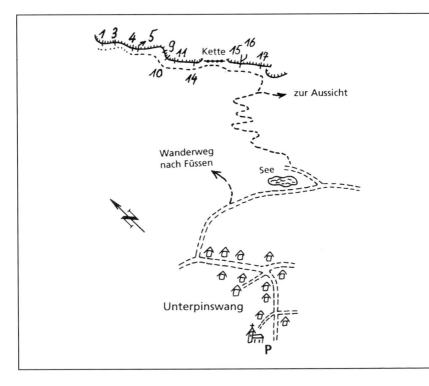

Lage der Felsen Die Felsen sind nach Südwesten ausgerichtet.

Meereshöhe Unterpinswang 824 Meter, Einstiege ca. 900 Meter.

Insgesamt 17 Touren.	**Routenanzahl**
bis 4+ = keine Touren	
bis 6a+ = 1 Tour	
bis 6c+ = 5 Touren	
bis 7b+ = 7 Touren	
7c = 1 Tour	
8a = 1 Tour	
8a+ = 1 Tour	

Die Routennamen stehen nur zum Teil angeschrieben.

Sehr gut, Bohrhaken und Klebehaken. Klemmkeile werden nicht benötigt. **Absicherung**

Kalk, teils rötliche Färbung, stellenweise sehr weiches Gestein. **Felsstruktur**

15 - 60 Meter. **Wandhöhe**

6600 REUTTE, Obermarkt 35, Tel. (0 56 72) 23 52
6600 REUTTE, Kög 25 - 27, Tel. (0 56 72) 28 55

Shops for Winners

REUTTE - Pinswang */**

Routen

1. Mystery man 7a+
2. Gelbes Geheimnis 6c
3. Härtefall 7a
4. Execute 8a+
5. Roter Riß 8a
6. Projekt
7. 6c+
8. 6b/6b+
9. 5a/b
10. Prezelmeier 7a
11. Nervensache 6b+
12. Nervensache-Variante 7a
13. Falscher Augenschein 6b+
14. Sachsengerade 7a+

rechts der Kette
15. Schlapptitten-Tussi 7b+
16. Jam Session 7b+
17. Better go home, girl! 7c

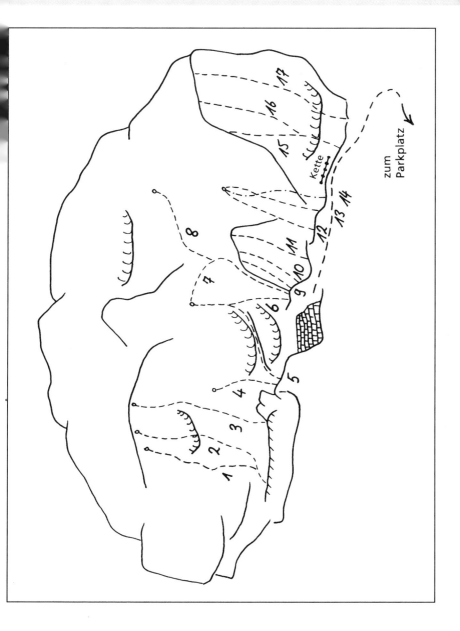

REUTTE - Weisse Wand **

Zufahrt	Von Vils auf der B 314 nach Reutte und weiter nach Lechaschau. Nach der Lechbrücke rechts in Richtung Wängle. Nach 100 m wieder rechts der Ausschilderung »Hinterbichl/Forellenzucht« folgen.
Parken	Beim Ortsende von Hinterbichl, bei der Forellenzucht.
Zugang	Auf der geteerten Straße an der Forellenzucht vorbei in Richtung Oberletzen, bis rechts ein Fußweg über eine Brücke nach Reutte/Lechaschau führt. Von dort noch etwa 170 m auf der geteerten Straße weiter und links auf deutlichem Pfad ansteigend zum Wandfuß. Gehzeit cirka 4 Minuten.

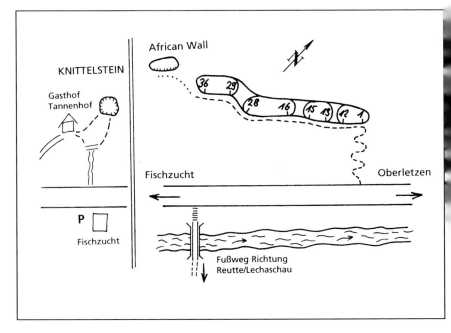

Lage der Felsen	Die Felsen sind überwiegend nach Südosten ausgerichtet.
Meereshöhe	Knapp unter 900 Meter.

Insgesamt cirka 40 Touren. **Routenanzahl**
bis   4+ = 1 Touren
bis   6a+ = 8 Touren
bis   6c+ = 11 Touren
bis   7b+ = 9 Touren
      7c = 1 Tour
      7c+ = 2 Touren
      8a+ = 1 Tour
8a+/8b = 1 Tour

Die Routennamen stehen an den Einstiegen angeschrieben.

Meist sehr gut, Bohrhaken, Tohrstahlbügel, Klebehaken und Bühler- **Absicherung**
Haken. Klemmkeile werden nicht benötigt.

Heller Kalk, meist senkrechter, feinstrukturierter Fels. Viele kleine Risse **Felsstruktur**
und Verschneidungen, die Einstiege sind oftmals mit athletischer
Kletterei verbunden.

10 - 80 Meter. **Wandhöhe**

1. Mundas schönster Traum 6b+ **Routen**
2. Füchsle Route 6b+
3. »Protein sei Dank« 6a
4. Supernase 6b+
5. Pauli Boulder 5b
6. Karo's As 6a+
7. Seitensprung 6c+
8. Strong-strong 6b+
9. Nasenbohrer 6b+
10. Beinarbeit 6c
11. Ursl-Variante 4+/5a
12. Gretl im Busch 4+

20 m links
13. Nur »1« für Ananas 6b
14. Beam me up Schnuffi 6c+
15. Tanz der Forellen 7c/7c+

Verlag rotpunkt   Österreich

REUTTE - Weisse Wand **

Routen

20 m links
16. Staudenriß 5c
17. Edelweißrambo 6a/6a+
18. Gambit 7b+ (Verlängerung von Nr. 17)
19. Perpetuum mobile 7c+
20. Ohnanie 6c+
21. Via bianco 6a
22. Entweder - oder 7a (direkt)
23. Never make a move too soon 7a+
24. Boulder zur Glocke
25. Hardrockcafe Projekt
26. Dance in your mind 7a
27. Better not look down 1.SL 7a/2.SL 7a/3.SL 7a
28. Das kleine Lächeln 6c+

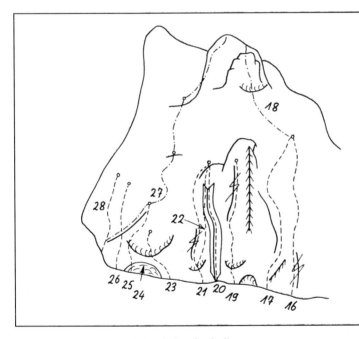

15 m links oberhalb
29. Hotline 6a
30. Graue Wand 8a+
31. Azubi oder »Knobs out« 1.SL 6b+/2.SL 7b+

32. Ralphis Erbe 1.SL 7b+/2.SL 7b
33. Reisgang 7c
34. Anarchi 8a+/8b
35. Shadows of the wall 7b+
36. Bruder Sonne 1.SL 6b/2.SL 6b+/3.SL 7a

Routen

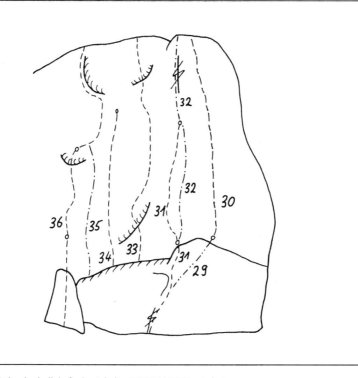

Weiter links oberhalb befindet sich die AFRICAN WALL mit drei Routen (7c; 8a; 8a - teils künstliche Griffe).

Am KNITTELSTEIN gibt es noch 10 eingebohrte Routen (Toprope-Möglichkeiten) im Bereich bis 6b+. Dieser 15 Meter hohe Fels eignet sich für Anfänger und Kinder, desweiteren gibt es einige gute Ausdauer-Boulderprobleme. Zugang: Von der Fischzucht ansteigend in Richtung Gasthof »Tannenhof« und rechtshaltend zum sichtbaren Massiv (siehe Skizze Seite 68). Gehzeit cirka 2 Minuten.

KNITTELSTEIN

Verlag rotpunkt   Österreich

AFFENHIMMEL **/***

Allgemein

Fährt man auf der Inntalautobahn von Innsbruck nach Landeck, so ragt wenige Kilometer nach Imst auf der rechten Seite ein langgezogener Felsrücken empor, der 2036 Meter hohe Starkenberg.

Am Fuße dieses Berges entstand vor 7 bis 8 Jahren der Klettergarten STARKENBACH oder in Kletterkreisen meist AFFENHIMMEL genannt. Die Hauptschließung begann im Jahre 1987 durch Christoph Rimmel, Hans Schöpf, Rainer Krismer, Christian Zangerle, Alois Luttinger, Tommy Maier sowie Christian und Siegfried Moschen.

Der AFFENHIMMEL wurde von mir in 12 verschiedene Wandbereiche aufgeteilt. Der Sektor A (AM INN) befindet sich direkt am Innufer.

Im Sektor B (TRANSVERSALE) kamen in jüngster Zeit einige neue Touren hinzu, so daß ich in dieser Ausgabe die Sektorenaufteilung etwas anders gestaltete.

Im Sektor C (DIE SCHÖNE UND DAS BIEST) gibt es bislang 7 Touren, deren Einstiege man über eine steile Rinne erreicht.

Der kürzeste und wohl auch bequemste Zustieg führt zum Sektor E (DORNRÖSCHEN), der komplett von Christian und Siegfried Moschen eingerichtet wurde. Unmittelbar rechts davon befindet sich der Sektor POPPEY mit insgesamt 6 Routen. Der Zugang zu den oberen Einstiegen erfolgt über Moby Dick.

Links vom Sektor DORNRÖSCHEN reihen sich nacheinander die Sektoren F - I an, in denen ebenfalls einige Routen erst in Wandmitte beginnen.

Kommen wir zum Schluß noch zu den Felsmassiven beim Autofriedhof (Sektoren J - L). Der Parkplatz dafür befindet sich einige hundert Meter flußaufwärts, in der Nähe des Schrottplatzes. Es dominiert athletische Kletterei, das Gestein ist teilweise etwas brüchig. Rainer Krismer ergänzte in diesem Bereich die Topos.

Kurzum, der AFFENHIMMEL ist mit nunmehr über 200 Routen ein abwechslungsreiches Klettergebiet, dessen Besuch sich auf jeden Fall lohnt.

Etwas störend war für uns der Lärm der naheliegenden Autobahn. Wenn dann noch zusätzlich eine Eisenbahn durchs Tal donnert, kann dies unter Umständen zu Verständigungsproblemen führen. Wer über die neuesten Touren im AFFENHIMMEL informiert sein möchte, schaut mal in Zams im Restaurant »Valentino« vorbei, dort trifft sich die Szene und dort liegt auch ein aktuelles Routenbuch aus.

Als Anhang möchte ich noch kurz den LÖTZER WASSERFALL bei Zams vorstellen. Hierbei handelt es sich zwar nur um fünf Routen, doch die Kulisse des Wasserfalls ist wirklich beeindruckend. Steffan Eder, einer der Erschließer, lieferte uns dazu die Unterlagen. Vielen Dank.

Desweiteren bedanke ich mich bei Rainer Krismer und natürlich bei Siegfried Moschen, der mir so manchen »heißen« Tip gab!

Cirka 10 Kilometer südwestlich von Imst und 7 Kilometer nordöstlich von Landeck.	**Lage**
- Von Imst kommend verläßt man die Autobahn A 12 bei der Ausfahrt Mils/Schönwies. Von dort weiter auf der B 171 in Richtung Starkenbach und weiter in Richtung Zams bis kurz vor das kleine Kilometerschild »145,2«. - Von Landeck kommend auf der Autobahn A 12 bis zur Ausfahrt Zams. Von dort weiter auf der B 171 in Richtung Imst/Innsbruck bis zum kleinen Kilometerschild »145,2« (KOMPASS Wanderkarte 1:50 000, Nr. 35 »Imst-Telfs«/»Kühtai«).	**Zufahrt**
Parkplatz am Straßenrand der B 171.	**Parken**
Sektor A: Vom Kilometerschild »145,2« am Rande der B 171 flußabwärts (ca. 300 m) bis zur Leitplanke und nochmals 100 m weiter, bis kurz vor eine geteerte Straßenausbuchtung auf der rechten Seite. Dort übersteigt man die Leitplanke und geht auf deutlichem Pfad absteigend zum Ufer des Inn. Gehzeit cirka 3 - 4 Minuten.	**Zugang**

Sektor B - I: Vom Kilometerschild »145,2« am Rande der B 171 etwa 50 m flußabwärts und bei einer Parkbucht nach links in den Wald. Nun ansteigend zum Sektor E. Gehzeit zum Sektor E 2 - 3 Minuten. Die Sektoren B und C befinden sich rechts vom Sektor E, die Sektoren F - I liegen links vom Sektor E.

Sektor J - L: siehe Seite 84.

Die Felsen sind nach Süden ausgerichtet.	**Lage der Felsen**
Cirka 800 Meter.	**Meereshöhe**

Insgesamt cirka 220 Touren.
bis   4+ = 13 Touren
bis   6a+ = 78 Touren
bis   6c+ = 81 Touren
bis   7b+ = 36 Touren
      7c = 7 Touren
      7c+ = 1 Tour
      8a = 2 Touren
      8a+ = 1 Tour

Die Routennamen stehen an den Einstiegen angeschrieben.

AFFENHIMMEL **/***

Absicherung	Sehr gut, Bohrhaken und Ringhaken. Klemmkeile werden nicht benötigt.
Felsstruktur	Hauptdolomit, stark strukturiert mit vielen (teils kleinen) Rissen, Leisten und Kanten. An manchen Stellen ist der Fels etwas brüchig. In den Sektoren J und L überwiegend athletische Kletterei.
Wandhöhe	8 - 60 Meter.
Beste Jahreszeit	Frühjahr, Sommer, Herbst.
Topo	196seitiger Topoführer »Klettergärten Tirol-West« von mehreren Autoren zusammengestellt, der unter anderem diesen Klettergarten auf 22 Seiten beschreibt. Erhältlich ist dieser Führer zum Beispiel in Landeck im »Sport Laden«.
Übernachtung	»Campingplatz Zams«, Fam. R. Wachtler, Magdalena-Weg 1, 6511 Zams, Tel. 0 54 42/6 32 89. Vom Klettergebiet cirka 4,5 Kilometer in Richtung Landeck. Preise: Pro Person ÖS 34; Kinder zwischen 3 und 15 Jahren ÖS 20; Auto ÖS 18; Zelt ÖS 47; Campingbus ÖS 65. Geöffnet von Mitte Juni bis Mitte September.
Lebensmittel	Kleineres Lebensmittelgeschäft in Schönwies. Der nächste größere Supermarkt befindet sich in Zams.
Wasser	In Starkenbach an der Ortsdurchgangsstraße oder in Schönwies bei der Kirche.
Hallenbad	In Zams im Hotel »Jägerhof« (öffentlich), Tel. 0 54 42/6 26 42. Öffnungszeiten: Täglich von 8.00 - 20.00 Uhr.
Sportgeschäft	In Landeck – »Sport Laden«, Innstr. 12, Tel. 0 54 42/69 66 29. – »Intersport Walser«, Malserstr. 50, Tel. 0 54 42/6 22 75.
Touristenbüro	In Zams, Hauptplatz 6, Tel. 0 54 42/6 33 95. Öffnungszeiten: Mo. bis Fr. von 9.00 - 12.00 Uhr und 14.30 - 18.30 Uhr, Sa. von 9.00 - 12.00 Uhr.
Szenenkneipe	In Zams Restaurant »Valentino« (bei der Talstation der Venetbahn), es liegt ein Routenbuch aus.

Sektor A	**AM INN**		**Übersicht**
Sektor B	**TRANSVERSALE**	Seite 76	**der Sektoren**
Sektor C	**DIE SCHÖNE UND DAS BIEST**	Seite 76	
Sektor D	**POPPEY**	Seite 77	
Sektor E	**DORNRÖSCHEN**	Seite 78	
Sektor F	**SPÄTLESE**	Seite 78	
Sektor G	**KRAFTMOSAIK**	Seite 80	
Sektor H	**ZAUBERLEHRLING**	Seite 81	
Sektor I	**NERVENKREBS**	Seite 84	
Sektor J	**HERBSTWIND**	Seite 84	
Sektor K	**MÄNNERMAGAZIN**	Seite 86	
Sektor L	**GAMSWANDL**	Seite 87	

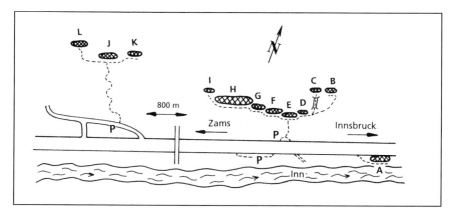

AM INN
Routen Sektor A

1. Aprilscherz 5b
2. Küfi 4
3. Taj Mahal 5b
4. Tiramisu 6b
5. Spartakus 6c+
6. La Bella 6a+
7. Diagonale 6a
8. Innpiaz 6a+/6b
9. Insider 6c+
10. 1-2-X 7a/7a+
11. Club der Steinreichen 6b+
12. Methusalem 7a+/7b
13. Rasputin 6c+

Verlag rotpunkt

AFFENHIMMEL ** / ***

Routen
Sektor A

14. Onkel Dagobert 7a
15. Tante Emma 6b+
16. Via Uno 6a+
17. Müsliman 6a
18. Symphonie in D 6b+
19. Checkpoint 6b+
20. Schau hin und gewinn 6a
21. Philosophie 6c+ (ganz rechts am Torbogen)

Sektor B

TRANSVERSALE

Zugang

Vom Sektor D am Wandfuß nach rechts queren und auf deutlichem Pfad schräg rechts ansteigend zu den Einstiegen.

Routen
Sektor B

! Die Routen in diesem Sektor sind von rechts nach links aufgelistet!

1. La-rope 5c
2. Straßensperre 6b+
3. Wandläufer 6b
4. Wespennest 6a
5. Projekt
6. Glasnost 7a
7. Transversale 6b+
8. Gecko 6a (3 m links von Nr. 7)

Sektor C

DIE SCHÖNE UND DAS BIEST

Zugang

Vom Sektor D am Wandfuß nach rechts queren und steil über eine Schotterrinne zu den Einstiegen.

Routen
Sektor C

1. Dejavue 6a+
2. Oktoberfest 6a
3. Saratoga 6a+
4. Faust auf's Aug 6c
5. La linea 1.SL 6a+/2.SL 6b
6. 19. August 1.SL 6b+/2.SL 6a
7. Greenhorn 1.SL 3/2.SL 5a
8. La Lena 1.SL 6a+/2.SL 6c/3.SL 6b
9. Schnaxs'ln 1.SL 5c/2.SL 6c+/7a
10. und das Biest 6c+
11. Die Schöne 6a
12. Empire State Building 1.SL 6b/2.SL 7a+
13. Flying Accu 1.SL 6a+/2.SL 6b+

SEKTOR C

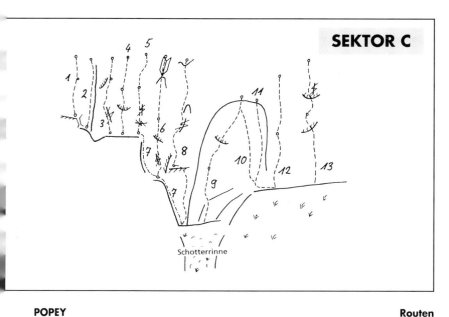

POPEY

1. Moby Dick 6c+
2. Sokrates 6b
3. Bandlriß 5b/c
4. Der fette Luis 6a
5. Popey 6b+
6. Phönix 7a+

Routen Sektor D

SEKTOR D

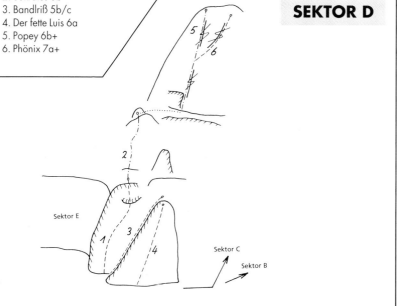

AFFENHIMMEL **/***

Routen Sektor E

DORNRÖSCHEN

1. Titanic 5b
2. Asterix 5b
3. Obelix 6a
4. Dornröschen 5c
5. Bierhenkel 5c
6. Bierhenkel dir. Ausstieg 6b
7. Kolibri 6a
8. Gelbfieber 5c
9. Condor 5c
10. Geierwalli 5c
11. Vicino 6a
12. Botanik 6a
13. Think Pink 6a+
14. Spiderman 6a+
15. Steinzeit 6b
16. Affenschaukel 6a
17. Monsunzeit 5c
18. Tausendfüßler 5c
19. Spätzünder 5b
20. Kreuzotter 6a
21. Cobra 6a+ (Einst. wie Nr. 20, dann re. weg)

Routen Sektor F

SPÄTLESE

! Die Routen in diesem Sektor sind von rechts nach links aufgelistet!

1. Schräger Vogel 6b
2. Pythagoras 6c+
3. Pythagoras-rechts 6c+/7a
4. Calimero 6b+
5. Il gatto nero Projekt
6. Tom & Jerry 6a/6a+
7. Lotus 6b+
8. Lotus-rechts 6a+
9. Scarabäus 6c+/7a
10. X-Large 6b+
11. Sisyphus 6b
12. Via Utopia 6c+/7a
13. Fingiert 6b+
14. Keine Bananen, kein Benzin 6b+

15. Via Siesta 6a+
16. Papageno 6b/6b+
17. Cosa Nostra 6c+
18. Hepatitis 6c

Routen
Sektor F

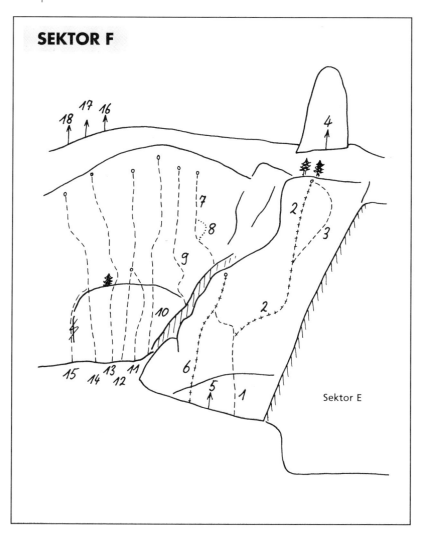

AFFENHIMMEL ** / ***

Routen
Sektor F

19. Via Cappuccino 6c
20. Mordillo 6a+
21. Der Kleine Prinz 6a
22. Smiling 5c
23. Spritztour 5a
24. Spätlese 6b
25. So ein Schmarn 5a (Zustieg zur Nr. 26/27)
26. Highway to hell 6b+
27. Hurra die Gams 5c
28. S'Kantele 3+
29. Galaxy 2000 6b
30. Kurz und bündig 6a
31. Kinderleicht 3
32. Ederfamily 6b+
33. Stefax 6a
34. Komisch? 6b
35. Kombuccha 6a
36. Moonstream 6c+
37. Tao Te King 7a
38. CriSiRai 6b
39. Siebenschläfer 6a+
40. Rostfrei 1.SL 5c/2.SL 5a
41. Dirty Dancing 6c+
42. Hot line 7a
43. Ikarus 6b
44. Genesis 7a
45. Hercules 6c+
46. Pumuckls Bouldereck 4
47. Pretty Woman 4
48. Familydream I 4- (oben rechts)
49. Familydream II 4- (oben links)

Routen
Sektor G

KRAFTMOSAIK

! Die Routen in diesem Sektor sind von rechts nach links aufgelistet!

1. Crime story 6c

10 Meter links
2. In der Ruhe liegt die Kraft 5b
3. In der Ruhe-direkt 5c

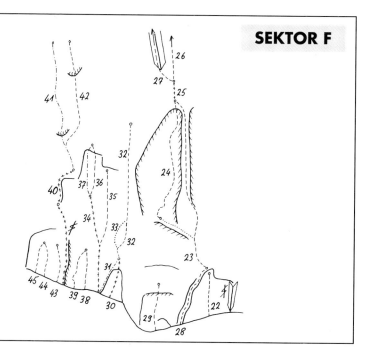

SEKTOR F

10 Meter links
4. Kraftmosaik 7b+
5. Miraculix 7a
6. Optische Täuschung 6b

10 Meter links
7. Ökosystem 7a
8. King-Kong 7a/7a+

Routen Sektor G

Routen Sektor H

ZAUBERLEHRLING

! **Die Routen in diesem Sektor sind von rechts nach links aufgelistet!**

1. Fünfuhrtee 5a
2. Vierklee 4+
3. 3er 3+
4. Zwischenspiel 6a+

AFFENHIMMEL ** / ***

Routen
Sektor H

5. Merlin 6a
6. Staubfrei 1.SL 5a/2.SL 5b
7. Kaminkehrer 1.SL 4/2.SL 4+
8. Zitronenfalter 6a/6a+
9. Intermezzo 6b
10. Zauberlehrling 6b
11. Sperrfeuer 6c+/7a
12. Seitensprung 5c
13. Rippe 4+
14. Leichtester Weg 3
15. Milbentanz 6a+
16. Alpencasanova 7a+
17. Ohne Geld ka Musi 6a+
18. Fette Wadeln 6b+
19. Panflöte 6c+
20. Verbindung Panflöte 6a+
21. Tagpfauenauge 6b+
22. Nasenbohrer 1.SL 6a/2.SL 6a
23. Silberne Spuren 7b+
24. Rasttag 6a+/6b
25. Frenchconnection 2 6a+/6b
26. Frenchconnection 1 6b
27. Virginia 6a
28. Stavo-rechts 6b
29. Stavo-links 6b+/6c

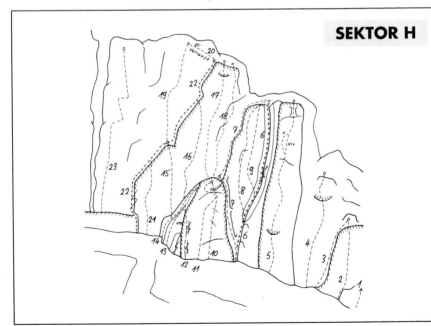

SEKTOR H

SEKTOR H

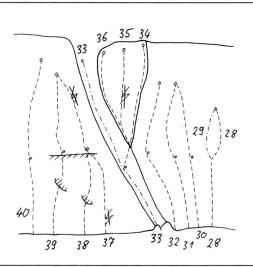

Routen Sektor H

30. Meine 6a
31. Und 6a+
32. Deine 6a
33. Weg nach oben 4+
34. Projekt
35. Quo Vadis 7a
36. Tequilla Sunrise 7b
37. Sportnachmittag 5c
38. Das gelbe vom Ei 6a+
39. Tanz der Weberknechte 6a
40. Im Reich der Schwalben 6a+
41. Atlantis 6a+
42. Lillibeth 6a+
43. Sanddorn 6a+/6b
44. Freie Grafschaft Tirol 6a+
45. O. X. T. 6c+
46. Zwischen 1 + 5 6b+
47. Salü 6a
48. Just married 6a
49. Je t'aime 6b
50. Laura 6b+
51. Jagd im Nebel 6c+
52. Süßes Gift 7a/7a+
53. Aufnahmeprüfung 5b

AFFENHIMMEL ** / ***

Sektor I	**NERVENKREBS**
Zugang	Links vom Sektor H über Schotterfeld 50 m empor.
Routen Sektor I	1. Klein aber fein 6b 2. Nuklear climax 6a+/6b 3. Nervenkrebs 6b+
Sektor J	**HERBSTWIND**
Zufahrt	Vom Parkplatz beim Kilometerschild »145,2« fährt man auf der B 171 in Richtung Zams/Landeck bis zum Kilometerschild »145,8«. Unmittelbar danach zweigt rechts eine schmale Straße ab. Auf dieser cirka 200 Meter entlang, bis zu einem kleinen Gedenkstein, der meist von Pflanzen überwuchert ist.
Parken	Am Straßenrand.
Zugang	Vom Parkplatz in den Wald und auf teils undeutlichem Pfad, zuerst wenige Meter nach links, dann steil ansteigend, über eine Schotterrinne zu den Einstiegen. Gehzeit cirka 10 Minuten.
Routen Sektor J	1. Skorpion 6c+ 2. Greenpeace 6b+ 3. Williway 6b 4. Hombre 7c 5. Rinascimento Melodrama 7c+ 6. Dreamscape 7a 7. 7c 8. Honigmund 6b (Einst. auf schrägem Band) 9. Sterbende Schmetterlinge 6c+ (Einst. auf schrägem Band) 10. Türkischer Kaffee 7a (Einst. auf schrägem Band) 11. Zeitbombe 7a (Einst. auf schrägem Band) 12. Casandra 1.SL 5b/2.SL 6a/6a+ 13. Gelbes Geheimnis 6b+ 14. Tiramisu 7a 15. Mein linker Fuß 7c 16. Mister Mosaro 7c 17. Herbstwind 7b 18. Jung Dynamisch Erfolglos 7c 19. Salomons Kunst 7a+ 20. Candy man 7c 21. Weißer Teufel 8a

22. Der schwarze Engel 7b+
23. 6c+
24. Sexcrime 6b+
25. Creme caramele 5c

Routen
Sektor J

SEKTOR J

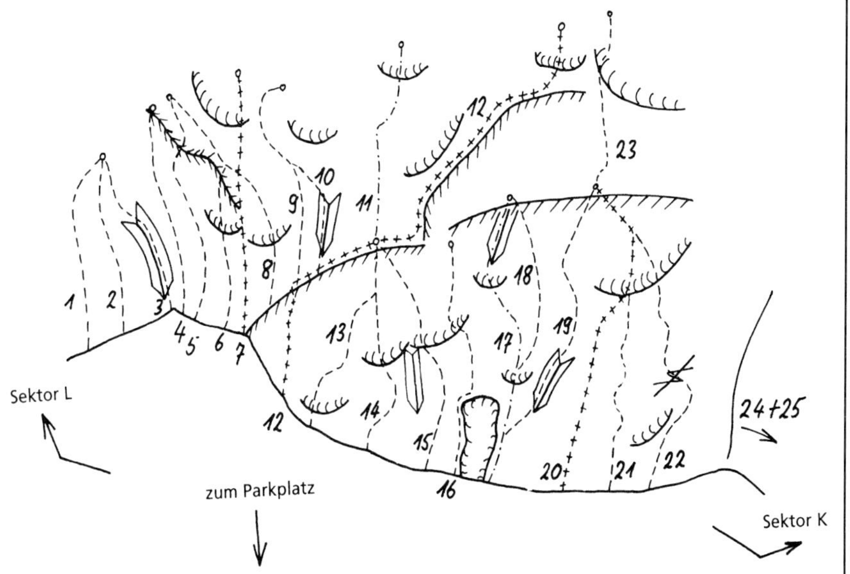

AFFENHIMMEL **/***

Sektor K

MÄNNERMAGAZIN

Dieser Sektor liegt rechts (etwas unterhalb) vom Sektor J, die Routen sind sehr verstreut. Zufahrt und Zugang siehe Seite 84.

Routen Sektor K

1. Hallo Dracula 6a/6a+
2. Männermagazin 7a
3. Männermagazin - 2.SL oben links 6b+
4. Männermagazin - 2.SL oben rechts 6a
5. Fight Gravity 6b+
6. Der goldene Schuh 7b

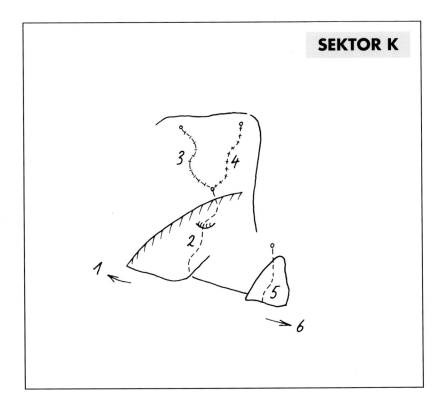

SEKTOR K

GAMSWANDL

Sektor L

Dieser Sektor liegt links oberhalb vom Sektor J. Zufahrt und Zugang siehe Seite 84.

1. Gams normal 8a
2. Schwarze Nuß 7c
3. Autohölle 8a+ (Kombination aus Nr. 2 und 1)
4. Gams allein 7a
5. Berührungsangst 6c+
6. Silberner Surfer 7a+ (Einzelstelle)
7. Stuntman 7a
8. Moskito 6c+
9. Weiße Taube 6c+

Routen Sektor L

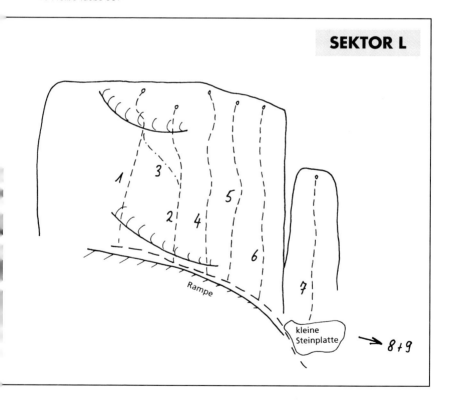

AFFENHIMMEL - Lötzer Wasserfall

LÖTZER WASSERFALL

Lage   Cirka 2 Kilometer nordöstlich von Landeck und 15 Kilometer südwestlich von Imst.

Zufahrt   Von Innsbruck auf der Autobahn A 12 in Richtung Arlberg, bis zur Ausfahrt Zams und weiter auf der Bundesstraße B 171 nach Zams. Am Ortseingang von Zams nicht nach links über die Brücke (Inn), sondern geradeaus weiter (Lötzweg), parallel dem Inn entlang, bis rechts eine Straße ansteigend zum Zamser Kraftwerk führt (klein ausgeschildert mit »Wasserfall«).

Parken   Cirka 200 Meter vor dem Kraftwerk am Straßenrand. Obwohl sich beim Kraftwerk ein kleiner Parkplatz befindet, bitten die Erschließer eindringlich, das Fahrzeug nicht beim Kraftwerk abzustellen!!

Zugang   Am Kraftwerk vorbei und der Ausschilderung »Wasserfall« folgen. Gehzeit cirka 3 Minuten.

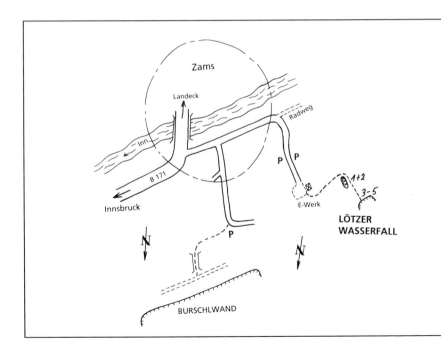

Österreich   Verlag rotpunkt

GREAT DAYS

TREKKING CLIMBING ACTION WEAR

 Infos bei Schlager & Strobl, Gasteig 14, 82547 Eurasburg, Tel. 08179/1081, Fax 08179/1410

AFFENHIMMEL - Lötzer Wasserfall

Felsstruktur Die erste Seillänge von Little Niagara ist zwar etwas brüchig, dafür jedoch gut abgesichert. Die oberen Seillängen bieten schöne Riß-, Platten- und Überhangkletterei an festem Fels.

Wandhöhe Bis 65 Meter.

Routen
Auf dem Weg zum Wasserfall
1. 6a+
2. 7a+

Beim Wasserfall
3. Little Niagara 1.SL 5b/c/2.SL 7a
4. La vie en rose 1.SL 6b/2.SL 6a+
5. Minus-Männer 5c

Weitere Informationen Am nördlichen Ortsrand von Zams befindet sich die **BURSCHLWAND**. Dabei handelt es sich um eine 150 - 200 Meter hohe, nach Südosten ausgerichtete Wand mit zwei sehr schönen und bestens abgesicherten Sportkletterrouten *(Pegasus 6c+; Mon cheri 6a+)*. Zufahrt, Parken und Zugang siehe Skizze Seite88. Nähere Auskunft darüber findet Ihr im Kletterführer ALPINES SPORTKLETTERN ÖSTERREICH-WEST von Siegfried Moschen, erschienen im Rotpunkt Verlag.

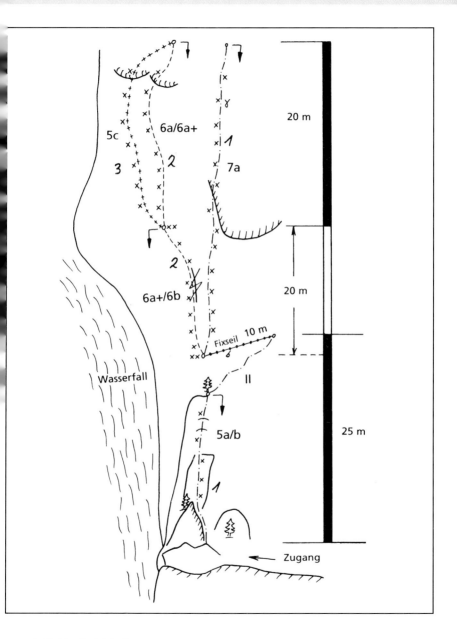

ÖTZTAL **

Allgemein

Das Ötztal ist mit einer Länge von über 50 Kilometern das längste Seitental des Oberinntals und wird von der Ötztaler Ache durchflossen. 1987 trat dieser Fluß bei einem starken Hochwasser über seine Ufer. Im August war es, auf 3500 Meter stiegen die Temperaturen unglaublich in die Höhe, die Gletscher begannen zu schmelzen. Eine riesige Schlamm- und Schutt-Flutwelle schoß durch das Tal und riß Bäume, Häuser und Straßen mit sich. 13 Menschen, darunter einige Schaulustige, starben damals bei dieser furchtbaren Naturkatastrophe.

Unsere Klettergartenauflistung über das Ötztal beginnt am Taleingang mit dem Hauptsektor Oetz, das Massiv befindet sich bei einer Automobilwerkstätte am Ortsrand von Oetz. Eigentlich sind diese Felsen eher unlohnend und zudem stört der Straßenlärm der Bundesstraße, doch die eine oder andere Tour macht schon Spaß..... Schaut vorbei, wenn's Euch nicht gefällt, seid Ihr in wenigen Schritten wieder beim Auto.

Als eine Perle im Ötztal kann der Hauptsektor TUMPEN angesehen werden. Idealer Zugang (aussteigen und klettern), flechtenfreier kompakter Fels und optimale Absicherung lassen jedes Sportkletterherz höher schlagen. Reinhard Schiestl, Christoph Rimmel und Albert Grüner waren die federführenden Erschließer, die 1986 den Klettergarten TUMPEN einrichteten. Durch die angrenzende Wiese und den sekundenschnellen Zugang kann TUMPEN auch als sehr familienfreundliches Klettergebiet empfohlen werden.

Fährt man weiter flußaufwärts, so befindet sich nach einer Brücke der Parkplatz zur AU-PLATTE. In 6 - 8 Minuten erreicht man den etwa 15 Meter hohen Granitblock, der von allen Seiten bekletterbar ist. An der nach Südwesten ausgerichteten Platte ist eine gute Fußtechnik weitaus wichtiger als dicke Oberarme.

Einen Kilometer weiter talaufwärts erreicht man den Parkplatz zum Hauptsektor NÖSSLACH, von dem man übrigens auch den zuvor beschriebenen Sektor AU-PLATTE erreichen kann. Die Kletterrouten in diesem wuchtigen, hohen Massiv befinden sich alle ganz links. In letzter Zeit gerät dieser Sektor etwas in Vergessenheit, vielleicht ist dies auch der Grund, daß der Fels an manchen Stellen etwas beflechtet ist.

Kommen wir zu OBERRIED, dem zweiten sehr lohnenden Klettergarten im Ötztal. Leider gibt es derzeit mit der Agrargemeinschaft (Grundbesitzer) Probleme. Die Gemeinde möchte zwar ein Budget für den Klettergarten zur Verfügung stellen, damit dieser als offizielle Sportstätte eingerichtet werden kann. Solange die vertraglichen Formalitäten jedoch noch nicht abgeschlossen sind, wurde mir nahegelegt, OBERRIED in dieser Ausgabe zu streichen. Schade um dieses nette, familienfreundliche Klettergebiet!

Allgemein

Zum Schluß noch ein paar Climbs für Athleten. In ASTLEHN kommt einem das winterliche Balkentraining zugute, denn ein 3- Meter-Dach läßt die Oberarme anschwellen.

Im Ötztal gibt es noch weitere gute Klettergärten, an einem arbeitet zum Beispiel Reinhard Schiestl. Über 80 Touren sind bislang eingerichtet, doch es wird noch einige Zeit dauern, bis diese Felsen komplett erschlossen sind, und bis dahin werden sie der Öffentlichkeit nicht preisgegeben.

Einen Dank an Reinhard Schiestl und Albert Grüner, die mir Infos über das Ötztal lieferten und sich auch um das derzeitige Chaos zwischen Agrargemeinschaft und der Gemeinde Oberried kümmern.

Lage

Cirka 13 Kilometer ostsüdöstlich von Imst und 37 Kilometer westsüdwestlich von Innsbruck.

Zufahrt

Auf der Inntalautobahn bis zur Ausfahrt Oetz und weiter auf der B 186 ins Ötztal (KOMPASS Wanderkarte 1:50 000, Nr. 43 »Ötztaler Alpen«). Weitere Zufahrtsbeschreibung siehe jeweiliger Hauptsektor.

Beste Jahreszeit

Spätes Frühjahr, Sommer und Herbst.

Topo

196seitiger Topoführer »Klettergärten Tirol-West« von mehreren Autoren zusammengestellt, der unter anderem diese Klettergärten auf 29 Seiten beschreibt. Erhältlich ist dieser Führer zum Beispiel in Innsbruck bei »Sport-Wiedmann«.

Übernachten

In Oetz
– »Camping Oetz«, Hans Jäger, Piburger Straße 4, 6433 Oetz, Tel. 0 52 52/64 85. Preise: Pro Person ÖS 50; Kinder von 3 - 13 Jahren ÖS 35; Auto ÖS 25; großes Zelt ÖS 25; kleines Zelt ÖS 20; Campingbus ÖS 30; Kurtaxe ÖS 11. Geöffnet von Ostern bis Ende September.

In Umhausen
– »Ötztaler Arena - Camp Krismer«, Familie Krismer, 6441 Umhausen, Tel. 0 52 55/53 90 oder 0 52 54/81 96. Preise: Pro Person ÖS 65; Kinder ÖS 50; Platz (35-100 qm) pro qm ÖS 1; Hund ÖS 30; Kurtaxe ÖS 10; Duschen ÖS 10. In der Vor- und Nachsaison werden 20% Nachlaß gewährt. Ganzjährig geöffnet.

ÖTZTAL * *

Übernachten

In Längenfeld
– »Camping Ötztal«, Familie Auer, 6444 Längenfeld, Tel. 0 52 53/53 48 oder 51 46. Preise: Pro Person ÖS 54; Kinder von 4 - 13 Jahren ÖS 41; Auto öS 27; großes Zelt ÖS 49; kleines Zelt ÖS 28; Hund ÖS 26; Kurtaxe ÖS 10. In der Vor- und Nachsaison werden 20% Nachlaß auf die Stellgebühr gewährt. Öffnungszeiten: ganzjährig geöffnet.

In Sölden
– »Camping Sölden«, Fam. Kneisl, 6450 Sölden, Tel. 0 52 54/26 27. Preise: Pro Person ÖS 80; Kinder bis 14 Jahren ÖS 60; Stellplatz ÖS 100; Hund ÖS 35; Kurtaxe ÖS 13. Ganzjährig geöffnet. Auf dem Campingplatz befindet sich eine Indoorkletterwand (siehe Abschnitt Kletterhalle), die für Gäste des Campingplatzes kostenlos zur Verfügung steht.

Lebensmittel

Kleinere Geschäfte findet man in jeder Ortschaft. Supermärkte gibt es unter anderem in Oetz, Längenfeld und Sölden.

Wasser

In fast allen Ortschaften im Ötztal gibt es einen Brunnen.

A - 6450 Sölden/Ötztal
Telefon (0 52 54) 26 27 oder 26 72 · Fax 26 72-5

Der Platz in den Bergen

Idealer Ausgangspunkt für hochalpine Touren und Klettereien in den Ötztaler Alpen. Komfortabler Sommer-Winter Camingplatz für Aktivurlauber mit eigener 9m hoher Indoorkletterwand.

4.

Hallenbad

In Sölden, Freizeit Arena, 6450 Sölden, Tel. 0 52 54/25 14 (ausgeschildert). Öffnungszeiten: Sommer und Winter von Mo. bis Fr. 10.30 - 20.00 Uhr, Sa. und So. von 13.30 - 20.00 Uhr. Frühjahr und Herbst täglich von 14.00 - 20.00 Uhr.

Sportgeschäft

In Sölden Sportgeschäft Riml (»Rimlhaus«), Hauptstraße, Tel. 0 52 54/22 24.

Kletterhalle

In Sölden
– Im Sportgeschäft Riml (»Rimlhaus«), Tel. 0 52 54/22 24 37. Größe: Ca. 60 qm (12 m hoch). Geöffnet zu den normalen Geschäftszeiten. Klettern nur nach Absprache im Sportgeschäft. Preis: ÖS 100.-
– Camping Sölden, Tel. 0 52 54/26 27. Größe: Ca. 72 qm, zwischen 7 m und 9 m, mit 6 verschieden geneigten Elementen. Preise: ÖS 100 für zwei Stunden, für Gäste des Campingplatzes kostenlos!

Touristenbüro

– 6433 Oetz, Hauptstr. 66, Tel. 0 52 52/66 69. Öffnungszeiten: Mo. bis Fr. von 8.30 - 12.00 Uhr und 14.00 - 18.00 Uhr, Sa. von 8.00 - 12.00 Uhr.
– 6450 Sölden, Tel. 0 52 54/2 21 20. Öffnungszeiten: Mo. bis Sa. von 8.30 - 12.00 Uhr und 15.00 - 18.00 Uhr.

ÖTZTAL **

**Übersicht
der Sektoren**

Hauptsektor 1	**OETZ ***	Seite 97
Hauptsektor 2	**TUMPEN **/****	Seite 98
Hauptsektor 3	**AU-PLATTE */****	Seite 100
Hauptsektor 4	**NÖSSLACH */****	Seite 102
Hauptsektor 5	**OBERRIED **/****	Seite 104
Hauptsektor 6	**ASTLEHN */****	Seite 105

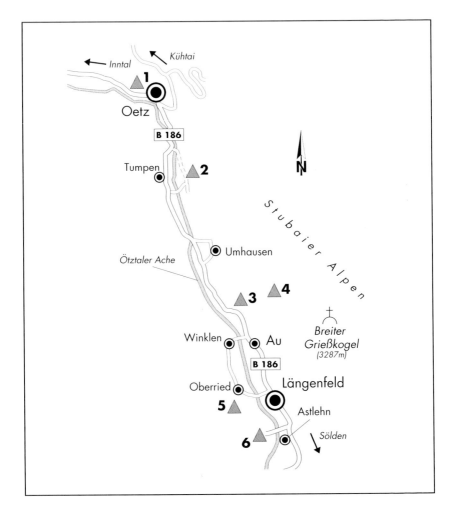

OETZ

	Hauptsektor 1
Am Ortseingang (von der Inntalautobahn kommend) von Oetz.	**Lage**
50 m vor dem Ortseingangsschild von Oetz (von der Autobahn kommend) nach links zur Automobilwerkstätte.	**Zufahrt**
Links der Straße bei der Automobilwerkstätte. Eventuell den Besitzer um Erlaubnis fragen.	**Parken**
In wenigen Schritten zum Fels.	**Zugang**
Die Felsen sind meist nach Süden ausgerichtet.	**Lage der Felsen**
Knapp über 800 Meter.	**Meereshöhe**
Insgesamt 14 Touren. bis 4+ = 1 Tour bis 6a+ = 6 Touren bis 6c+ = 5 Touren bis 7b+ = 1 Tour 7c = 1 Tour	**Routenanzahl**

HALLO BERGFREUND!

MARTIN RIML GES.M.B.H. & CO KG, A-6450 SÖLDEN, TEL. 05254/2224-0, FAX 2224-10

ÖTZTAL - Oetz * - Tumpen **/***

Routenanzahl	Die Routennamen stehen meist an den Einstiegen angeschrieben.
Absicherung	Meist sehr gut, Bohrhaken. Klemmkeile werden fast nie benötigt.
Felsstruktur	Urgestein, meist senkrechte, kleingriffige Wandkletterei, unterbrochen durch einige Verschneidungen.
Wandhöhe	10 - 30 Meter.

Routen Hauptsektor 1

1. Gummy-Fuzzy 6a
2. Dr. Mabuse 5a/b (Verschneidung; Keile)
3. »Schmidtchen Schleichr« 6a
4. Popei 6a+
5. Rumti-Dumti 6b/6b+
6. Harakiri 5c
7. Touch and go! 6b
8. Sturzflug 6c+
9. Hokus-Pokus 6a
10. H.P.+ 6b
11. Zwillingsriß 7b+ (oben gerade hoch)
12. Zwillingsriß-Variante 7c (oben rechts)
13. Power come back! 6c
14. Normale 4

Hauptsektor 2

TUMPEN

Lage	Cirka 4 Kilometer südsüdöstlich von Oetz.
Zufahrt	Von Oetz auf der B 186 in Richtung Sölden, bis nach der Ortschaft Tumpen, beim kleinen Kilometerschild »11,0«, eine Straße nach links in Richtung Lehn/Platzl führt. Auf dieser entlang, nach wenigen hundert Metern den 2. Feldweg nach links und auf diesem in Richtung Oetz/Tumpen direkt zum Felsmassiv.
Parken	Unmittelbar vor dem Felsmassiv.
Zugang	In einer Sekunde zum Fels.
Lage der Felsen	Das Massiv ist überwiegend nach Westen ausgerichtet.
Meereshöhe	950 Meter.

Insgesamt cirka 40 Touren. bis 4+ = 1 Tour bis 6a+ = 16 Touren bis 6c+ = 12 Touren bis 7b+ = 7 Touren 7c = 1 Tour	**Routenanzahl**

Die Routennamen stehen an den Einstiegen angeschrieben.

Sehr gut, Bohrhaken. Klemmkeile werden nicht benötigt.	**Absicherung**
Urgestein, plattig, durchsetzt mit Rissen.	**Felsstruktur**
12 - 30 Meter.	**Wandhöhe**

Routen
Hauptsektor 2

1. Übungstour 4-
2. Garfield 5b
3. Wilhelm Busch 5c
4. Eis am Stiel 6a
5. Schlangenei 6b
6. Catch the edge 6b
7. Zombieball 7b+
8. Der Wolf und die 7 Zwerge 5c (Riß)
9. Boys don't cry 6c+
10. It's your time 5b
11. Karambolage 6a+
12. Alis Weg 6a
13. Mikado 6a+
14. Zivilstreife 6a
15. Einbahnstraße 6b (Einst. oberhalb der Routen 12; linkshaltend)
16. Atlantis 7b (Einst. oberhalb der Routen 12; rechtshaltend)
17. Märchenprinz 6a+ (Einst. oberhalb der Routen 14; oben links)
18. Club 2 5c (Einst. oberhalb der Routen 14; oben rechts)
19. Opernball 7a/7a+
20. Peanuts 6a/6a+
21. Butzeman 6a
22. Butzeman-Variante 6a+ (oben rechts)
23. Weinskandal 6a
24. Lokalverbot 7a+
25. Fliegender Holländer 6c+
26. Voodoomaster 6b+
27. Schraubverschluß 6b+
28. Babylon 7a
29. Windwalker 6b

ÖTZTAL - Au-Platte */**

Routen	30. 1001-Nacht 6b+
Hauptsektor 2	31. Verbindungsvariante 6b+ (oben nach rechts zur Nr. 32)
	32. Solid Gold 6c+/7a
	33. Indian Reservation 6b
	34. Anderland 5a/b
	35. Flamingo 6b
	36. Turn around 7c
	37. Little big man 7b+
	38. Quasimodo 6b+
Hauptsektor 3	**AU-Platte**
Lage	Cirka 10 Kilometer südsüdöstlich von Oetz.
Zufahrt	Von Oetz auf der B 186 in Richtung Sölden, bis zu einer Brücke über die Ötztaler Ache (Kilometerschild »17,4«). 100 m danach zweigt links (bei einer Gedenktafel) ein Forstweg ab.
Parken	Bei der Gedenktafel.
Zugang	Vom Parkplatz an der Schranke vorbei und dem Schotterweg folgen, bei einer Gabelung geradeaus zu dem freistehenden Felsblock (hinter einem Strommasten). Gehzeit cirka 6 - 8 Minuten. Oder man parkt beim Hauptsektor 4, geht an der Schranke vorbei und folgt dem »Ötztaler Trail«, bis dieser am freistehenden Block vorbeiführt. Gehzeit cirka 8 Minuten.
Lage der Felsen	Alle Himmelsrichtungen.
Meereshöhe	Knapp unter 1200 Meter.
Routenanzahl	Insgesamt cirka 40 Touren.
	bis 4+ = 1 Tour
	bis 6a+ = 18 Touren
	bis 6c+ = 11 Touren
	bis 7b+ = 6 Touren
	7c = 3 Touren
	Die Routennamen stehen meist an den Einstiegen angeschrieben.
Absicherung	Gut bis sehr gut. Bohrhaken (teils etwas älter), teils kleine Bühler-Haken. Klemmkeile werden selten benötigt.

Urgestein, meist plattig.	**Felsstruktur**
5 - 15 Meter.	**Wandhöhe**

Routen
Hauptsektor 3

1. Goldmarie 6a+
2. Frau Holle 6c+
3. Buschpilot 4+/5a
4. Normale 6b
5. Betthupferl 6a+
6. Heiße Nummer 6c+
7. Silent step 6b+
8. Herzklopfen 6b+
9. Gummitwist 7b
10. Bienvenú 6a+
11. Charleston 7c
12. Nirwana 6b+

13. Quergang 7c (von Nr. 3 bis Nr. 12 - knapp über dem Boden)

Südseite
14. Kurzschluß 6b (dir. Einst. zu Nr. 12)
15. Knick-knack 6a
16. Gewitter 6a+
17. Inferno 6b/6b+
18. Panische Zeiten 6a/6a+
19. Mini-Tour 5a
20. Variante 5b (oben links)
21. Bingo-Bongo 5a

Südostseite
22. CO2 5b/c
23. Locknwickler 5c/6a
24. Easy run 5c/6a

Ostseite
25. Mr. Loctite 7a (ohne Kante)
26. Mr. No 7a+
27. Grünspan 7a+/7b (Längenproblem)
28. Kendo 7b
29. Futura 7b
30. Radioaktiv 6b+ (je nach Größe bis 7b)
31. Kernkraft 6c+

ÖTZTAL - Nösslach */**

Routen	**Nordseite**
Hauptsektor 3	32. Der kleine Schlumpf 4+/5a (ganz links gerade hoch)
	33. Max und Moritz 5a (gerade hoch)
	34. Faulpelz 4+ (rechts querend)
	35. Daumendick 6a (gerade hoch)
	Nordwestseite
	36. Rapunzel 6b+
	37. James Bond 008 6a+
	38. Oldtimer 5c/6a
	39. Astrodance 7c (überhängender Fingerriß; Keile)
Hauptsektor 4	**NÖSSLACH**
Lage	Cirka 12 Kilometer südsüdöstlich von Oetz.
Zufahrt	Von Oetz auf der B 186 in Richtung Sölden, bis sich 600 Meter vor der Ortschaft Au, auf der linken Seite (beim Kilometerschild »18,8«) eine kleine Kapelle befindet.
Parken	Bei der Kapelle.
Zugang	Vom Parkplatz ansteigend an der Schranke vorbei und weiter in Richtung »Niederthei«. Bei einer Gabelung (links führt ein Wanderweg zum »Wiesle«) rechtshaltend zur sichtbaren Wand. Die Routen befinden sich alle im linken Wandteil des großen Massivs. Gehzeit cirka 5 - 6 Minuten.
Lage der Felsen	Das Felsmassiv ist nach Südwesten ausgerichtet.
Meereshöhe	Knapp über 1200 Meter.
Routenanzahl	Insgesamt 19 Touren.
	bis 4+ = keine Touren
	bis 6a+ = 13 Touren
	bis 6c+ = 4 Touren
	bis 7b+ = 1 Tour
	Die Routennamen stehen an den Einstiegen angeschrieben.
Absicherung	Meist sehr gut, Bohrhaken. Klemmkeile werden nicht benötigt.

Felsstruktur

Urgestein, oftmals kleinere bis größere Überhänge. Im mittleren Wandteil stellenweise etwas beflechtet.

Wandhöhe

Bis 25 Meter.

Routen
Hauptsektor 4

1. Morgen 5c
2. Shogun 6c (Nach dem Dach linkshaltend)
3. Einfach 4+/5a
4. Heut 5a/b
5. Babydoll 6b/6b+ (2. SL der Nr. 4)
6. Herbst 5c
7. 5c (oben linkshaltend)
8. 6a (Variante zur Nr. 7; oben gerade hoch)
9. Katalysator 5c/6a
10. Projekt
11. Irren ist menschlich 6a/6a+ (oben rechtshaltend)
12. Wicky 6a (gleicher Einst. wie Nr. 13, anschl. linkshaltend)
13. Schachzug 6c+ (gerade hoch)
14. Weisser Riese 6a/6a+ (oben linkshaltend)
15. Club 86 7a (gleicher Einst. wie Nr. 14, oben gerade hoch)
16. Rumpelstilzchen 6b/6b+
17. Bleifrei 6a
18. Meister Proper 6a+
19. Wurzenmax 5a/b

ÖTZTAL - Oberried **/***

Hauptsektor 5	**OBERRIED**
Lage	Cirka 15 Kilometer südlich von Oetz.
Zufahrt	Von Oetz auf der B 186 in Richtung Sölden. Unmittelbar nach dem Ortseingangsschild von Au nach rechts Richtung Oberried. Direkt am Ortsausgangsschild von Längenfeld-Oberried/Lehn-Unterried scharf nach rechts. 20 Meter nach einer kleinen Kirche nach links und immer geradeaus, an einem Brunnen vorbei, auf einer Schotterstraße am Bach entlang zum Feuerwehrhaus von Oberried.
Parken	Beim Feuerwehrhaus. Bitte das Fahrzeug auf der linken Seite des Feuerwehrhauses abstellen, damit das Weidevieh vorbeigehen kann.
Zugang	Vom Parkplatz durch das Weidegatter und weiter, am Zaun entlang, zu den sichtbaren Felsen. Gehzeit 3 - 4 Minuten.
Lage der Felsen	Die Felsen sind nach Ostnordosten ausgerichtet.
Meereshöhe	Knapp unter 1200 Meter.
Absicherung	Sehr gut, Bohrhaken. Klemmkeile werden nicht benötigt.
Felsstruktur	Granit, großblockig (teils geschlagene Griffe).
Wandhöhe	6 - 25 Meter.
Algemeine Infos	Da es zur Zeit Probleme mit der Agrargemeinschaft und der Gemeinde gibt, wurde ich gebeten keine Routenauflistung und keine Topos von OBERRIED zu veröffentlichen.

Astlehn */**

ASTLEHN — **Hauptsektor 6**

Cirka 17 Kilometer südlich von Oetz. — **Lage**

Von Oetz auf der B 186 in Richtung Sölden bis etwa 800 Meter nach dem Ortsausgangsschild von Längenfeld eine schmale, geteerte Straße nach rechts Richtung Astlehn abzweigt. In Astlehn nach rechts, die nächste Möglichkeit wieder nach links, über die Ötztaler Ache und weiter bis zu einer Häusergruppe mit einer kleinen Kapelle. — **Zufahrt**

Bei der »Falkner Alm«. Sollten alle Parkmöglichkeiten belegt sein, bitte in der »Falkner Alm« um Parkerlaubnis fragen. — **Parken**

Von der »Falkner Alm« nach rechts zu einer Scheuer, dort links vorbei (Viehgatter) und weiter links ansteigend zum Felsmassiv. Gehzeit 4 Minuten. — **Zugang**

Das Felsmassiv hängt stark über, es dominiert die athletische Kletterei. Die Routen wurden in jüngster Zeit von Reinhard Schiestl saniert (Bohrhaken und Klebehaken). — **Weitere Infos**

Routen Hauptsektor 6

1. Projekt
2. Sonderzug nach Bangkok 7a/7a+
3. Gaspedal 7b+ (ohne Kante)
4. Ötztaler Analyse 6c
5. Luftfahrt 7a/7a+ (mit Quergang 7b+)
6. Exorzist 7c+
7. Dynamo 7c
8. Schalldämpfer 6b+
9. Rudi sprachlos 6b

CHINESISCHE MAUER ***/****

Allgemein

Oft schon fuhren wir von Mittenwald nach Oberleutasch, um von dort auf die Wettersteinhütte, beziehungsweise Wangalm aufzusteigen. Einmal, wir waren in einem absolut lustlosen Zustand, dauerte der Aufstieg zur Wangalm drei Stunden. Am anderen Tag dann nochmals eine Stunde bis zum Wandfuß der Schüsselkarspitze und wie so oft schon war dann am Sonntag unser (geh)fauler Alpinistengeist auf dem Nullpunkt. Somit fuhren wir wieder gen Heimat und bevorzugten einen Allgäuer Klettergarten. Hätten wir damals bereits die CHINESISCHE MAUER gekannt, wären wir bestimmt dorthin gefahren.

Bruno Bianchi, Gunter Sobe und Bernhard Reinmiedl waren es, die Ende der achtziger Jahre das schräg ansteigende, ewig lange Felsmassiv am Fuße des Öfelekopfes neu entdeckten und die ersten Routen einbohrten. Mit *Tschai-Hil 7a* (der Ungläubige) wurde die erste Tour eingerichtet, weitere tolle Anstiege (soweit als möglich von unten eingebohrt) folgten. Exotische Namen wurden für die Routen gesucht und so war auch schnell der Name dieses Klettergartens gefunden - CHINESISCHE MAUER.

Der Telfser Bernhard Hangl erweiterte dann einige Zeit später die Routenanzahl, *Kein Wasser kein Strom 7b*, *Parade ohne Henkel 7a+* oder *Kein Ende in Sicht 7b+*, um nur einige zu nennen, wurden von ihm eingerichtet und geklettert.

Bei unserem letztjährigen Besuch kamen wir angesichts der nun vorhandenen Routen aus dem Staunen nicht mehr heraus. Waren es Ende 1991 gerade Mal 30 Touren, so stieg die Anzahl bislang auf über 110!! Maßgeblich daran beteiligt waren Reinhold Scherer (55! Routen), Bernhard Pommer (25 Routen) und Christoph Prager (15 Routen), die mehr als 1100! Bohrhaken in die »MAUER« setzten. Dabei wurden nicht nur neue Routen zum Teil von unten eingerichtet, sondern auch viele alte Anstiege saniert. Eine Arbeit, bei denen die drei sich manchmal etwas wie die »Leo's vom Dienst« vorkamen, denn während das Trio noch an Routen arbeitete, stiegen andere Kletterer ohne zu fragen in die Projekte ein. Daher stammt auch der Tourenname *Leopartie*.

Trotz diesen Frustes erschlossen sie, von einem Phanatismus getrieben, in kürzester Zeit den gesamten Wandfuß, so daß es heute fast alle 4 - 5 Meter eine Route gibt. Reini berichtete mir, daß sie den Sektor DIE STREIFEN in einer Woche eingerichtet hatten. Die drei hingen bei Regen und Schneefall, ausgerüstet mit angebundenem Regenschirm und Skibrille, nebeneinander in der Wand und bohrten in Fallinie eine Route nach der anderen ein. Ähnlich entstanden auch die anderen Sektoren.

Mit weit über 100 Routen zählt die CHINESISCHE MAUER heute zu den beeindruckendsten Klettergärten Österreichs. Die Klettereien sind zum Teil über 30 Meter lang (oftmals werden mindestens 17 Expreßschlingen benötigt!) und technisch meist sehr anspruchsvoll. Durch die kraftvolle Ausdauerkletterei wird so manchem die »MAUER« als hart bewertetes Klettergebiet erscheinen.

Da es in vergangener Zeit Probleme mit dem Parken und der Forstwirtschaft gab, sollten folgende Punkte unbedingt beachtet werden:

- **Kletterverbot von Ende November bis Anfang April!**
- **Kein Campieren an der Wand.**
- **Kein Lagerfeuer.**
- **Das Fahrzeug bei der Brücke parken. Auf gar keinen Fall mit dem Auto bis zum Waldrand fahren.**
- **Beim Zugang nur die ausgetretenen Pfade benützen.**
- **Kein Lärm am Fels.**
- **Allen Abfall wieder mitnehmen.**

Allgemein

CHINESISCHE MAUER ***/****

Lage	Cirka 9 Kilometer südwestlich von Mittenwald und 22 Kilometer nordwestlich von Innsbruck.
Zufahrt	Von Mittenwald in Richtung Leutasch nach Puitbach (Ortsteil von Leutasch). 100 Meter nach der Bushaltestelle befindet sich rechts vor der kleinen Brücke ein Parkplatz (KOMPASS Wanderkarte 1:25 000, Nr. 026, »Seefeld in Tirol Leutasch«).
Parken	Auf dem oben beschriebenen Parkplatz. Bitte nicht bei den Bauernhäusern parken, auch wenn der Bauer aus Gutwilligkeit die Genehmigung erteilt.
Zugang	Vom Parkplatz auf der Hauptstraße in Richtung Mittenwald, bis links (gegenüber der Bushaltestelle) eine schmale Straße zu den Bauernhäusern führt. Von dort auf dem Feldweg (Durchfahrt verboten) Richtung Wald. Am Waldrand ein Viehgatter passieren und weiter geradeaus in Richtung »Meilerhütte«. An der ersten Gabelung linkshaltend (nicht der blauen Markierung folgen) und nach 100 Metern (kurz vor einem Hochsitz) wieder linkshaltend steil abwärts in eine Senke. Nun geradeaus auf deutlichem Pfad steil ansteigend zu den Einstiegen. Gehzeit cirka 20 - 25 Minuten.

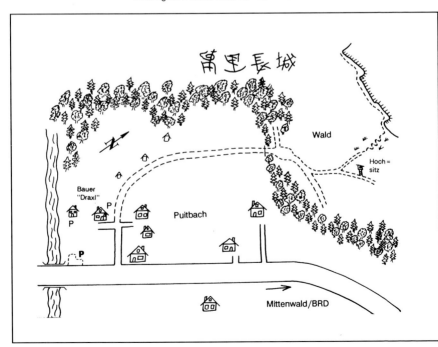

Die Felsen sind nach Süden ausgerichtet.	**Lage der Felsen**
Parkplatz 1095 Meter, Einstiege zwischen 1200 und 1320 Meter.	**Meereshöhe**

Insgesamt cirka 110 Touren und einige Projekte. **Routenanzahl**

```
    bis  IV+ = keine Touren
    bis  6a+ =  4 Touren
    bis  6c+ = 25 Touren
    bis  7b+ = 40 Touren
         7c  =  8 Touren
         7c+ =  8 Touren
         8a  =  9 Touren
         8a+ =  6 Touren
         8b  =  2 Touren
    8b/8b+  =  2 Touren
         8b+ =  2 Touren
         A0  =  1 Tour
```

Die Routennamen stehen meist an den Einstiegen angeschrieben.

Sehr gut, Bohrhaken und Ringhaken (oftmals werden 17 Expreßschlingen benötigt!). Klemmkeile werden nur in sehr wenigen Routen benötigt.	**Absicherung**
Kalk, rauher fester Fels, teils athletische Kletterei an Löchern. Viele Routen bleiben bei Regen trocken.	**Felsstruktur**
12 - 120 Meter.	**Wandhöhe**
Frühjahr, Sommer, Herbst. Bei Schneeschmelze und nach starken Regenfällen sind die nicht überhängenden Wandteile zu meiden.	**Beste Jahreszeit**
196 seitiger Topoführer »Klettergärten Tirol-West« von mehreren Autoren zusammengestellt, der unter anderem auch diesen Klettergarten auf 11 Seiten beschreibt. Erhältlich ist dieser Führer zum Beispiel in Innsbruck bei »Sport-Wiedemann«.	**Topo**
–»Holiday-Camping«, Fam. Haslwanter, 6105 Leutasch. Tel. 0 52 14/65 70. Wenige hundert Meter vom Klettergebiet entfernt. Preise: Pro Person ÖS 85; Kinder bis 14 Jahre ÖS 60; Platz + Auto zwischen ÖS 70 und ÖS 110, Kurtaxe ÖS 11. Ganzjährig (außer November) geöffnet.	**Übernachten**

Verlag rotpunkt

CHINESISCHE MAUER ***/****

Übernachtung	– Übernachtung auf dem Bauernhof. Johann Draxl, Puitbach 218, 6105 Leutasch. Tel. 0 52 14/65 79. Der Bauernhof befindet sich auf dem Weg zum Klettergebiet. Preise: Übernachtung (Zimmer mit Dusche) mit Frühstück ÖS 220 pro Nacht.
Lebensmittel	Der nächste kleine Supermarkt befindet sich in Weidach (ca. 3 km in Richtung Seefeld).
Wasser	Brunnen beim Bauernhof.
Hallenbad	»Leutascher Alpenbad« (zwischen den Ortsteilen Kirchplatzl und Oberweidach). Tel. 0 52 14/63 80. Öffnungszeiten: Täglich von 9.30 - 22.00 Uhr.
Sportgeschäft	In Mittenwald (Deutschland), Berg- und Skisport Böhm, Dekan-Karl-Platz 29, 82481 Mittenwald. Tel. D-0 88 23/23 41.
Touristenbüro	6105 Leutasch, Tel. 0 52 14/62 07 oder 6303. Öffnungszeiten: Büro Kirchplatzl, Mo. bis Fr. von 8.00 - 12.00 Uhr und von 13.00 - 17.00 Uhr, Sa. und So. von 9.00 - 12.00 Uhr; Büro in Weidach: Mo. bis Fr. von 9.00 - 12.00 Uhr und von 15.00 - 18.00 Uhr, Sa. von 9.00 - 12.00 Uhr.

Übersicht der Sektoren

Sektor A	**DODLWANDL**	Seite 111
Sektor B	**HAUPTSEKTOR**	Seite 112
Sektor C	**ASTORIA**	Seite 112
Sektor D	**SAMURAI**	Seite 114
Sektor E	**40'er WANDL**	Seite 114
Sektor F	**STEINSCHLAG**	Seite 114
Sektor G	**SCHWARZE WAND**	Seite 116
Sektor H	**DIE STREIFEN**	Seite 116

! Die Routen in allen Sektoren sind von rechts nach links aufgelistet!

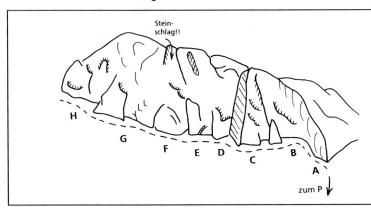

DODLWANDL

**Routen
Sektor A**

1. Die Raupe 6b/6b+
2. Touch down 6b/6b+
3. Martini 7b
4. Waterfront 7b
5. Puls 2000 7c
6. Kraftlaggl 7c/7c+
7. Indian Summer 8b/8b+? Projekt
8. Plus pre le ciel 8a+
9. Flying Circus 7a+
10. Cliffhanger 7c/7c+
11. Tote Hose 8a
12. Projekt
13. Projekt (8b+; 45 m)
14. Broadway (die Kurze) 7b+ (35 m); (die Lange) 8a (55 m)

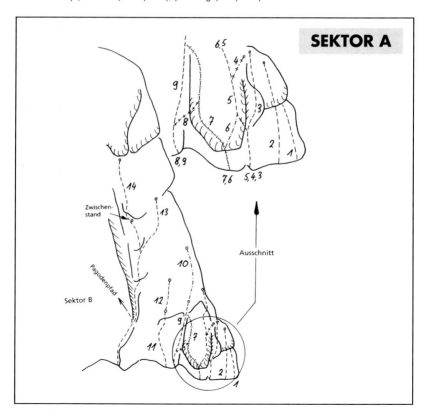

Verlag rotpunkt　　　　　　　　　　　　　　　　　　　　Österreich

CHINESISCHE MAUER ★★★/★★★★

Routen Sektor B

HAUPTSEKTOR

1. Pagodenpfad 1.SL 5c/2.SL 6a+/6b/3.SL 5c/4.SL 5b/c
2. Mai-Ling 1.SL 6a+/2.SL 6a+/6b/3.SL 5c/4.SL 6a+
3. Sonntagsspaziergang 6a/6a+
4. Parade ohne Henkel 7a+
5. Ping Pong 6a+
6. Nasenbär 7a+
7. Henkelparade 6c+/7a
8. Reblaus 6c+
9. Für eine Hand voll Chalk 7a+
10. Caramba 8a
11. Pistolero 8a
12. Shir Khan 7c/7c+
13. Shir Khan direkt 8a (Kombination aus Nr. 10 und 12)
14. Tschai Hil (die Kurze) 7a (15 m); (die Lange) 7c (18 m)
15. Hanuman 7c
16. Link the butler 7c
17. Don Juan 7b
18. Madame Butterfly 1.SL 6c+/2.SL 7b+/3.SL 6b+
19. Watschenmann 7b+
20. Leo Partie 7b+
21. Koffer Hoffer 7b
22. Time flies 7c

Routen Sektor C

ASTORIA

1. Medici 1.SL 6a/2.SL 6b/3.SL 6b/4.SL 7a
2. Hop Sing 6b+
3. Projekt
4. Stinkfuß 6c+
5. Plattfuß 7b+
6. Desperado 7c/7c+ (Einstieg oben auf Absatz)
7. Kangaroo Jump 8a (Einstieg oben auf Absatz)
8. Hemming-Way 8a+ (Einstieg oben auf Absatz)
9. Future Shock! 8b
10. Cafe Lila 5b
11. Astoria 7c/7c+
12. Kein Ende in Sicht 7b+
13. Kein Wasser kein Strom 7b
14. Summer Hill 7c/7c+
15. Satt, Mann! 7c+

5

SEKTOR B

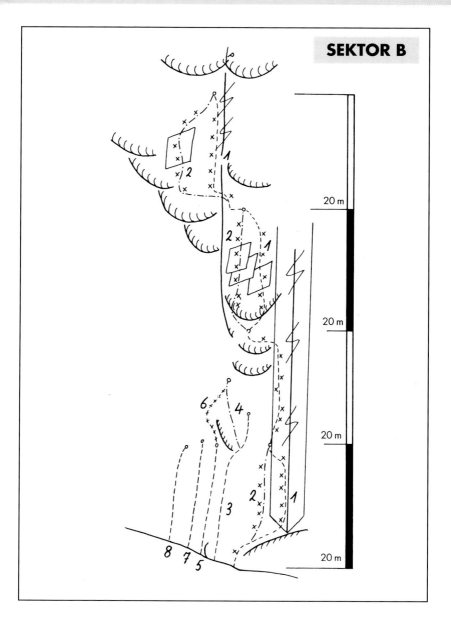

CHINESISCHE MAUER ***/**** 5

Routen Sektor D

SAMURAI

1. Projekt
2. Tai-Gin-Seng 1.SL 6b/2.SL 6b/A0/3.SL 6b/4.SL 6a (60 m-Seil!)
3. Hong-Bau 7a
4. Chinesisch für Anfänger 7a+
5. Für Fortgeschrittene 7b+
6. Die Tirolerin 7b
7. L'Lisa 6b+/6c
8. Samurai 6c
9. Lolita 6b
10. Projekt
11. Projekt
12. Projekt

Routen Sektor E

40'er WANDL

1. Projekt (45 m)
2. Darf's a bissl mehr sein 8b(+) (40 m)
3. Klein Adlerauge 8a+ (40 m)
4. Halfpipe 8b (35 m)
5. So schauts aus 1.SL 7a/2.SL 6b/3.SL 7a+
6. Yol 7a/7a+
7. Und so schaugat's aus 7b
8. Der Zubringer 7a/7a+
9. Der Bockerer 6c+ (linke & rechte Variante; 40 m)
10. Saggradi 1.SL 5a/2.SL 6a/3.SL 6b+/4.SL 7a/5.SL 6b+ (60 m- Seil!)

Routen Sektor F

STEINSCHLAG

1. Verkaufte Heimat 6b+
2. Verkaufte Heimat - linke Variante 7a
3. Big brother 7b+
4. 7b+
5. Die graue Maus 6c+
6. Der blaue Igel 7a (ohne Nobs ?)
7. Bam-Bam 7a+
8. Peking-Ente 6c+
9. Lady-shave 6c+

INVENTER LA SÉCURITÉ

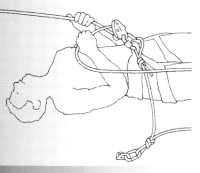

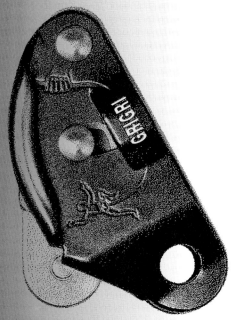

CHINESISCHE MAUER ***/****

Routen Sektor G

SCHWARZE WAND

1. Der hängende Garten 7b
2. Space Cowboy 7c (30 m)
3. Lord of the flies 8a+ (30 m)
4. Projekt
5. Projekt
6. Der Sikalehrling 8a
7. Projekt
8. Projekt
9. Der schwarze Moralis 7a+
10. Bucomagia 7a
11. Der schräge Vogel 7c
12. Larifari 7a
13. Shogun 1.SL 6b/2.SL 5c/3.SL 5b/c/4.SL 5c/5.SL 6a/ 6.SL 6b/7.SL 6b/6b+
14. Daggler-Partie 1.SL 7a+/2.SL 7b+/3.SL 6b/4.SL 7b
15. Fly to Thai 6b/6b+

Routen Sektor H

DIE STREIFEN

Die Routen Nr. 1 - 10 beginnen auf dem querverlaufenden Band.

1. Léolo Lozone 6c+/7a
2. Mauer-Läufer 7c
3. Black rope 7c/7c+
4. Gemähte Wiese 8a+
5. Piefke Saga 1.SL 7b+/2.SL ?/3.SL ?
6. Il Visconte dimezzato 8a
7. Bärentatze 8a
8. Projekt (8b/8b+)
9. Projekt (8a+)
10. Herzog-Kante 7b
11. Bonsai 6b
12. Take it easy 6a
13. Besser fit statt fett 6c+
14. Die Wampe der Schlampe 6c+
15. Der Todeskuß 6c+
16. Undiene 6b+
17. Der Gipfelschilling 6b+
18. Projekt (Dach)
19. Cola-Riß 6b+
20. Projekt

SEKTOR G

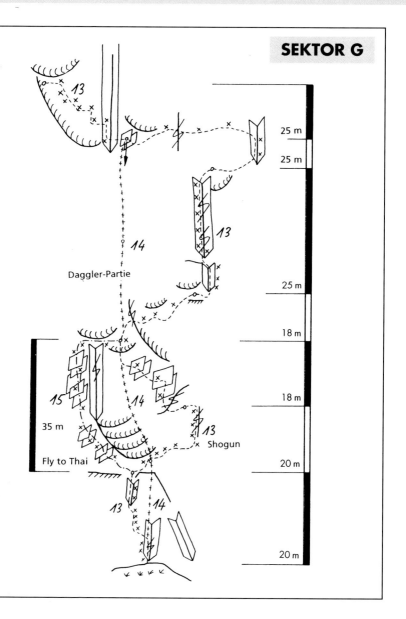

DSCHUNGELBUCH ***

Allgemein

Bei unserem ersten Besuch (1989) im DSCHUNGELBUCH wollten wir zum Warmklettern mal »schnell« die Route *Krieg der Knöpfe 6a* steigen, um uns dann im linken Wandteil, in den härteren Routen auszupowern. Doch das einzige was »schnell« ging, waren meine dicken Unterarme, denn kurz vor dem Umlenker mußte ich mein ganzes Können aufbringen, um nicht wie ein nasser Sack im Seil zu hängen und »schnell« erkannten wir die knallharte Bewertung im DSCHUNGELBUCH. Übrigens, *Krieg der Knöpfe* wurde von den Locals mittlerweile auf 6b/6b+ aufgewertet!
Doch wie entstand überhaupt das DSCHUNGELBUCH?

Nach einem Amerikaaufenthalt suchten die beiden frischgebackenen Sportkletterer Heinz Zak und Hansjörg Leis nach neuen Klettermöglichkeiten, um ihren Bouldervorbildern John Gill und John Long nachzueifern. Was sie fanden, war rechts des Zirler Steinbruchs eine kleine überhängende Wand, die unter einem regelrechten Efeuvorhang ihren Dornröschenschlaf hielt. Die beiden verglichen diese Idylle mit der Heimat von Mogli und dem tapsigen Bären Balou, die sich ebenfalls im Dschungel recht wohlfühlten. Diesen gefundenen Schatz wollte man möglichst lange geheimhalten, doch wie's halt so ist in der Kletterszene, bald fiel der Efeuschleier und die erste Route *(Peter Pan 6c+)* wurde eingebohrt. Reinhard Schiestl, Ingo Knapp, Heinz Zak, Hansjörg Leis, Peter Gschwendtner und Stefan Bichlbauer können als die damaligen Haupterschließer genannt werden.

Durch den scheinbar fehlenden Fels für Neutouren geriet die Erschließungswelle im DSCHUNGELBUCH ins Stocken, bis sich vor cirka 5 Jahren einige Kletterer auf den Weg machten und den alten Wandteil nun unter die Lupe nahmen. Maßgeblich daran beteiligt waren Bernhard Pommer *(Fra tanta gente 8a+/8b)*, Hannes Rieser *(Stay hungry 8b/8b+)*, Stefan Kiechl *(Checkpoint Charly 8a)* und ganz besonders Reinhold Scherer *(Dschungelfieber 8c)*, der noch heute unermüdlich Neuland sucht und auch tolle Möglichkeiten findet. Reinhold war es auch, der 1991 den Sektor OBERER STOCK erschloß. So gehen zum Beispiel die Routen *Cosa nostra 8a+/8b, Incontro di mani 8a, Moonlight climb 8a+, Junge Römer 8a+* oder *Down by law 8a*, um nur einige zu nennen, auf sein Konto. Doch es gibt nicht nur knallharte Touren im OBEREN STOCK, gemäßigter geht es in *Blaufuß, Botanikerstraße* oder *Damenwelt* (alle 5b/c) zu.

Quert man am Wandfuß des DSCHUNGELBUCHS nach rechts, so beginnt nach den Sektoren HAUPTTEIL und PLATTENSCHLEICHER der Sektor WUNDERBARE WELT, mit sieben Routen im Bereich 5a bis 6a+. Wiederum war es Reini, der in dieser »wunderbaren Welt« die härteren Touren einrichtete und erste Begehungen verbuchen konnte.

Allgemein

Rechts vom »Maximilian-Klettersteig« befindet sich der BOGEN 13 mit einigen kürzeren Dächertouren, die überwiegend von Christoph Prager eingerichtet worden sind.

Oberhalb der WUNDERBAREN WELT und dem BOGEN 13 liegt die Maximilians-Grotte mit dem gleichnamigen Sektor. Monika Leitner war es, die links und rechts der Grotte begann, Sicherungshaken in den Fels zu bohren (links kürzere, rechts längere Sportkletterrouten). Eine tolle Ergänzung (hauptsächlich für die Wintertage) zu den bislang bestehenden Sektoren und ein idealer Übergang zur angrenzenden Martinswand mit ihren längeren Touren.

Zum Schluß noch ein paar Worte über den Sektor MULL. Hierbei handelt es sich um eine kleine Felswand oberhalb des Zirler Steinbruchs. Senkrechte bis überhängende Kletterei an auflegerartigen Griffen, können einem dort oben das Kletterleben recht schwer machen.

So ist das DSCHUNGELBUCH (mit der angrenzenden MARTINSWAND) zu einem der bedeutendsten Klettergärten Österreichs geworden und ist gleichzeitig ein beliebter Treffpunkt aller Kletterer. Nicht nur an sonnigen Tagen sieht man sie in und an der Wand, auch wenn es leicht regnet kann man dort, speziell im HAUPTTEIL, klettern und bouldern.

Apropos Bouldern, Stefan Kiechl (respekt- und liebevoll Griffprofessor genannt) war es, der einen 10 Meter langen Quergang von der Route *Supergoof* bis *Fra tanta gente* eröffnete. Er taufte diesen Boulderquergang *Panta rei* und bewertete ihn mit 9a!! Alle Wiederholungsversuche scheiterten bislang.

Zum Schluß möchte ich mich bei Reini Scherer und Christoph Prager für die fleißige Mitarbeit bedanken. Ohne die Infos der beiden würde hinter manchen Routen nur ein »?« stehen - Merci!!!

Lage

Cirka 7 Kilometer westlich von Innsbruck.

Zufahrt

Von Innsbruck kommend auf der Autobahn A 12 in Richtung Landeck bis zur Ausfahrt Zirl-Ost und weiter in Richtung Zirl. An der nächsten Kreuzung nach links und auf der B 171 in Richtung Kematen bzw. Innsbruck zu den Parkplätzen P1 - P5
(KOMPASS Wanderkarte 1:50 000, Nr. 26 »Karwendelgebirge«)

DSCHUNGELBUCH ***

Parken

Da es am DSCHUNGELBUCH und im Klettergebiet ÖSTLICHE MARTINSWAND immer Probleme mit dem Parken gab (mehrere Unfälle, darunter auch tödliche) wurden mit den Behörden fünf offizielle Parkplätze festgelegt (P1 - P5).
An dieser Stelle möchte ich ausdrücklich darauf hinweisen, daß man NUR! diese Parkplätze anfährt und daß an den Parkplätzen nicht gewendet werden darf (durchgezogener Straßenmittelstreifen!).
Nachfolgend eine Auflistung, welche Parkplätze für welche Massive am geeignetsten sind:
P1 - DSCHUNGELBUCH (Sektoren A/B/C/D/E/G/H)
P2/P3/P4 - DSCHUNGELBUCH (Sektoren E/F/G)
P5 - ÖSTLICHE MARTINSWAND

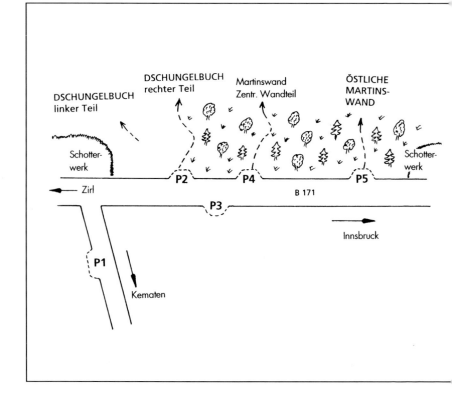

Siehe Skizze Seite 120. Gehzeit von P1 zum Sektor A (HAUPTTEIL) cirka 3 Minuten. Weitere Zugänge siehe jeweiliger Sektor.	**Zugang**
Die Felsen sind meist nach Süden ausgerichtet.	**Lage der Felsen**
Knapp unter 650 Meter.	**Meereshöhe**

Insgesamt cirka 200 Touren, davon noch einige Projekte.
bis 4+ = keine Touren
bis 6a+ = 33 Touren
bis 6c+ = 52 Touren
bis 7b+ = 62 Touren
      7c = 12 Touren
      7c+ = 9 Touren
      8a = 8 Touren
      8a+ = 5 Touren
      8b = 1 Tour
      8b+ = 4 Touren
      8c = 1 Tour
      A0 = 1 Tour
	Routenanzahl

Die Routennamen stehen fast immer an den Einstiegen angeschrieben.	
Meist sehr gut. Bohrhaken sowie Bühlerhaken. In manchen Routen steckt der erste Haken etwas hoch. Klemmkeile werden nicht benötigt.	**Absicherung**
Kalk, viele kleine bis kleinste Leisten. Im Sektor HAUPTTEIL athletische Kletterei. Stellenweise ist der Fels stark abgegriffen.	**Felsstruktur**
10 - 90 Meter, überwiegend 15 - 25 Meter.	**Wandhöhe**
Frühjahr, Sommer und Herbst.	**Beste Jahreszeit**
196seitiger Topoführer »Klettergärten Tirol-West« von mehreren Autoren zusammengestellt, der unter anderem auch diesen Klettergarten auf 16 Seiten beschreibt. Erhältlich ist dieser Führer zum Beispiel in Innsbruck bei »Sport-Wiedmann«.	**Topo**
– In Eigenhofen, Camping »Alpenfrieden«, Karl-Heinz Ruepp, Eigenhofen 11, 6170 Zirl, Tel. 0 52 38/35 20. Preise: Pro Person ÖS 35; Kinder ÖS 30; Auto ÖS 35; Bus ÖS 35; Zelt ÖS 35; Kurtaxe ÖS 6. Geöffnet von Anfang Mai bis Ende September. Der Campingplatz liegt etwa 2 Kilometer von Zirl in Richtung Telfs.	**Übernachtung**

Rotpunkt Verlag   Österreich

DSCHUNGELBUCH ***

Übernachtung — Camping »Kranebitten«, Kranebitter Allee 214, 6020 Innsbruck-Kranebitten, Tel. 05 12/28 41 80. Preise: Pro Person ÖS 55; Kinder von 4 - 14 Jahren ÖS 40; Auto ÖS 35; Bus ÖS 50; Zelt ÖS 35; Kurtaxe ÖS 6. Geöffnet von Ostern bis Ende Oktober. Dieser Campingplatz liegt etwa 5 Kilometer in Richtung Innsbruck.

Lebensmittel Kleinere Lebensmittelgeschäfte sowie ein kleiner Supermarkt in Zirl. Der nächsten großen Supermärkte sind in Innsbruck.

Wasser Mehrere Brunnen in Zirl.

Hallenbad **Mehrere Hallenbäder in Innsbruck:**
— »Olympisches Dorf«, Kugelfangweg 46, Tel. 05 12/6 13 42. Öffnungszeiten: Mo. geschlossen, Di. bis Sa. von 9.00 - 21.00 Uhr, So. von 10.00 - 18.00 Uhr.

— »Städtisches Hallenbad«, Amraser Str. 3, Tel. 05 12/4 25 85. Öffnungszeiten: Mo. bis Sa. von 9.00 - 21.00 Uhr, So. von 10.00 - 18.00 Uhr, Mi. geschlossen.

— »Höttinger Au« Fürstenweg 12, Tel. 05 12/5 98 50. Öffnungszeiten: Mo. bis Sa. von 9.00 - 21.00 Uhr, So. von 10.00 - 18.00 Uhr, Di. geschlossen.

Sportgeschäft **In Innsbruck:**
— »Sporthaus Witting«, Maria-Theresien-Str. 39, Tel. 05 12/58 91 44.

— »Sport-Wiedmann«, Gumppstr. 75, Tel. 05 12/4 65 86.

Touristenbüro — 6170 Zirl, Dorfplatz 3, Tel. 0 52 38/22 35. Öffnungszeiten: Mo. bis Fr. von 9.00 - 12.00 Uhr und von 15.00 - 18.00 Uhr.

In 6020 Innsbruck gibt es mehrere Büros, z. B.:
— Am Bozner Platz 6, Tel. 05 12/53 20 59. Öffnungszeiten: Mo. bis Fr. von 8.00 - 12.30 Uhr und von 14.00 - 17.20 Uhr.

— Burggraben 3, Tel. 05 12/5 98 50. Öffnungszeiten: Mo. bis Sa. von 8.00 - 19.00 Uhr, So. und Fe. von 9.00 - 18.00 Uhr.

6

Sektor A	**HAUPTTEIL**	Seite 124	**Übersicht**
Sektor B	**OBERER STOCK**	Seite 126	**der Sektoren**
Sektor C	**PLATTENSCHLEICHER**	Seite 126	
Sektor D	**THEATER AM TURM**	Seite 128	
Sektor E	**WUNDERBARE WELT**	Seite 129	
Sektor F	**BOGEN 13**	Seite 130	
Sektor G	**MAXIMILIANSGROTTE**	Seite 131	
Sektor H	**DIE MULL**	Seite 133	

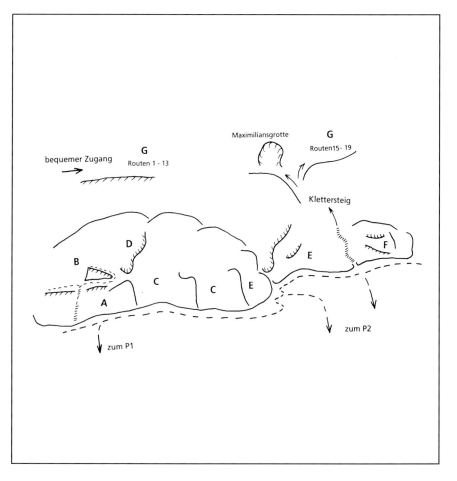

DSCHUNGELBUCH ***

Sektor A

Zugang

HAUPTTEIL

Von P1 in Richtung Steinbruch, am Rande der B 171 wenige Meter in Richtung Innsbruck, bis links ein deutlicher Pfad durch den Wald zum Wandfuß führt. Gehzeit cirka 3 Minuten.

Routen Sektor A

1. Zugang zum Sektor B (OBERER STOCK)
2. Projekt
3. Berg Heil 8b/8b+
4. Freiflug 7c/7c+
5. Hyperfreiflug 8a+
6. Der Stierring 8b/8b+ (Einst. wie Nr. 7, dann nach links zur Nr. 5)
7. Champs Elysees 7c+
8. Nick Knatterton 7b+
9. Einstiegsvariante-Knatterton 7b+
10. Peter Pan 6c+
11. Supergoof 7a
12. Mister Romanistik 6c
13. It's easy (30 m) 6a+
14. Miss Easy (30 m) 6b+
15. Tilga-Tolga 5b/c
16. Kotitscha Kototscha 6a+
17. Mister Inzing 7a/7a+
18. Homo Habilis 7a+
19. Superflip 7b+
20. Stay hungry 8b/8b+
21. Agip 1.SL 7c/7c+/2.SL 7b+
22. Checkpoint Charly 8a
23. Energiekrise (die Kurze) 7a; (die Lange 7a)
24. Swingtime 7c
25. Fra tanta gente 8b/8b+ (gebohrte Löcher)
26. Dschungelfieber 8c (ohne die gebohrten Löcher der Nr.25)
27. Lukullus 6b
28. Sugarbaby 7c
29. Baghira 6c+
30. Venushügel 7a
31. Samström 7a+
32. Louis-Ausstieg 6c+/7a
33. King Louis 7b
34. No sports 7b+
35. Sky diver 7b+
36. Keine Ahnung 7b
37. Tod und Mode 7a+
38. Hektisch am Ecktisch 1.SL 6b/2.SL 6c+

39. Sex pickl 6b+
40. Schweizermacher 1.SL 7b/2.SL 7c
41. Einstiegsvariante 7c
42. Pompidou 7b+
43. Fingertango 1.SL 7a+/2.SL 7c
44. Paradies der Tiere 7c
45. Kleopatra 7b
46. Einstürzende Neubauten 6a+

Boulderquergänge
47. Von Nr.3 bis Nr.19 = 8b+/8c
48. Von Nr.11 bis Nr.25 = 9a
49. Dschungelbuchquergang 7c+ (von Nr.27 bis Nr.45)

Routen
Sektor A

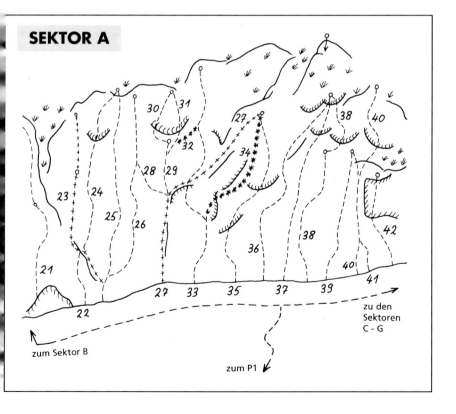

DSCHUNGELBUCH ✱✱✱

Sektor B — **OBERER STOCK**

Zugang

Im Sektor A (HAUPTTEIL) führen ganz links Eisenbügel und Drahtseile auf ein schräges Grasband. Von dort leicht rechtshaltend und weiter über Eisenbügel zu den Einstiegen.

Routen Sektor B

1. D5 8a+
2. Incontro di mani 8a
3. Junge Römer 8a+
4. Kira 8a
5. Cosa nostra 8a+/8b (Einst. wie Nr.4, oben rechts weg)
6. Down by law 8a
7. Sündenbock 7b+
8. Jungschütz 7a+/7b (Einst. wie Nr. 9, linkshaltend)
9. Banana fritter 7a+/7b (Einst. wie Nr. 8, gerade hoch)
10. Die Monstranz 7a+
11. Il Clown 7b+
12. Nuevos tempos 6b
13. Blaufuß 5b/c (Einst. auf Band)
14. Botanikerstr. 2 5b/c (Einst. auf Band)
15. Damenwelt 5b/c (Einst. auf Band)
16. Projekt
17. Rosendorn 7c/7c+ (Einst. auf Band)
18. Galerie der Irrtümer 7b+ (Einst. auf Band)
19. Gentil peto 7b (Einst. auf Band)
20. Gentil sesso 1.SL 7b/2.SL 6c+/7a
21. Moonlight climb 8a+ (26 m)
22. Prozessionstyroler 7a/7a+

Weiter rechts befindet sich der Sektor D mit der Route »Das letzte Edelweiß«.

Sektor C — **PLATTENSCHLEICHER**

Zugang

Vom Sektor A rechts am Wandfuß entlang.

Routen Sektor C

1. Falkenriß 5c (am Ende von Nr. 2 Rechtsquergang; 30 m)
2. Tik-tak (28 m) 6a
3. Zum Edelweiß 5c
4. Schiefe Welt 6b+
5. Mondo Verticale 6c (oben wie Route Nr.5)
6. Krieg der Knöpfe 6b/6b+
7. Bolzenspringer 6c+
8. Herzflimmern 6c
9. Haifisch 6c+
10. Vorsicht Steinschlag 6b
11. Rentnerweg 6b
12. Fezzi on sight and the… 6b+
13. Das Letzte 6a+/6b

Routen
Sektor C

14. Dr. Sommer 6a+
15. Lovermat 5b/c
16. Die Mumba-girls 6c+ (32 m)
17. Gib Gummi Baby 6c+ (32 m)
18. Pippi Langstrumpf 6c+
19. Rolling Stone 7a/7a+ (E. wie Nr. 18, dann rechtshaltend und gerade hoch)
20. Der Dschungelbogen 5b/c
21. Heraklit 7b (Einstieg wie Nr. 20, oben links haltend über's Dach - links von Nr. 22)
22. Sesso e sassi 6c+/7a (rechts von Nr. 21)
23. El Pilastro 6c
24. Gaggas Halbzeit 6c+
25. Gänseblümchen 6c+
26. Nackte Tiroler 6c+ (35 m)
27. Die Gams 7a+

DSCHUNGELBUCH ***

Routen Sektor C
28. Nur der Gipfel zählt 6b
29. Zum Gipfel 6c (2.SL von Nr.22)
30. Das Schorschdachl 7c+
31. Das Baby und der Bakomat 7c
32. Schwarze Panik in Johannesburg 7b
33. Der Bauch des Architekten 8a

Sektor D

THEATER AM TURM

Dieser Sektor befindet sich oberhalb des Sektors C.

Routen Sektor D
1. Das letzte Edelweiß 1.SL 7a/7a+/2.SL 6a/6a+
2. Der goldene Bohrpreis 1.SL 7b/2.SL 6c+/7a
3. Lever 45 7c (45 m)
4. Theater am Turm 1.SL 7b/2.SL 7c

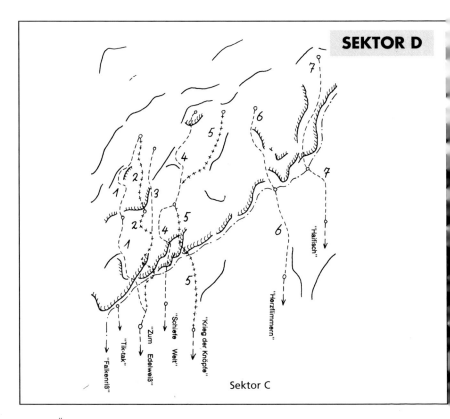

5. Ethik und Kosmetik 1.SL 7c+/2.SL 7c
6. Friendly fire 1.SL 6a+/2.SL 7c
7. Der grüne Manta 1.SL 6a+/2.SL 7c/7c+

Routen
Sektor D

WUNDERBARE WELT

Sektor E

Von P2 auf deutlichem Pfad ansteigend in 3 - 4 Minuten zum Wandfuß.

Zugang

1. Gedankenspiel 5b/c
2. Abendspaziergang 5a
3. Woasinet 5a
4. Weingeist 6a
5. Chat noire 6a/6a+
6. Wiana art 5a
7. Die neuen Schwimmbadkletterer 5a
8. U-direkt 6a+/6b
9. Umfrage 6b/6b+
10. Der keusche Josef 6c+/7a
11. Hundertwasser 7b+ (Einst. wie Nr.10, dann rechts weg)
12. Tantalos 8a+
13. Rumpelheinzchen 6b+
14. Wunderbare Welt der Schwerkraft 7a
15. Die Null im Kondom 7a
16. Mothers finest 6c+
17. Viva die Fichte 7a
18. Veccia Roma 7a
19. Pour l'amour 7c+
20. Biene Mayer 6b
21. Ouvertüre 6b+
22. Der Skorpion 7b+ (unterhalb von Nr. 23 links weg)
23. German words 7c (26 m; oben links)
24. French open 8a (Einst. wie Route Nr.17, dann rechts weg)
25. French direkt 7a/7a+ (Direkteinstieg zu Nr. 24)
26. Hoppala 6a+
27. Die Wespe 6c+/7a
28. Männer ohne Eigenschaften 6c+

Routen
Sektor E

DSCHUNGELBUCH ***

Sektor F

Zugang

Routen Sektor F

BOGEN 13

Von P2 auf deutlichem Pfad ansteigend zum Beginn des Klettersteigs. Gehzeit 4 - 5 Minuten.

links vom Klettersteig
1. Zarte Knospen 7a/7a+
2. Marquis dé Sáde 8a

3. Klettersteig

rechts vom Klettersteig
4. Bichlbaumler 7a (Route führt über den Klettersteig)
5. Der Zahn der Bisamratte 1.SL 5b/2.SL 7b+
6. Parabolica 6c+
7. Mekong 7b+
8. Belle epoque 6c+
9. Kurzschluß 7a+
10. Wüstenschild 6c (Einst. auf schrägem Band)
11. Ohm acht 7a (Einst. auf schrägem Band)
12. Freak out 7c/7c+ (Einst. auf schrägem Band)
13. Projekt (Einst. auf schrägem Band)
14. Punks in the Martinswand 8a (Einst. auf schrägem Band)
15. Bullworker 7b (Einst. auf schrägem Band)
16. Bogen 13 6c+ (Einst. auf schrägem Band)
17. Viaduktbogen 6c+/7a
18. Adam Riese 7b+
19. Der Traum eines Wasserbüffels 6c+
20. Die Reifeprüfung 7b+
21. Tiroler Fischzuchtplatten 6b (13 Seillängen)

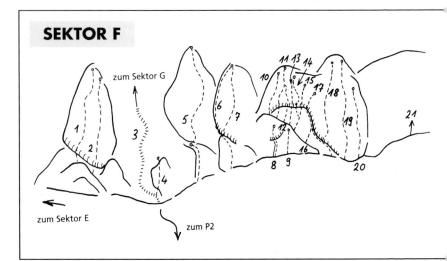

MAXIMILIANSGROTTE — Sektor G

Zugang

Entweder über den Klettersteig, der im Sektor F (BOGEN 13) beginnt (zum Teil sehr anstrengend, Klettersteigausrüstung empfehlenswert!), Zugangszeit cirka 12 - 15 Minuten. Etwa 100 m links der Maximiliansgrotte befinden sich die Routen 1 - 13.

Der zweite, weitaus bequemere Zugang führt von P1 zum Steinbruch, dort nach links, an der Straße in Richtung Seefeld entlang (an der Zuchtstätte für Deutsche Schäferhunde vorbei) zur Querstraße, die rechts zum Steinbruch führt. Diese überqueren und dem Wanderweg zur Geistbühelkapelle folgen. An der Kapelle vorbei zu einer geschotterten Querstraße. Dort scharf rechts und auf dieser ansteigend bis rechts ein Wanderweg zur »Martinswandgrotte« (ausgeschildert) abzweigt. Auf diesem in Serpentinen links vom Steinbruch empor, anschließend oberhalb den Steinbruch queren (rote Markierung), bis links der Klettersteig-Abstieg der »Martinswandgrotte« mündet. Unmittelbar danach beginnen die ersten Touren (siehe Skizze Seite 133). Gehzeit 20 - 25 Minuten.

Links der Maximiliansgrotte

Routen Sektor G

1. Gritlis Bauchtanz 7a
2. Endre aus Sopron 6b
3. Top flight 6c+
4. D-Dur 6a+ (oben links)
5. Herkules 6a (oben rechts)
6. Giudita 6a
7. Krebsrot 6b
8. Ballerina 6a+
9. Segemo 5b (oben rechts 5c)
10. Der kleine Prinz 5c

Cirka 100 m links (westlich) der oben genannten Routen (1 - 10) befindet sich oberhalb des Weges zur »Martinswandgrotte« eine flache Platte mit folgenden Routen:

11. Milbentrip 5b
12. Osterspaziergang 5b
13. Verschwendung 5b

Maximiliansgrotte

14. Grottenroute 5c/A0 (linker Grottenrand)

DSCHUNGELBUCH ***

Routen
Sektor G

Rechts der Maximiliansgrotte
Auf dem Klettersteig weiter in Richtung Gipfel. Die Routen beginnen direkt am Drahtseil des Klettersteigquergangs.

15. Projekt
16. Ohne Eisen 1.SL 6b/2.SL 6c+/3.SL 6b/4.SL 6c+
17. Seidenraupe 1.SL 6c+/2.SL 6b/3.SL 7a/4.SL 6c+
18. Börnstein 7b+ (Einst. wie Nr. 17, oben rechts weg)
19. Hasta luego 1.SL 7a+/2.SL 6b/3.SL 6c+/4.SL 7a

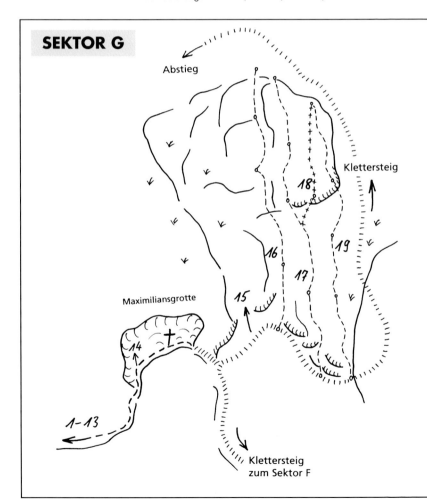

DIE MULL

Sektor H

Zugang

Von P1 zum Steinbruch, dort nach links, an der Straße in Richtung Seefeld entlang (an der Zuchtstätte für Deutsche Schäferhunde vorbei) zur Querstraße, die rechts zum Steinbruch führt. Diese überqueren und dem Wanderweg zur Geistbühelkapelle cirka 50 m folgen, bis rechts (unmittelbar nach einer Bank) ein Pfad abzweigt. Auf diesem, am Rande des Steinbruchs bzw. des Müllplatzes steil empor und oberhalb nach rechts zum Felsmassiv queren.
Gehzeit 10 - 12 Minuten.

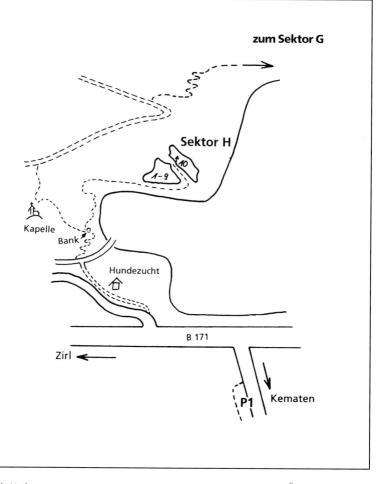

DSCHUNGELBUCH / EHNBACHKLAMM **

Routen
Sektor H

1. Klein aber oho 6b/6b+
2. 7c
3. Road to hell 7a/7a+
4. 7a
5. Yellow Submarine 6c+ (gerade hoch)
6. Traumtänzer 6b (Einst. wie Nr. 5, oben rechts)
7. Rechts außen 6b+
8. Pausenfüller 6a/6a+
9. Frank Zappler 6a/6a+

rechtes Nebenmassiv
10. Dornnöschen 6a+ (links oberhalb)

Allgemein

EHNBACHKLAMM **

Wenige hundert Meter nördlich von Zirl befindet sich die wild romantische Ehnbachklamm. In der bis zu einem Kilometer langen Klamm gibt es an verschiedenen Felsmassiven einzelne, mehr oder weniger lohnende Sportkletterrouten (siehe Kletterführer Tirol-West). Ich möchte besonders die Jungmannschaftswand erwähnen, die durch ihre Höhe (bis zu 100 Meter), ihre sehr gute Absicherung und die gute Gesteinsqualität zu empfehlen ist. Die erste Tour, die durch die nach Süden ausgerichtete Wand gezogen wurde, stammt aus dem Jahre 1959 und wurde von den Herren Spitzenstätter/Aufischer erstbegangen.

Wieder einmal war es Reini Scherer, der 1992 diesen Anstieg sanierte und gleich vier neue Routen eröffnete. Laut Reini können *Stairway to heaven 7a* sowie der bereits genannte *Jungmannschaftsriß 6b* als besonders lohnend bezeichnet werden. Zum Vorsteigen dieser Touren benötigt man mindestens 15 Expreßschlingen.

Zufahrt

Von Innsbruck auf der B 171 nach Zirl. Unmittelbar nach dem Gasthof »Schwarzer Adler« rechts weg, in den Klammweg und auf diesem bis zu seinem Ende.

Parken

Am Ende vom Klammweg, am Straßenrand. Bitte die Durchfahrt der Anwohner nicht versperren.

Zugang

Vom Parkplatz unter der Unterführung hindurch und weiter in Richtung »Ehnbachklamm«, bis links (direkt vor der Felswand) der Wanderweg Nr. »1b« in Richtung »Kalvarienberg« abzweigt. Auf diesem etwa 20 m entlang und in der ersten Linkskehre geradeaus weiter, steil ansteigend auf das Einstiegsband. Gehzeit 3 - 4 Minuten.

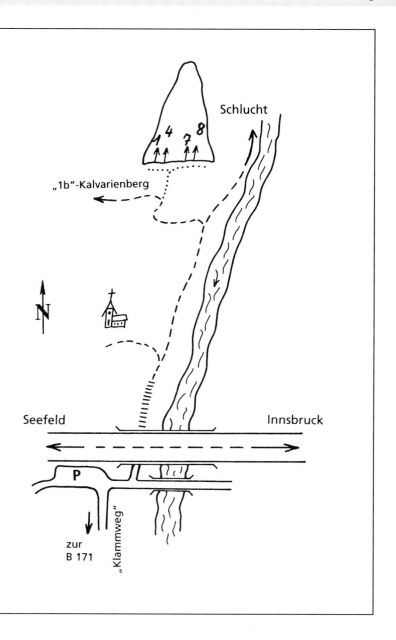

EHNBACHKLAMM **

Lage der Felsen	Die Wand ist nach Süden ausgerichtet.
Absicherung	Sehr gut, Bohrhaken (mind. 15 Expreßschlingen mitnehmen). Klemmkeile werden nicht benötigt.
Felsstruktur	Kalk, großgriffige Wandkletterei an flachen Auflegern.
Wandhöhe	Knapp unter 100 Meter.
Routen	1. Stairway to heaven 1.SL 6c+/2.SL 7a/3.SL 6b
	2. Variante I 7b+
	3. Variante II 6b
	4. Jungmannschaftsriß 1.SL 6a+/2.SL 5b/3.SL 6b/4.SL 5a
	5. Mister President 1.SL 6c/2.SL 6c+/7a/3.SL 5a
	6. Studiumsverzögerungsbeweis 7b+
	7. Chefouvreur 1.SL 6b/2.SL 6b+/3.SL 6c+/4.SL 6b
	8. Der alte und der junge Pater 1.SL 6c/2.SL 6b

Desweiteren besteht die Möglichkeit, von der Route Nr. 5 in die Nr. 7, bzw. von der Route Nr. 7 in die Nr. 8 zu queren (siehe Topo).

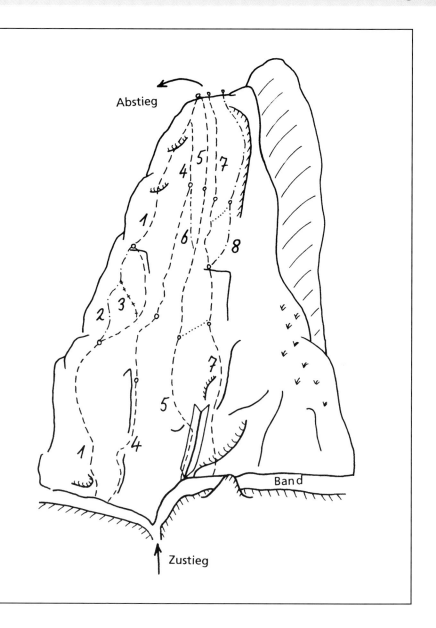

ÖSTLICHE MARTINSWAND **

Allgemein

Nur wenige hundert Meter vom DSCHUNGELBUCH entfernt, liegen die nachfolgend beschriebenen Massive der ÖSTLICHEN MARTINSWAND. Der Vorteil dieser Felsen ist die breite Streuung aller Schwierigkeitsgrade, die bis zum dritten Grad herabreichen.

Wir steigen gleich im gemäßigteren Sektor, dem AV-KLETTERGARTEN, ein. Reini Scherer hatte im Frühjahr 94 die komplette Wand mit Bühler-Haken saniert. Bei dieser Aktion eröffnete er gleichzeitig neue Routen und alte unlohnende Touren, bzw. Varianten wurden entfernt. Leider, und dies muß in gleichem Atemzug erwähnt werden, ist der Fels schon stark abgegriffen. Immer und fast überall das alte, ungerechte Leiden gegenüber einer 10er Tour. Heute gibt es im AV-KLETTERGARTEN insgesamt 44 Touren, von denen etwa 30 im Bereich bis 5c liegen. Besonders zu erwähnen ist auch die gute Absicherung in den ganz einfachen Routen. Kinder und Anfänger werden dort im Vorstieg ihre wahre Freude haben.

Eine Etage höher, im ALPINMAZAGIN, gibt es dann etwas härtere Touren. Ganz eigenartig (dafür fotogen) zu klettern *Die Wasserrille* 6c+. Freunde des Piazens werden ihren Spaß daran haben.

Ganz witzig ist der Zugang zur GALERIE. Über Eisenbügel klettert man auf das Tunneldach der Karwendelbahn, von welchem einige Einstiege erreicht werden. Um zu den ganz rechts gelegenen Anstiegen zu gelangen, muß wieder vom Tunneldach über den »Erzherzog-Friedrich-Steig« abgestiegen werden. Übrigens, von dort oben hat man eine schöne Aussicht ins Tal, denn immerhin befindet man sich fast 300 Meter über dem Parkplatz.

Wer einmal eine längere genußvolle Tour durch die Südwand der Martinswand steigen möchte, dem empfehle ich den Kletterführer »Sportklettern im Gebirge, Österreich-West« von Siegfried Moschen (Rotpunkt Verlag), in dem folgende Routen genau mit Text und Topo beschrieben sind:

Tiroler Fischzuchtplatten 6b (9 SL)
In Memoriam Stefan 7a+ (8 SL)
Schwarzenlander-Sint 6a (5 SL)
Variante Via Pumuckl 6c+ (2 SL)
Abráxas 7b+ (4 SL)
Chefpartie 6c+ (5 SL)
Fiedler-Flunger 7b (8 SL)
Die den Hals riskieren 6b (3 SL)
Gsi or not to be 7c (8 SL)
Tschi Tschi 7a (7 SL)
Ostriß 5c (5 SL)

Allgemein

Am nördlichen Stadtrand von Innsbruck liegt der Klettergarten HÖTTINGER STEINBRUCH, der mir jedoch nicht so sehr gefallen hat. Das Gestein (Höttinger Brekzie) ist, zumindest im unteren Bereich, sehr abgegriffen. Recht interessant hingegen sind die Bouldermöglichkeiten.

Für alle die mal kurz vorbeischauen möchten die Zufahrtsbeschreibung: Von Innsbruck der Ausschilderung »Hungerburgbahn« bzw. »Hungerburg« folgen, nun über Serpentinen ansteigend zur Einfahrt des Gasthofs »Ölberg«. Von dort noch etwa 400 m weiter zur nächsten Linkskehre, bei der sich der alte Steinbruch in unmittelbarer Nähe befindet. Die Felsen haben eine Wandhöhe bis zu 45 Meter, es existieren knapp 30 Routen, die fast alle im Bereich 6a bis 6c+ liegen.

Lage

Wenige hundert Meter östlich vom Klettergebiet DSCHUNGELBUCH.

Zufahrt/Parken

Vom Klettergebiet DSCHUNGELBUCH auf der B 171 in Richtung Innsbruck. Cirka 150 Meter nach dem kleinen Kilometerschild »87,0« befindet sich links ein Parkplatz (P5), siehe Skizze Seite 120. Um auf diesen Parkplatz zu gelangen, fährt man auf der Bundesstraße weiter in Richtung Innsbruck und wendet beim Schotterwerk (KOMPASS Wanderkarte 1:50 000, Nr. 26 »Karwendelgebirge«).

Zugang

Siehe jeweiliger Sektor.

Lage der Felsen

Die Felsen sind nach Süden ausgerichtet.

Meereshöhe

Sektor A knapp unter 650 Meter, Sektor D knapp unter 850 Meter.

Routenanzahl

Insgesamt cirka 90 Touren.
bis   4+ = 6 Touren
bis   6a+ = 33 Touren
bis   6c+ = 35 Touren
bis   7b+ = 10 Touren
      7c = 1 Tour
      7c+ = 1 Tour

Die Routennamen stehen fast immer an den Einstiegen angeschrieben (im AV-KLETTERGARTEN nur teilweise).

Absicherung

Sehr gut, meist Bohrhaken. Der Sektor AV-KLETTERGARTEN wurde von Reini Scherer komplett mit kleinen Bühler-Haken saniert. Klemmkeile werden meist nicht benötigt.

ÖSTLICHE MARTINSWAND **

Felsstruktur/ Wandhöhe	Siehe jeweiliger Sektor.
Beste Jahreszeit	Frühjahr, Sommer, Herbst.
Weitere Infos	Alle weiteren Informationen siehe Klettergebiet DSCHUNGELBUCH Seite 122.

Übersicht der Sektoren	Sektor A	**SCHLEICHERPLATTE**	Seite 141
	Sektor B	**AV-KLETTERGARTEN**	Seite 143
	Sektor C	**ALPINMAGAZIN**	Seite 144
	Sektor D	**GALERIE**	Seite 145

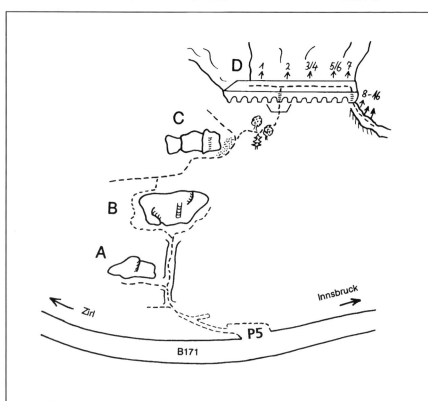

SCHLEICHERPLATTE

Sektor A

Vom Parkplatz auf dem Forstweg zu seinem Ende und weiter auf deutlichem Pfad ansteigend durch eine Rinne. Nach wenigen Metern gelangt man zu einem kleinen Felsmassiv (Route Nr. 8), dort nach links zu den weiteren Einstiegen (siehe Skizze Seite 140). Gehzeit cirka 2 - 3 Minuten.

Zugang

Kalk, plattig.

Felsstruktur

12 - 15 Meter.

Wandhöhe

1. Kachl-Schweiger 6c
2. 6b+ (oben links)
3. 6b+ (Einstieg wie Route Nr.2, oben rechts)
4. Only the brave 6c
5. Auftrieb 6c
6. Sonja 6a+ (oben links)
7. Aerobic 6c (Einstieg wie Route Nr.6, gerade hoch in kleine Verschneidung)

Routen Sektor A

rechter Nebenfels
8. Übungstour 3+

GRIFFIGE PRODUKTE

AUS DER PERSPEKTIVE DES GRIFFES.

Kletterwandeproduktion GMBH
A-6200 Jenbach
Huberstraße 35
Telefon 0 52 44 - 46 17

ART ROCK

ÖSTLICHE MARTINSWAND **

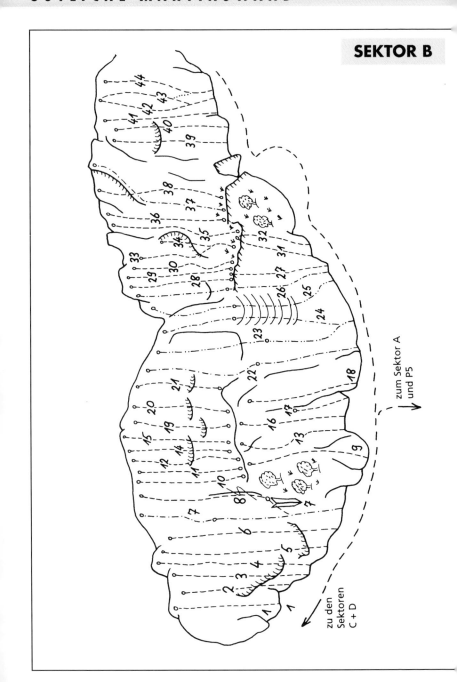

SEKTOR B

AV-KLETTERGARTEN

Vom Sektor A (SCHLEICHERPLATTE) geht man weiter die Rinne ansteigend zur Wand (siehe Skizze Seite 140) Gehzeit vom Parkplatz cirka 5 Minuten.

Kalk, teils plattig, durchsetzt mit breiten Rissen, oftmals botanisch. Leider ist der Fels schon stark abgegriffen.

10 - 30 Meter.

1. Skyskraper 4+
2. Knochenbeißer 5b/c
3. BP 5c (für Kleine 6a/6a+)
4. Hobema 5c/6a
5. Birdy 6c+
6. Gasthof Post 5a/b
7. Jong 1.SL 4+/2.SL 4+/5a
8. Vipper 5c
9. Das vergessene Tal 5b
10. Der Zitterhans 5b
11. Cafe Herbert 5c
12. Das Herta-Dachl 5c
13. Neuberg 5a/b
14. Super X 6c+/7a
15. Supercrack 6a
16. Herta 5a/b
17. Die kurze Kindertour 4+
18. Die lange Kindertour 4+/5a
19. Winkelstein 6a
20. Das grüne Dachl 6a+
21. Via Italia 5b
22. Via Sebastian 1.SL 4+/2.SL 4+
23. 7.80er 1.SL 5b/c/2.SL 5c/6a
24. Der 3. Mann 1.SL 6b+/2.SL 6b/6b+
25. Blaumilchkanal 1.SL rechter Ausstieg 6b (direkter Ausstieg 6c+)/ 2.SL 6b/6b+
26. Fly 1.SL 5c/2.SL 6c+
27. Der Kolbenreiter 3+
28. Herr Rossi 6a+/6b
29. Enduro 6a/6a+
30. Troppo duro 6a/6a+
31. Fritz 4+/5a
32. Fritzchen 3+

Sektor B

Zugang

Felsstruktur

Wandhöhe

Routen Sektor B

ÖSTLICHE MARTINSWAND **

Routen Sektor B

33. Microsoft 5c/6a
34. Mc. Gyver 6c+
35. Kaminwurzn 5a
36. Rechtsausleger 6b+
37. Der schräge Riß 5c
38. Superpemmel 7b
39. Fußreflexzone 6c+
40. Ganymed 6c
41. Black out 6b+
42. Hatari 6b
43. Calypso 6a
44. Petri Heil! 5b

Sektor C

ALPINMAGAZIN

Zugang

Den Sektor B (AV-KLETTERGARTEN) umgeht man auf der linken Seite und gelangt ansteigend auf einen querverlaufenden Wanderweg. Dort rechts und diesem ansteigend direkt zur Wand folgen (rote Markierung). Siehe Skizze Seite 140. Gehzeit vom Parkplatz 10 - 12 Minuten.

Felsstruktur

Kalk, kleingriffig, plattig.

Wandhöhe

10 - 15 Meter.

Routen Sektor C

1. Rogger 6c+
2. Kavkacack 6c+
3. Flamming fingers 7b (nach links ziehend)
4. Söwiesö 6b
5. Mulatschag 6a
6. Smouth deflorater 6b+
7. Der Hammer direkt 7a/7a+
8. Der Hammer 7a+
9. 6c+/7a (in Wandmitte über Untergriffschuppe)
10. Ö3 dabei 6c+
11. Caputo 6c+
12. Faß mich, ich bin heiß 6c+
13. Easy 5b/c
14. 5b (nach links ziehende Verschneidung; keine Haken)
15. Neanderthaler 6b (Einst. wie Nr. 14, dann re. über Pfeiler)
16. Tantalos 6c+ (links weg)
17. Zwecklos? 6c+ (Einstieg wie Route Nr. 16, dann rechts weg)
18. Wasserrille 6c+/7a

GALERIE — Sektor D

Zugang

Vom Sektor C (ALPINMAGAZIN) rechts der Schotterrinne steil ansteigen, kurz vor ihrem Ende nach rechts in den Wald (nicht dem rot markierten Weg folgen) und auf deutlichem Pfad weiter ansteigend zur Galerie der Karwendelbahn. Von dort über Eisenklammern auf das Tunneldach (Route 1 - 7).
Geht man auf dem Tunneldach nach rechts und verläßt dieses über den »Erzherzog-Friedrich-Steig«, so werden die Touren 8 - 16 erreicht. Siehe Skizze Seite 140. Gehzeit vom Parkplatz 20 - 25 Minuten.

Kalk, teils löchrig, teils kleingriffig und scharfkantig. — **Felsstruktur**

Meist 15 - 25 Meter. — **Wandhöhe**

Routen Sektor D

Einstiege vom Tunneldach

Links der Leiter
1. Wachstum oder Askese 7a/7a+

Über der Leiter
2. Projekt

50 Meter rechts der Leiter
3. Das Lächeln am Ende der Leiter 6a+ (Einst. in 8 m Höhe)
4. Snatch of fury 6c+ (Einst. in 8 m Höhe)

60 Meter rechts
5. Paradoxon 6c+
6. Erection Injection 7b+ (2.SL der Route Nr. 6)
7. Stop the cars 6a+

Einstiege vom Erzherzog-Friedrich-Steig
8. Mona Lisa (Projekt)
9. Lokomotiv Breath 7c
10. Henkyl trocken 7a+
11. Charly der Specht 6c (Einst. wie Nr. 10, dann re. weg)
12. More mantle than gentle 7c+
13. Vertigo games 7b+
14. Aldente 6b+
15. Movimento 6b+
16. Juppi Du 6a

EWIGE JAGDGRÜNDE **/***

Allgemein

Über 15 Jahre ist es nun her, daß die ersten Haken an den riesigen Granitfelsen im hinteren Zillertal, dem Zemmgrund, geschlagen wurden. In meist künstlicher Kletterei bestiegen damals, vor allem Gerhard Hörhager sen. und Andreas Aschenwald, die freistehenden Blöcke, die heute HÄUPTLING, WÄCHTER, EINHORN, WIG und WAM genannt werden. Die Namensgebung dieser Sektoren stammt wiederum von einzelnen Routennamen, die mit dem Leben der Indianer zu tun haben. Und somit war auch schnell der Name EWIGE JAGDGRÜNDE für das Klettergebiet gefunden.

Eigentlich begann die Zeit des Sportkletterns an diesen Granitblöcken im Jahr 1983, als Gerhard Hörhager jun. die einst technische Route *Schottariß* frei durchstieg und sie in *Sechsplosion* umbenannte. Danach ging es mit dem Freiklettern zügig voran: Prem Darshano, Josef Kröll, Hannes Condin, Uwe Eder, Walter Hofer, Gerhard Hörhager jun. und noch einige mehr, waren maßgebend an der Neutourenerschließung beteiligt. Der achte Grad (UIAA) ließ nicht lange auf sich warten, so gelang Gerhard die Route *Meister Propper 6c+* und Prem Darshano *Mister Loctite 7a+*.

Die bis dato schwierigsten Routen in den EWIGEN JAGDGRÜNDEN wurden alle von Gerhard Hörhager jun. erstbegangen. 1985 eröffnete er *Little crow 8a+*, ein Jahr später gelang ihm *Sagaro 8b*, 1987 folgte *Graceland 8b* und wiederum ein Jahr später nochmals eine 8b, er nannte sie *Maniray*.

1991 wurde die Landschaft um WIG und WAM etwas verändert. Bulldozer ebneten den umliegenden Boden damit der Grundbesitzer mehr Gras für seine Kühe hat. Zwangsläufig mußten Routen umgebohrt werden und es ergaben sich auch die Möglichkeiten, neue Anstiege einzubohren.

Bei vielen Kletterern werden die EWIGEN JAGDGRÜNDE als Gebiet der oberen Schwierigkeitsgrade eingestuft. Ganz so schlimm ist es nun auch wieder nicht, ab dem Bereich 5c beginnen die Genußtouren. Lediglich für Kletteranfänger dürften diese Felsen etwas ungeeignet sein.

Neu aufgenommen haben wir noch den Sektor WASSERFALL, der etwa 2 km vom eigentlichen »Indianerreservat« entfernt ist. Von der Szenenkneipe »Rosshag« erreicht man in wenigen Minuten die Einstiege. Wie der Name schon sagt, befindet sich das Felsmassiv unmittelbar rechts eines herabstürzenden Baches.

Nochmals vielen Dank an Gerhard Hörhager und Uwe Eder, die mich bei »ihrem« Indianergebiet unterstützen.

EWIGE JAGDGRÜNDE ** / ***

Lage	Cirka 34 Kilometer südöstlich von Innsbruck und 15 Kilometer südwestlich von Mayrhofen.
Zufahrt	Auf der Autobahn A 12 zur Ausfahrt Zillertal und weiter auf der B 169 über Mayrhofen nach Ginzling. Von dort cirka 6,5 Kilometer in Richtung Alpengasthof »Breitlahner« bzw. Schlegeis, bis sich links, direkt neben der Straße, die großen Felsblöcke befinden (KOMPASS Wanderkarte 1:25 000, Nr. 037 »Mayrhofen«).
Parken	Am Straßenrand.
Zugang	In wenigen Schritten zu den verschiedenen Felsblöcken. Die Sektoren WIG und WAM liegen auf der anderen Flußseite. Entweder man überquert den Fluß zu Fuß (recht feuchte und erfrischende Angelegenheit) oder man hangelt mit dem Drahtseil, welches beim Sektor HÄUPTLING gespannt wurde, auf die andere Flußseite (bei dieser Art Flußüberquerung empfehlen wir eine Seilrolle ins Stahlseil einzuhängen). Um zum Stahlseil zu gelangen geht man etwa 20 m vor dem Hinweisschild zum »Breitlahner« auf undeutlichem Pfad nach links zum Fluß (siehe Skizze Seite 150).
Lage der Felsen	Die Felsblöcke sind nach allen Himmelsrichtungen ausgerichtet.
Meereshöhe	Knapp unter 1200 Meter.
Routenanzahl	Insgesamt cirka 80 Touren. bis 4+ = keine Touren bis 6a+ = 13 Touren bis 6c+ = 17 Touren bis 7b+ = 22 Touren 7c = 8 Touren 7c+ = 4 Touren 8a = 3 Touren 8a+ = 3 Touren 8b = 4 Touren Die Routennamen stehen fast immer an den Einstiegen angeschrieben.
Absicherung	Meist sehr gut. Bohrhaken, teils Bühler-Haken, teils geschlagene Haken. In den meisten Routen werden keine Klemmkeile benötigt.
Felsstruktur	Granit. Plattig, durchsetzt mit Rissen, meist senkrechter Fels, oftmals kleine Dächer.

10 - 50 Meter.	**Wandhöhe**
Spätes Frühjahr, Sommer und Herbst.	**Beste Jahreszeit**
Zur Zeit ist kein Führer erhältlich.	**Topo**

Übernachtung

– Gasthof »Rosshag«, Fam. Fankhauser, 6295 Ginzling 66, Tel. 0 52 86/2 19 (Zufahrt siehe Sektor F Seite 154). Preise: Doppelzimmer mit Frühstück pro Person ÖS 150.

– Alpengasthof »Breitlahner«, 6295 Ginzling 70, Tel. 0 52 86/2 12 (cirka 500 Meter vom Klettergebiet entfernt). Preise: Matratzenlager ÖS 80; Bett ÖS 140 (ohne Frühstück).

– Camping »Kröll«, Josef Kröll, Laubichl 127, 6290 Mayrhofen, Tel. 0 52 85/25 80. Preise: Pro Person ÖS 50; Kinder bis 14 Jahre ÖS 30; Auto ÖS 23; Platz ÖS 23; Hund ÖS 20; Kurtaxe ÖS 9. Ganzjährig geöffnet.

Weitere Campingplätze befinden sich in Richtung Inntalautobahn.

Kleinere Lebensmittelgeschäfte in Ginzling. Der nächste Supermarkt befindet sich in Mayrhofen. **Lebensmittel**

Am besten mit vollem Wassertank anreisen. **Wasser**

In Mayrhofen »Erlebnisbad Mayrhofen«, Tel. 0 52 85/25 59. Öffnungszeiten: Täglich von 10.30 - 21.00 Uhr. Von Mitte Oktober bis Mitte Dezember sowie von Mitte April bis Ende Mai geschlossen. **Hallenbad**

In Mayrhofen, »S-Sport«, Hauptstr. 441, Tel. 0 52 85/3 21 33. Keine allzu große Auswahl an Sportkletterartikeln. **Sportgeschäft**

– In Ginzling, Tel. 0 52 86/2 70. Öffnungszeiten: In der Zeit von Mai bis Ende September Mo. bis Fr. von 8.00 - 12.00 Uhr und von 14.00 - 18.00 Uhr. **Touristenbüro**

– 6290 Mayrhofen, Tel. 0 52 85/23 05. Öffnungszeiten: In den Sommermonaten Mo. bis Fr. von 8.00 - 18.00 Uhr, Sa. von 8.00 - 12.00 Uhr und von 15.00 - 18.00 Uhr, So. von 9.00 - 12.00 Uhr. Im Frühjahr und Herbst Sa. und So. geschlossen.

Gasthof Rosshag (siehe Übernachtung). **Szenenkneipe**

EWIGE JAGDGRÜNDE **/***

Übersicht der Sektoren

Sektor A	**EINHORN**	Seite 151
Sektor B	**WÄCHTER**	Seite 151
Sektor C	**HÄUPTLING**	Seite 152
Sektor D	**WIG**	Seite 153
Sektor E	**WAM**	Seite 154
Sektor F	**WASSERFALL**	Seite 154

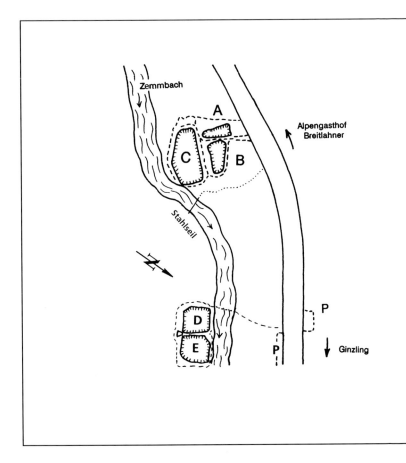

EINHORN

Routen Sektor A

Nordseite
1. Muttertag 7c
2. Sterile Spiele 7a+
3. Graceland 8a+/8b
4. Das letzte Einhorn 6b+
5. Der Weg durch das Puff 6b
6. Sesamstraße 5a/b

WÄCHTER

Routen Sektor B

Nordostseite
1. Paraplue 7a+
2. Hounts of love 7c+
3. Jumping Jack Flash 7c

Nordwestseite
4. Roadrunner 7b
5. Rutschpartie 6c+
6. Weiße Wolke 5b

RIFFIGE PRODUKTE

AUS DER PERSPEKTIVE DES GRIFFES.

Kletterwandeproduktion GMBH
A-6200 Jenbach
Huberstraße 35
Telefon 0 52 44 - 45 17
Telefax 0 52 44 - 41 80 75

ART ROCK

EWIGE JAGDGRÜNDE **/***

Routen Sektor C

HÄUPTLING

Nordostseite
1. Zyklon der Nerven 6c
2. Geronimo 7c+
3. Zyankali 7c
4. Meister Propper 7a+
5. Mister Loctite 7b (an der Kante)

Nordwestseite
6. Stone cold Sober 7a+
7. Ego-nein danke 6c+
8. Especially for you 7b+
9. 0815 5a/b
10. Maxi Vari 5a
11. Sechsplosion 6c
12. Snooker 8a
13 Monsieur Fauxpas 7c
14. Rippentrip 6c
15. Sannyas-365 7a+
16. Careheart 7b
17. Sciencefiction 7b
18. Griffquiz 6b+
19. Verschneidungsmagie 6b

Südwestseite
20. Projekt
21. Schwänzeltanz 6b+ (oben über's Dach)
22. Wolle Bolle 7b+ (Platte; Einstieg wie Route Nr. 23, dann gerade hoch)
23. Disneyland 5c/6a

Südostseite
24. Tomahawk 5a (Platte; Einstieg unten)
25. Indianerdachl 6c (Verlängerung von Nr. 24)
26. Illilliwa 7c+ (rechts von Nr. 25 über's Dach)
27. Irokese 5c (Platte; Einstieg unten, rechts von Nr. 24)
28. Hallo Hermann 7a

Ostseite
29. Little crow 8a+
30. Sitting Bull 7c

WIG

Routen Sektor D

Nordostseite (Schlucht)
1. Hoach Wetter 7c+

Nordwestseite
2. Krescenz Hiaglgwimpft 5b (Einst. an linker Kante)
3. Hermanns Alptraum 5c (Einst. wie Nr. 4, ab Band linkshaltend)
4. Via Lisa 5b

Südwestseite
5. Picabo 7c
6. El Schuppo 6b+
7. Marakuja 7a+

Südostseite
8. Maniray 8b (über Doppeldach)
9. Sagaro 8b (über Pfeiler)
10. Little Feat 7b+
11. Natascha 7b

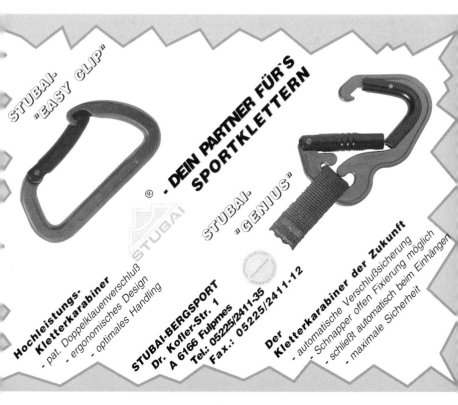

EWIGE JAGDGRÜNDE **/***

Routen **WAM**
Sektor E

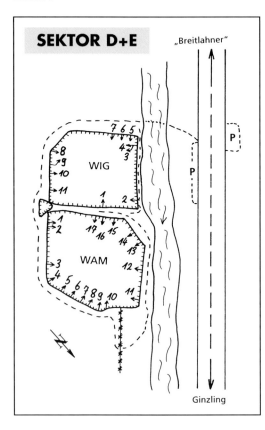

Südostseite
1. Manitu 7c
2. Reise nach Ixtlan 8a
3. Alarm 7c+/8a

Nordostseite
4. Aranacruz 7b
5. Mein Gott Walter! 7b
6. Salamanderdrick 7c
7. Sooner or later 8a+ (ehemals Kansas)
8. Jump the gun 7a+
9. Dixy Chicken 7a+
10. Gecko 8b

Nordwestseite
11. Ohne Worte 5c
12. Hot Mokassin 6c
13. Licht ins Dunkel 6b+
14. High River 7b+

Südwestseite (Schlucht)
15. Chaos 7b+
16. Supermumpfer 6c
17. Der kleine Pfeil 6a (Variante)

Sektor F **WASSERFALL**

Zufahrt/Parken Vom Klettergebiet einige hundert Meter in Richtung Ginzling, bis die Straße den Fluß überquert (rechts befindet sich ein kleiner Staudamm). Genau gegenüber zweigt links (bei einer Bushaltestelle) eine schmale Straße ab. Auf dieser entlang, bis die Straße aus dem Wald führt und man links oberhalb den Wasserfall sieht. Dort links am Straßenrand parken (ca. 300 m vor dem Gasthof »Rosshag«).

Zugang

Vom Parkplaz auf breitem Weg schräg rechts ansteigend zum Bach, diesen überqueren und anschließend links ansteigend über die Wiese zum ersten Massiv *(Lalacula 8a+)*. Gehzeit 3 - 4 Minuten; Wandhöhe 8 Meter.

Von dort links am Massiv vorbei und wenige Meter danach rechts ansteigend durch den kleinen Wald auf eine Wiese. Nun links, auf weglosem Gelände steil ansteigend, über die Wiese und anschließend über eine Farnwiese, bis 20 Meter vor einen Felsriegel. Dort links, auf schmalem Pfad zum absteigenden Einstiegsband. Gehzeit vom Parkplatz 10 - 15 Minuten. Wandhöhe 10 - 15 Meter.

Routen
Sektor F

Unteres Massiv
1. Lalacula 8a+

Beim Wasserfall
2. Inselwitz 6c
3. Supertraum 6c+
4. Projekt
5. Alibaba 7b+
6. Projekt
7. Schokobreze 5b

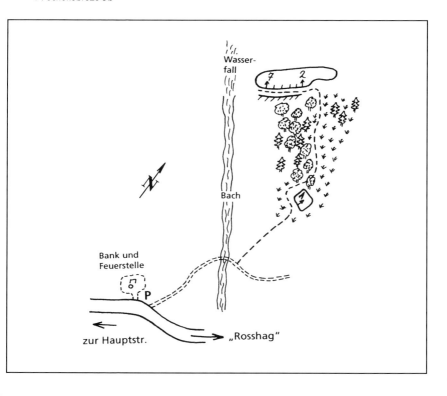

TULFER ***

Allgemein

An einem schönen Samstagnachmittag wandere ich mit Gerhard Hörhager und Prem Darshano oberhalb der JAGDGRÜNDE durch den Wald. Unser Ziel ist das Klettergebiet TULFER. Bereits von der Straße bei den JAGDGRÜNDEN sieht man die Felstürme und die beeindruckende, überhängende Felswand, etwa 350 Höhenmeter über dem Zemmgrund. Beim Zugang schwärmt Gerhard von der Landschaft rund um den TULFER, von der himmlischen Ruhe und von der Zeit (Sommer 94) mit Karin Gogl und Reini Scherer, als sie dort oben Routen einrichteten und Zugangswege anlegten.

Nach 30minütigem Fußmarsch erreichen wir das Kleinod und ich muß Gerhards euphorische Worte bestätigen. Einfach toll, die Idylle, der Blick ins Tal, die Ruhe, weitab von jeglichem Kletterrummel. Darshano und G. H. machen sich in er Route *Tulfer-Direkt*, einem Klassiker, warm, ich mache mich daran das Chaos an Felsen gedanklich zu ordnen und aufzuzeichnen. Als ich mit meiner Arbeit fertig bin, hängen die beiden in jener überhängenden Wand, die mich bereits vom Tal aus beeindruckte. Darshano versucht gerade den dritten Haken zu klinken, was wohl nicht so einfach ist. Nach mehrmaligem Hängen zeigt's uns Gerhard wie's geht und bestätigt nochmals seine Schwierigkeitsbewertung mit 8a - *The big red!*

Lage

Cirka 15 Kilometer südwestlich von Mayrhofen wenige hundert Meter südöstlich vom Klettergebiet EWIGE JAGDGRÜNDE.

Zufahrt

Gleich wie EWIGE JAGDGRÜNDE (siehe Seite 148), von dort noch etwa 500 m weiter zum Alpengasthof »Breitlahner«.

Parken

Beim »Breitlahner« (gebührenpflichtiger Parkplatz ÖS 40.- pro Tag). Oder bei den EWIGEN JAGDGRÜNDEN, somit erspart man sich die P-Gebühr!

Zugang

Hier gibt es zwei Möglichkeiten: Entweder vom Parkplatz zum »Breitlahner«, dort links über die Brücke, unmittelbar danach links über den Zaun und etwa 400 m am Fluß entlang, bis 50 m vor den Wald. Dort nach rechts ansteigend, über wegloses Gelände zu einem querverlaufenden Jägersteig. Nun nach links ansteigend in den Wald und auf dem Steig den Hang einige hundert Meter querend, um letztendlich über Serpentinen zu den Felsblöcken zu gelangen. Gehzeit 25 - 30 Minuten.

Oder, wer die P-Gebühr beim »Breitlahner« einsparen will, geht von den EWIGEN JAGDGRÜNDEN (Sektoren WIG und WAM) die

Wiese linkshaltend gerade hoch zum Waldrand (Zaun), von dort etwa 100 m durch den Wald empor zum querverlaufenden Jägersteig. Dort nach links und dem Steig folgen (wie anfangs beschrieben). Gehzeit 15 - 20 Minuten. Siehe Skizze.

Zugang

Die Felsen sind nach allen Himmelsrichtungen ausgerichtet.

Lage der Felsen

Breitlahner 1257 Meter, Einstiege knapp unter 1600 Meter.

Meereshöhe

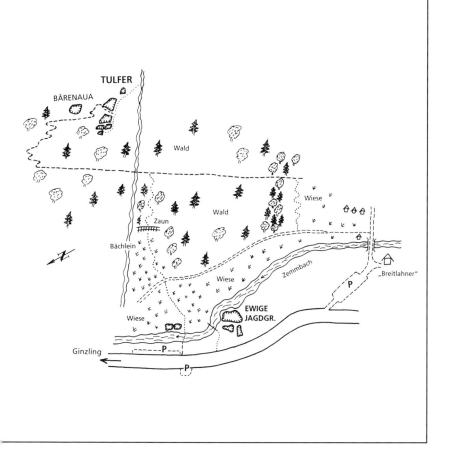

TULFER ***

Routenanzahl	Insgesamt 26 Routen (darunter einige Projekte). bis 4+ = keine Touren bis 6a+ = 3 Touren bis 6c+ = 5 Touren bis 7b+ = 8 Touren 7c = 1 Tour 8a+ = 3 Touren 8b = 2 Touren 8b+ = 1 Tour 8c = 1 Tour (noch Projekt) Die Routennamen stehen fast immer an den Einstiegen angeschrieben.
Absicherung	Sehr gut, Bohrhaken. Klemmkeile werden nicht benötigt.
Felsstruktur	Granit, teils sehr! athletisch. Im allgemeinen technisch anspruchsvolle Kletterei an Leisten und Auflegern. In den brüchigen Routen (Nr. 4 - 8) wurde mit Sika gearbeitet.
Wandhöhe	8 - 25 Meter, zum Teil bis 8 Meter überhängend.
Beste Jahreszeit	Spätes Frühjahr, Sommer, Herbst.
Topo	Zur Zeit ist kein Führer erhältlich.
Weitere Infos	Alle weiteren Infos siehe Klettergebiet EWIGE JAGDGRÜNDE Seite 149.
Routen	1. Aspen 7b 2. Tulfer-Direkt 7a+ 3. Projekt 4. Minutes to Midnight 8c (Projekt, wurde nach Griffausbruch noch nicht geklettert) 5. Der Minutenmann 8b+ (Projekt) 6. Flachmann 8b 7. The big red 8a+ 8. Waldschnaxlar 8b 9. Goggoline 7a+ 10. Wegnarre 6b+

Routen

11. Tramplan 6a+
12. Spitzbua 7b+
13. Projekt
14. Zwiedawurzn 6b+
15. Kristallstraße 6b+
16. Projekt
17. More tanked than turtle 8a+ (zuerst linkshaltend, dann gerade hoch)
18. Dreamcatcher... 8a+
19. Toblerone 6a (am Grat nach rechts ziehend)
20. Gringo Locco 6b+
21. Boulderkante 7b+ (top rope)
22. Der Bock muaß falln 7c

BÄRENAUA
23. 6c+
24. Mia kimmd's Lebn atid komisch vie 6a (die Kurze, 15 m); 7b (die Lange, 23 m)
25. Der Kuckuck und der Hai 7b+
26. Wilda Ruabe 7a+

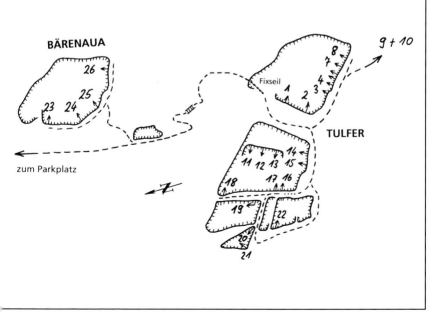

TULFER ***

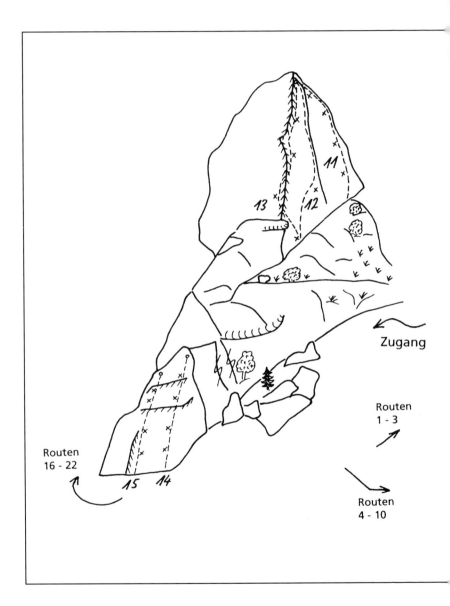

LIGHT

MIT ORTOVOX
SICHER AUF TOUR

▶ ORTOVOX Schweiz
St. Moritz Experience
Postfach CH-7500 St. Moritz
Telefon: 082/ 22 292
Telefax: 082/ 22 293

▶ ORTOVOX Italy
Wild Sports Equipments s.r.l.
Via dalla Chiesa, 3
I-24020 Scanzorosciate (BG)
Telefon: 035/ 66 51 61
Telefax: 035/ 66 50 50

▶ ORTOVOX Österreich
Obere Klaus 176,
A-8970 Schladming
Telefon: 03687/ 225 51
Telefax: 03687/ 220 88

ltlich im guten
tfachhandel
katalog bitte anfordern bei:

RTOVOX Deutschland
ɔtstraße 102
008 Unterhaching
on: 089/ 665 037 0
ax: 089/ 665 037 20

KUFSTEIN * *

Allgemein

Unmittelbar nach der bayrisch-österreichischen Grenze liegt Kufstein, »die Perle Tirols«. Das Grenzstädtchen wechselte in früheren Zeiten öfters den Besitz, mal war es in Tiroler, dann wieder in bayrischer Hand. In der oft umkämpften Stadt entstand in dieser Zeit die Feste Kufstein. Die Festung, erstmals im Jahr 1205 namentlich erwähnt, wurde auf Veranlassung des Kaisers Maximilian kriegsfest ausgebaut. Der 90 Meter hohe Kaiserturm erhielt 7,5! Meter dicke Außenmauern. Lohnend ist auch ein Bummel durch die Altstadt von Kufstein, doch wir marschieren nach SPARCHEN, zu unserem ersten Hauptsektor. Dieser hinterließ bei mir einen gemischten Eindruck, denn der Lärm des angrenzenden Schotterwerkes hallte an der konkaven Wand so stark wider, daß wir den Feierabend abwarteten, um unserem Sport nachzugehen.

Paul Koller war es, der bereits im Jahr 1982 die Klettermöglichkeiten von SPARCHEN erkannte und die ersten Routen im siebten Grad eröffnete. Doch erst zwei Jahre später wurde der Klettergarten systematisch erschlossen. Maßgeblich daran beteiligt waren Stefan Fürst, Hannes Rieser, Gerhard Hörhager und Georg Kronthaler. Bereits 1984 gelang Georg die Route *Zwutschgerl* im Schwierigkeitsgrad 7c. Mit der *schönen neuen Welt* kam dann im Jahr 1987 der französische 8. Grad nach SPARCHEN. Dadurch, daß der Klettergarten in zwei übereinander liegende Etagen aufgeteilt ist (Drahtseile führen zu den Einstiegen der oberen Sektoren), erscheint dieser auf den ersten Anblick etwas unübersichtlich, doch schnell hat man sich mit der Aufteilung vertraut gemacht. Stefan Fürst sanierte ganz rechts (Sektor A) die Routen optimal, so daß alle Kletterer ohne Bedenken an ihr Limit gehen können. Wer mal hoch hinaus will, sollte sich dem *Astroman* von Paul Koller widmen. Zehn Seillängen führen in bestem Gestein nach oben zur Waldgrenze. Freundlicherweise stellte uns Paul von seiner Route ein Topo zur Verfügung.

Nach 20 harten Arbeitstagen war es geschafft - Gerhard Hörhager jun. steigt an der GEISTERSCHMIEDWAND am 4. August 1988 *Wagnis Orange 8c*, die seinerzeit schwerste Route Österreichs. Die zweite Begehung gelang am 17.9.91 Stefan Fürst, der als fairer Sportsmann der Öffentlichkeit mitteilte, daß sich der Schwierigkeitsgard für größere Kletterer geringfügig reduziert. Durch diese Glanzleistung von Gerhard Hörhager wurde die GEISTERSCHMIEDWAND auch in der ausländischen Kletterszene bekannt. Einfache Touren sucht man in dieser wuchtigen Wand vergebens.

Wechseln wir den Standort und begeben uns zum Morsbacher Schützenhaus. Von dort geht's dann zu Fuß in 10 - 15 Minuten zum MORSBACHER KLETTERGARTEN. In jüngster Zeit soll es doch tatsächlich immer noch vorgekommen sein, daß ein paar absolut Gehfaule mit dem Auto bis unter die Wand fuhren. Freunde, unterlaßt

den Blödsinn, der komplette Wald befindet sich im Wasserschutzgebiet! Am Fels geht es dann recht leger zu, im rechten Teil wurde am Wandfuß ein Tisch mit Bänken aufgestellt, der Boden wurde eingeschottert. Hauptsächlich die Anfänger werden sich in diesem Klettergarten im Vorstieg wohlfühlen. Genau über dem zuvor erwähnten Tisch verläuft die Route *Guana 8b+*, Hörhagers zweiter Streich in den Kufsteiner Klettergärten. Auf den ersten paar Metern ist der erste Schlüssel, weiter oben warten dann noch ein paar knifflige Einzelstellen auf die Wiederholer. Landschaftlich ist der MORSBACHER KLETTERGARTEN ein Genuß. Im Gegensatz zu der Lärmbelästigung in SPARCHEN fühlt man sich hier richtig wohl. Vielen Dank an Stefan Fürst und Paul Koller, die mir die neuesten Infos der Kufsteiner Klettergärten lieferten.	**Allgemein**
Cirka 70 Kilometer südöstlich von München und 65 Kilometer nordöstlich von Innsbruck.	**Lage**
Von München auf der Autobahn A 8 in Richtung Salzburg und weiter, ab dem Autobahndreieck Inntal auf der A 93 in Richtung Kufstein, bis zur Autobahnausfahrt Kufstein-Nord. Weitere Zufahrt siehe jeweiliger Hauptsektor (KOMPASS Wanderkarte 1:30 000, Nr. 09 »Kufstein Kaisergebirge«).	**Zufahrt**
Frühjahr, Sommer und Herbst.	**Beste Jahreszeit**
Zur Zeit ist kein Führer erhältlich.	**Topo**
Camping »Kufstein«, Otto Mauracher, Salurner Str. 36, 6330 Kufstein, Tel. 0 53 72/6 22 29 45. (beim Hotel Bären). In Kufstein ausgeschildert. Preise: Pro Person ÖS 43; Kinder ÖS 30; Auto ÖS 30; Zelt ÖS 30; Wohnmobil ÖS 58, Kurtaxe ÖS 6. Öffnungszeiten: Von Anfang Mai bis Ende Oktober.	**Übernachtung**
Mehrere große Supermärkte in Kufstein.	**Lebensmittel**
In Kiefersfelden, »Hallenbad Innsola«, Tel. 0 80 33/6 93 30 (Vorwahl aus Österreich 0 60 80 33). Das Hallenbad befindet sich auf deutscher Seite. Öffnungszeiten: Täglich von 11.00 - 21.00 Uhr.	**Hallenabd**
In Kufstein »Sport Truhe Prihoda«, Unterer Stadtplatz 11, Tel. 0 53 72/6 55 70.	**Sportgeschäft**

KUFSTEIN ** 10

Touristenbüro In Kufstein, Münchner Str. 2 (beim Bahnhof), Tel. 0 53 72/6 22 07. Öffnungszeiten: Mo. bis Fr. von 8.30 - 12.30 Uhr und von 14.00 - 17.00 Uhr, Sa. von 9.00 - 12.00 Uhr.

Übersicht der Hauptsektoren
Hauptsektor 1 **SPARCHEN** ** Seite 166
Hauptsektor 2 **GEISTERSCHMIEDWAND** *** Seite 174
Hauptsektor 3 **MORSBACHER KLETTERGARTEN** */** Seite 178

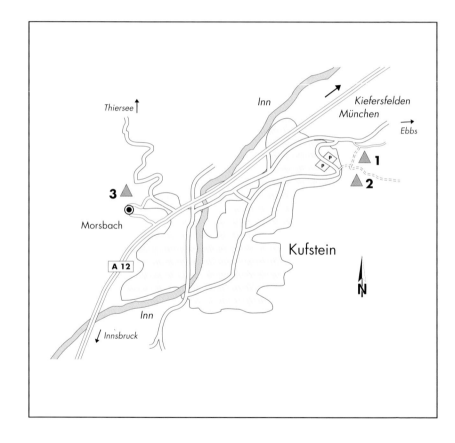

Matrosentraum (9-), Photo: Klaus Fengler

Outdoors & Indoors

UP&UP Freeclimbing Shoes made in Spain
Die preiswerte Alternative

CAIRNGORM Kletterseile
Qualität in Zahlen: z.B. Bute 10,5 mm;
Fangstoßzahl 738 (daN), UIAA Sturzzahl 8

BENDCRETE Klettergriffe
Die professionellen Klettergriffe mit hervorragenden
Testergebnissen, 157 verschiedene Größen/Formen

BENDCRETE Trainingsboards
Das britische Qualitätsboard für das Indoors-
Training, zwei verschiedene Größen verfügbar

Fragen Sie Ihren Fachhändler oder
fordern Sie gegen DM 2,– in Brief-
marken weitere Informationen an:

MARK COLE
Paradiesstraße 8, 78462 Konstanz
Telefon und Fax, 0 75 31 - 1 65 63

**UP&UP ist offizieller Ausrüster des 1. Allgäuer Sportkletterclub e.V.,
Leistungszentrum der Sportkletter-Nationalmannschaft**

KUFSTEIN - Sparchen **

Lage	Cirka 2 Kilometer nördlich von Kufstein und 5 Kilometer südlich von Ebbs.
Zufahrt/Parken	Von der Autobahnausfahrt Kufstein-Nord nach links und einen Kilometer in Richtung Ebbs, bis eine Straße rechts weg in den Vorort Eichelwang zum ausgeschilderten Parkplatz»Kaisertal« (gebührenpflichtig ÖS 20 pro Tag) führt. Es besteht auch die Möglichkeit das Fahrzeug in unmittelbarer Nähe des Klettergartens abzustellen. Man fährt von der Autobahnausfahrt Kufstein-Nord etwa 1,5 Kilometer in Richtung Ebbs, bis zum Zementwerk»Fröschl Beton-Werk IV«. Dort rechts ab und auf schmaler Straße zu den Parkmöglichkeiten bei und nach der Schranke. Siehe Skizze Seite 164.
Zugang	Vom Parkplatz»Kaisertal« folgt man dem breiten Wanderweg ansteigend in den Wald. An der ersten großen Wegkreuzung links, der Ausschilderung »Oberndorf-Ebbs« folgend, bis der Forstweg nach etwa 400 Metern unmittelbar am Sektor A vorbeiführt. Gehzeit 5 - 6 Minuten. Parkt man sein Fahrzeug am Zementwerk, so erreicht man den Klettergarten in etwa einer Minute. Siehe Skizze Seite 167.
Lage der Felsen	Die Felsen sind nach Nordwesten ausgerichtet.
Meereshöhe	500 Meter.
Routenanzahl	Insgesamt cirka 70 Touren. bis 4+ = keine Touren bis 6a+ = 2 Touren bis 6c+ = 12 Touren bis 7b+ = 22 Touren 7c = 5 Touren 7c+ = 7 Touren 8a = 4 Touren 8a+ = 8 Touren 8b = 2 Touren 8b+ = 1 Tour 8b+/8c = 1 Tour Die Routennamen stehen meist an den Einstiegen angeschrieben.
Absicherung	Meist sehr gut, Bohrhaken (teils etwas älter). Im Sektor A Klebehaken (neu saniert). Klemmkeile werden nicht benötigt.

10

Kalk, meist senkrechter bis überhängender Fels, oftmals nach unten geschichtet. Im Sektor A grauer, plattiger Fels. — **Felsstruktur**

6 - 40 Meter, überwiegend 15 - 20 Meter. — **Wandhöhe**

Brunnen am Parkplatz »Kaisertal«. — **Wasser**

Sektor A	**RECHTER TEIL**	Seite 168	**Übersicht**
Sektor B	**MITTELTEIL**	Seite 168	**der Sektoren**
Sektor C	**ZENTRUM**	Seite 171	
Sektor D	**LINKER WANDTEIL**	Seite 173	

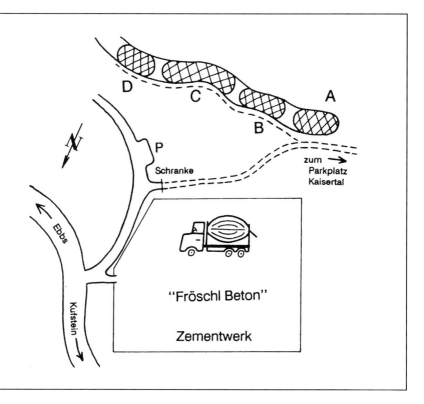

! **Es werden nur die Touren aufgeführt, die mit Haken zum Vorsteigen abgesichert sind!!**

KUFSTEIN - Sparchen **

Routen Sektor A

RECHTER TEIL

1. Spielwiese 7b+
2. Via Irene 6c+ (angeschrieben steht »Ökosystem«)
3. Für kleine Bären 7b
4. Ökosystem 8a (Einst. wie Nr. 3, oben rechts weg)
5. Master of Bolts 7b
6. Schluchtenscheißer 7b+
7. Der kleine Grabräuber 6c+
8. Bohrverbot Pauli!! 7a+
9. Via Ludwig 6b+
10. Face to face 7c+

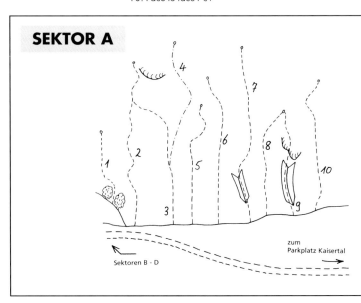

Routen Sektor B

MITTELTEIL

unterer Bereich
1. Kröll- Variante 1.SL 6a+/2.SL 7a+/3.SL 6c+/4.SL 7a/ 5.SL 5c/6.SL 7a/7.SL 6c+ (Variante zu Nr. 3)
2. Kendl-Trip 7a
3. Astroman 1.SL 5c/2.SL 6a+/3.SL 6b+/4.SL 6c+/5.SL 7a/ 6.SL 6b+/7.SL 6c+/8.SL 5c/9.SL 6b/10.SL 5c

10

SEKTOR B

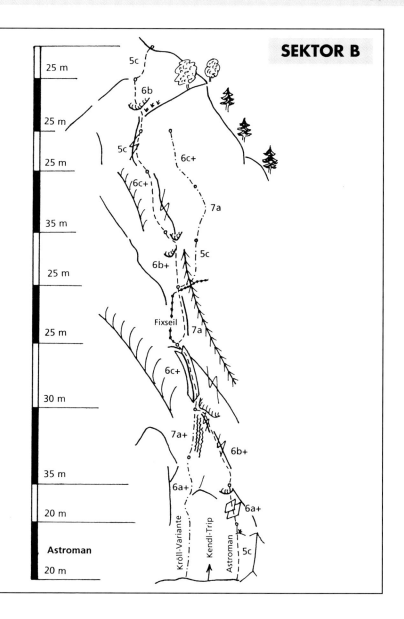

KUFSTEIN - Sparchen **

Routen
Sektor B

4. Pussy Cat 6b
5. Power Crack 6c+
6. Klein aber o-ho 6a+
7. Weg der Zukunft 7b+
8. Scherzkeks 6b+
9. Think Pink 6a+
10. Flucht nach vorn! 6b
11. Sky Rider 7c
12. April - April 7b+

oberer Teil
13. Gomma cotta 7c
14. Jonny Walker 8a+
15. Jonny Walker-Spezial 8b
16. Boys and girls 8a+
17. Pa-To 6b
18. Also sprach Zarathustra 1.SL 7b+/2.SL 7b+
19. Il piccolo Orso 8b+/8c?
20. Not to satisfy 8a+
21. Kr-Ko 1.SL 7a+/2.SL 6b

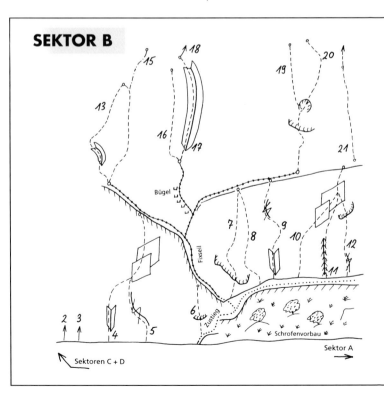

ZENTRUM

Routen Sektor C

unterer Bereich
1. Pinky times 7a/7a+
2. Slave to the Rhythm 8a+
3. Linke Verschneidung 6b+
4. Mittlerer Faustriß 7b+
5. Ins Loch 6b
6. Schöne neue Welt 8a+
7. Tequila 8a
8. Metallica 7c+
9. Optima 7b+
10. Optimal 7c
11. Zauberlehrling 7b+
12. Spiel der Meister! 8a+
13. Zwutschgerl 7c
14. Zwutschgerl-direkt 7c+
15. Exodus 8a
16. Top Hit 7b+
17. Die Schlinge 6c
18. U2 7a
19. Via Kubert 6b+
20. Prühlfahrt 7a

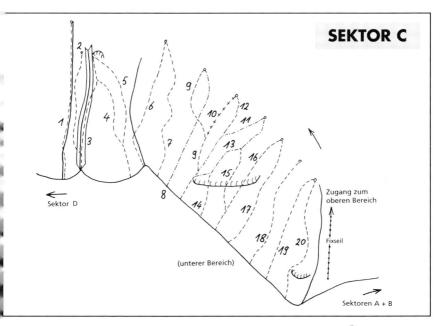

Rotpunkt Verlag   Österreich   **171**

KUFSTEIN - Sparchen **

Routen Sektor C

oberer Bereich
21. Jump Start 8a
22. Drunk as a Skunk 7c+
23. Schmalzlauser 7b+
24. Spit d'Oro 7c+
25. Vatertag 7c+
26. Ma petit 8a+
27. Fred vom Jupiter 8a+
28. Easy am Mars 8a/b
29. Apoplex 7c+
30. Alf love Garfield 7a
31. Fred Bull 7b
32. Time is the Killer 7c

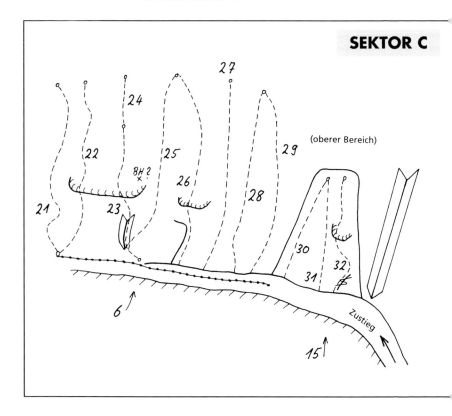

SEKTOR C

(oberer Bereich)

LINKER TEIL Sektor D

In diesem Sektor gibt es einige unlohnende Routen mit überwiegend alten Haken.

KUFSTEIN - Geisterschmiedwand ***

Lage	Unmittelbar nordnordöstlich von Kufstein.
Zufahrt/Parken	Zum Parkplatz »Kaisertal«. Siehe Hauptsektor 1 (SPARCHEN) Seite 166.
Zugang	Vom Parkplatz »Kaisertal« auf breitem Fußweg ansteigend zur nächsten großen Kreuzung. Nun nach rechts, weiter ansteigend, über die »Kaiserstiege« der Ausschilderung »Kaiserschützen-Steig« folgend, bis zur ersten Linkskehre. Dort übersteigt man die Abschrankung und erreicht nach cirka 50 Metern das sichtbare Felsmassiv. Gehzeit cirka 3 - 4 Minuten.
Lage der Felsen	Die Felsen sind nach Südwesten ausgerichtet.
Meereshöhe	550 Meter.
Routenanzahl	Insgesamt 44 Touren. bis 4+ = keine Touren bis 6a+ = 2 Touren bis 6c+ = 8 Touren bis 7b+ = 11 Touren 7c = 5 Touren 7c+ = 4 Touren 8a = 5 Touren 8a+ = 3 Touren 8b = 3 Touren 8b+ = 1 Tour 8c+ = 1 Tour Die Routennamen stehen meist an den Einstiegen angeschrieben.
Absicherung	Sehr gut, Bohrhaken und Tohrstahlbügel, teils geschlagene Haken. Klemmkeile werden selten benötigt.
Felsstruktur	Kalk, meist senkrecht bis überhängend, teils leicht versintert. Viele kleine, bauchige Dächer.
Wandhöhe	15 - 70 Meter.
Wasser	Brunnen am Parkplatz »Kaisertal«.

1. 7b
2. 6c
3. Uznast 7c
4. Fischdose 7a
5. Gottes vergessene Kinder 7c
6. Umbrella 7a
7. 1.SL 6b+/2.SL 6c+
8. Die Rose der Zeit 8a+
9. Ginsa Street 8b+
10. Kalypso 8a
11. Melmac 7c/7c+
12. 6c+
13. 7c
14. 6c+
15. 7b
16. The extasy of flight 7c/7c+
17. 6c+
18. 1.SL 7b+/2.SL 7a
19. 7b+
20. Blaue Rose 1.SL 7b/2.SL 6c+/3.SL 7b
21. 7b+
22. ? 3 SL (max. 7b+)
23. Ahua! 8a+
24. Watzmann ruft 8b
25. Fortsetzung folgt 7c
26. Steel monkey 8a+
27. Projekt
28. Wagnis Orange 8c+
29. Alt und neu 8a
30. Puff! 7c/7c+
31. 7c
32. Der lange Weg zum Weißbier 8b
33. Crashdance 7c+
34. Luxus 8a
35. Neither fish nor flash 8b
36. Oh captain, my captain! 8a
37. Floh 5+
38. $y = 24 \times (x - 2)$ 8a
39. 6a
40. 1.SL 6c/2.SL 6c
41. 6c+
42. 7b+
43. Forbidden exercise 7b
44. El capron 6c

**Routen
(Topos siehe
Seite 176/177)**

KUFSTEIN - Geisterschmiedwand ***

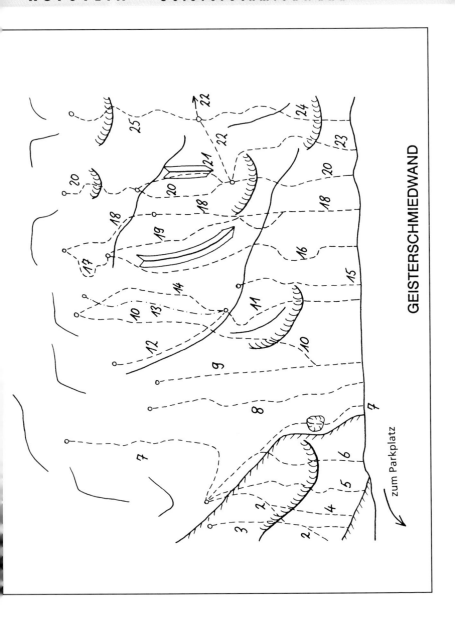

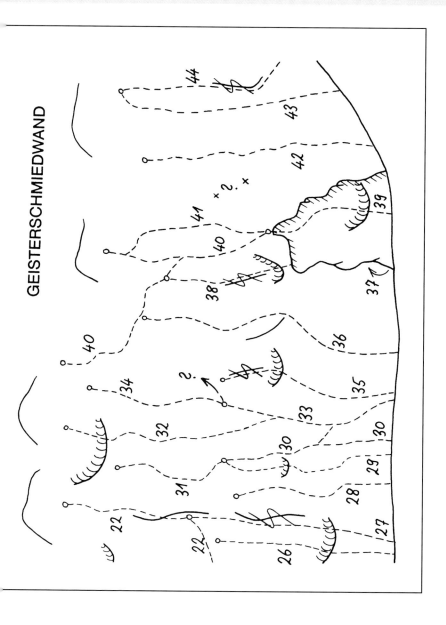

KUFSTEIN - Morsbacher Klettergarten */**

Lage	Unmittelbar westlich von Kufstein.
Zufahrt	Von der Autobahnausfahrt Kufstein-Nord rechts ab in Richtung Thiersee (nicht Kufstein-Zentrum). Beim Ortsschild Kufstein weiter in Richtung Innsbruck (nicht Thiersee), dann (unmittelbar nach der Tankstelle) rechts ab in Richtung Langkampen/Mariastein und gleich darauf wieder nach rechts in Richtung Morsbach/»Reitverein Kufstein«. Nun der Ausschilderung »Reitverein Kufstein«/»Morsbacher Straße« folgen, unter der Autobahn hindurch, bis zu einer Häusergruppe (mit Telefonzelle). Dort linkshaltend und anschließend geradeaus weiter in Richtung »Pfrillsee«, bis zum Ende der geteerten Straße (Schützenhaus).
Parken	Beim Schützenhaus.
Zugang	Vom Schützenhaus nach rechts auf breitem Forstweg der Ausschilderung »Pfrillsee« folgend, am Sägewerk vorbei und auf dem Forstweg geradeaus weiter, am Bach entlang (nicht in Richtung »Pfrillsee«) bis sich nach cirka 300 Metern (30 m nach einer Rechtskurve) der Forstweg gabelt. Dort links ansteigend und über steile Stufen zur sichtbaren Felswand. Gehzeit cirka 8 - 10 Minuten.
Lage der Felsen	Die Felsen sind nach Südosten ausgerichtet.
Meereshöhe	550 Meter.
Routenanzahl	Insgesamt 23 Touren. bis 4+ = 5 Touren bis 6a+ = 9 Touren bis 6c+ = 2 Touren bis 7b+ = 2 Touren 7c = 2 Touren 8b = 1 Tour 8b+ = 1 Tour Die Routennamen stehen meist an den Einstiegen angeschrieben.
Absicherung	Sehr gut. Bohrhaken, Bühler-Haken und einzementierte Bundesheer-Haken. Klemmkeile werden nicht benötigt.
Felsstruktur	Kalk, im linken Teil meist geneigte Platten mit vielen runden Auflegern. Rechts senkrechter bis überhängender Fels mit kleinen Leisten.
Wandhöhe	10 - 20 Meter.

10

Brunnen bei der Bauernhofgruppe auf dem Zufahrtsweg zum Klettergarten.

Wasser

Routen

1. Fingerbeißer 6c+
2. Mug 4+/5a
3. Via Angela 4+
4. 2er Weg 2+
5. Sanduhr 4+
6. Schlinge 5b
7. Mini Flipp 5b
8. Schmakofaz 4+
9. Po-Ebene 6a+ (keine Haken)
10. 3er Weg 3
11. Sisyphus 5a/b
12. 5a/b
13. Shebel Sheik 6b
14. Hubert Aichner Ged. Führe 6a+
15. Affenhang 6c+/7a
16. Verschneidung 5a/b
17. Popkorn 7c
18. Sonja 7c
19. Whisky im Herbstwind 8a+/8b
20. Guana 8b+
21. Lochstreifen 7a+
22. Love Story 6a+
23. Weit aufi - platsch obi ?

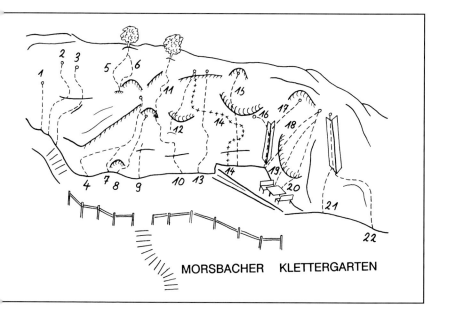

MORSBACHER KLETTERGARTEN

SCHLEIER WASSERFALL ****

Allgemein

Oftmals schon wurde ich gefragt, welches denn nun das schönste Klettergebiet in Österreich sei? Auf diese Frage kann ich ohne zu zögern den SCHLEIER WASSERFALL nennen! Natürlich gibt es in Österreich noch viele schöne Gebiete, wie zum Beispiel die Chinesische Mauer, das Dschungelbuch bei Innsbruck, die Ewigen Jagdgründe im Zillertal, die verstreuten Felsmassive im Unteren Ennstal, in der Wiener Ecke die Hohe Wand, den Peilstein oder den Thalhofer Grat. Doch im Klettergebiet SCHLEIER WASSERFALL, da stimmt einfach alles. Toller Fels, schöne Landschaft, kein Straßenlärm, der erfrischende Wasserfall und die himmlische Ruhe...

Angefangen hat alles mit der Sankt Johanner Klettergruppe, die nicht nur die einfacheren Routen einbohrte, sondern mit *Gulag 7a+*, *Black Jack 7b* oder *Tequila sunrise 7c*, um nur wenige zu nennen, auch härtere Anstiege eröffnete. Doch so richtig bekannt, über die Grenzen des Tiroler Landes hinaus, wurden die Felsen links und rechts des Wasserfalls erst, als Gerhard Hörhager, Georg Erlacher, Stefan Fürst und Hannes Rieser am Fels aktiv wurden. Sie eröffneten Routen im absoluten Spitzenbereich wie *Schrei aus Stein 8a+*, *Lichtjahre 8b+* oder *Mercy street 8b+*.

Alex Huber war es, der den Schleier Wasserfall zu einem der härtesten Klettergebiete in Europa »bohrte«. *Wassermusik 8b+*, *Big foot man 8b+/8c* oder *Résistance 8c* gehen auf sein Konto. Dann steigerte sich Alex nochmals, er eröffnete drei Routen im Schwierigkeitsgrad 8c+: *Black Power*, *Weiße Rose* und *Gambit*. Stefan Fürst meinte über die Leistung von Alex: »Es ist kaum zu glauben, daß man durch solche Überhänge und Dächer kletterbare Linien findet. Und das ganz ohne geschlagene Griffe«! Stefan weiß wovon er spricht, denn nach knapp zweiwöchiger Arbeit gelang ihm in *Gambit* die erste Wiederholung.

In vergangener Zeit hat der ÖAV am Wandfuß ein Trocken-WC aufgestellt. Eine lobenswerte Sache, doch der Standort ist etwas unglücklich gewählt worden. Das »Häuschen« befindet sich in unmittelbarer Nähe von *Mercy street* und *Résistance*. Die Erstbegeher waren darüber nicht sehr erfreut. Hätte man da nicht auch einen anderen Platz finden können!?

Lage

Cirka 14 Kilometer ostsüdöstlich von Kufstein und 11 Kilometer nordnordwestlich von Kitzbühel, am Fuße der Maukspitze.

Zufahrt

Von Kufstein auf der L 173 und B 312 in Richtung St. Johann/Kitzbühel. Kurz nach Going zweigt links (unmittelbar vor dem Hotelkomplex »Stanglwirt«) eine Straße in Richtung Prama ab. Auf dieser entlang, an der nächsten Straßengabelung nach rechts in Richtung

Badesee und immer der Ausschilderung »Wasserfall« folgen, bis zur ersten Rechtskehre im Wald. Dort geradeaus und auf einer Forststraße ansteigend zur Schranke (KOMPASS Wanderkarte 1:30 000, Nr. 09 »Kufstein Kaisergebirge«).	**Zufahrt**

Parkplatz bei der Schranke. **Parken**

An der Schranke vorbei (nicht über den Bach) und der Forststraße ansteigend folgend, bei der ersten Gabelung rechts über den Bach, bei der nächsten Gabelung NICHT nach links oder rechts (ausgeschildert mit »Wasserfall«), sondern die Forststraße verlassen und geradeaus durch das Viehgatter. Nun auf dem breiten Ziehweg ansteigend, bis dieser wieder auf die Forststraße trifft. Von dort der Ausschilderung »Wasserfall« zu den Einstiegen folgen. Gehzeit cirka 30 - 45 Minuten. **Zugang**
Ideal ist dieser Zugang auch mit dem Bike (zumindest bei der Rückkehr zum Auto). Bei dieser Variante folgt man den ausgeschilderten Forstwegen. Das letzte Stück (Wanderweg) muß dann jedoch zu Fuß zurückgelegt werden.

Die Felsen sind nach Süden ausgerichtet. **Lage der Felsen**

Parkplatz cirka 850 Meter, Einstiege 1100 Meter. **Meereshöhe**

Insgesamt cirka 80 Touren, davon noch einige Projekte. **Routenanzahl**
```
bis    4+  = keine Touren
bis    6a+ =  2 Touren
bis    6c+ = 16 Touren
bis    7b+ = 22 Touren
       7c  =  5 Touren
       7c+ =  7 Touren
       8a  =  6 Touren
       8a+ =  8 Touren
       8b  =  3 Touren
       8b+ =  4 Touren
  8b+/8c  =  1 Tour
       8c  =  1 Tour
       8c+ =  3 Touren
```

Die Routennamen stehen fast immer an den Einstiegen angeschrieben.

Sehr gut, Bohrhaken, teils kleine Bühler-Haken. Klemmkeile werden nicht benötigt. **Absicherung**

Rotpunkt Verlag   Österreich

SCHLEIER WASSERFALL **** 11

Felsstruktur	Kalk, meist senkrechter bis überhängender Fels. Im rechten Wandteil gelbliche Färbung.
Wandhöhe	15 - 40 Meter.
Beste Jahreszeit	Spätes Frühjahr, Sommer, Herbst.
Topo	Zur Zeit ist kein Führer erhältlich.
Übernachtung	– Camping »Michelhof«, 6380 St. Johann, Tel. 0 53 52/25 84. Preise: Pro Person ÖS 55; Kinder 3 - 14 Jahre ÖS 35; Kinder bis 3 Jahre frei; Auto ÖS 35; Zelt ÖS 25 - 35; Hund ÖS 40; Kurtaxe incl; in den Monaten Juli und August ÖS 10 Müllgebühr. Ganzjährig geöffnet.
	– Camping »Schwarzsee«, Reitherstr. 24, 6370 Kitzbühel, Tel. 0 53 56/28 06. Preise: Pro Person ÖS 85; Kinder bis 12 Jahre ÖS 63; Platz ÖS 105; Kurtaxe ÖS 6. Der Campingplatz befindet sich cirka 8 km vom »Stanglwirt« entfernt. Ganzjährig geöffnet. Weitere Campingplätze in Richtung Kufstein.
Lebensmittel	Kleinere Lebensmittelgeschäfte sowie ein Supermarkt in Going.
Wasser	Auf dem Weg zum Parkplatz befindet sich ein Brunnen. Desweiteren gibt es oben am Felsmassiv eine Quelle.
Hallenbad	– In St. Johann »Freizeitzentrum«, Paß-Thurn-Straße 3, Tel. 0 53 52/26 25. Öffnungszeiten: Täglich von 9.00 - 21.00 Uhr.
	– In Ellmau »Kaiser Bad« (tolles Erlebnisbad), Tel. 0 53 58/38 11 oder 38 12. Öffnungszeiten: Im Winter täglich von 9.30 - 21.00 Uhr, im Sommer (Hallen-Freibad) von 9.00 - 20.00 Uhr.
Sportgeschäft	In St. Johann »Sportgeschäft Christl Haas, Hornweg 7, Tel. 0 53 52/28 88.
Touristenbüro	– 6353 Going, Tel. 0 53 58/24 38. Öffnungszeiten: Mo. bis Fr. von 8.00 - 12.00 Uhr und 14.00 - 17.00 Uhr, Sa. von 8.00 - 12.00 Uhr.
	– St. Johann, Tel. 0 53 52/22 18. Öffnungszeiten: Mo. bis Fr. von 8.00 - 12.00 Uhr und 14.00 - 18.00 Uhr, Sa. von 8.30 - 12.00 Uhr und 16.00 - 18.00 Uhr.

TRAUMSACK | RUCK-ZACK

Das ideale Schlafmittel: Silhuett® von FJÄLLRÄVEN. Für heiße Nächte – auch bei Minusgraden. Mit drei Klimazonen für optimale Wärmeverteilung. Genialer Bewegungsfreiheit. In erstklassiger Qualität. Oder was hatten Sie erwartet? FJÄLLRÄVEN. Die Outdoor-Profis.

Schnell gepackt. Alles sicher verstaut. Und dann Ruckzuck in die Natur. Mit Rucksäcken von FJÄLLRÄVEN, dem Outdoor-Spezialisten. Für jeden Träger, für alle Touren - drei Systeme stehen zur Wahl. Einfach, robust und aus absolut funktionstüchtigen Materialien. Und Ihre Ausrüstung ist auf Zack.

KATALOG GRATIS: FJÄLLRÄVEN
TEL: 089/32 46 35-0 · FAX: 089/32 46 35-10 · ABT. RP 1
POSTFACH 46 03 05 · 80911 MÜNCHEN

Schlafsack Silhuett®

Rucksack Atmosphere

FJÄLL RÄVEN
Der Natur auf der Spur

SCHLEIER WASSERFALL ****

Übersicht
der Sektoren

Sektor A	**LINKER WANDTEIL**	
Sektor B	**NUMBER ONE**	
Sektor C	**WHITE WINDS**	Seite 187
Sektor D	**DETTO DEL BUOUX**	Seite 189

Routen
Sektor A

LINKER WANDTEIL

Dieser Sektor befindet sich cirka 10 Minuten links vom Sektor B.

1. Dornröschen 7a
2. Second Birthday 7a+
3. Projekt
4. Schlangenbiß I 6c+
5. Schlangenbiß II 7b
6. Minimundus 6b
7. Bingo Bongo 6c+
8. Knusper Zapfen 7c
9. Schwing dei Ding 7b+
10. Warten auf Nina 7a
11. Wer zuletzt lacht 6c+
12. Moon walk 7b/7b+
13. Skywalk 7b
14. Teamwork 6c+
15. Merci Cheri 7b+
16. Ein Fall für Stille 6c+
17. Jom Juli 6c
18. 7b+
19. Projekt
20. Projekt

Routen
Sektor B

NUMBER ONE

1. Projekt
2. Dingsda 6c+
3. 7a+
4. Nid hi gaggen 7c/7c+
5. Projekt
6. Projekt
7. Chiquita 8a+
8. Sternenpolierer 6c
9. Projekt
10. Beng... 8a
11. Aqualung 7c

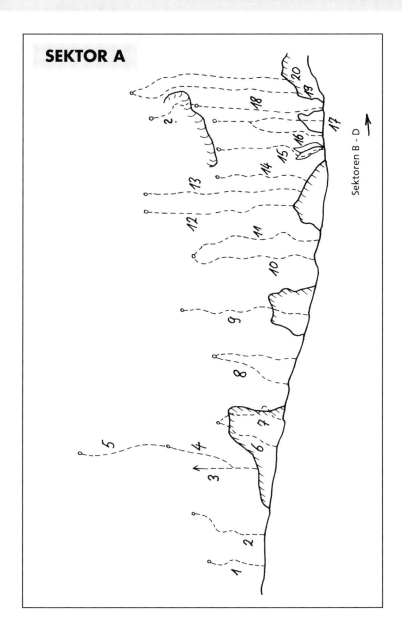

SCHLEIER WASSERFALL ****

SEKTOR B

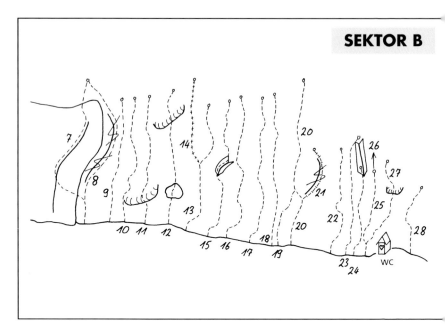

Routen Sektor B

12. Fido Dido 7c
13. Number one 7b (oben rechts weg)
14. Number one - direkt 7b (oben gerade hoch)
15. Traveling hearts 8a
16. Tanzbär 7b+
17. Patient line 7c+
18. Die letzte Sau 8a
19. Sika Sau 7c+ (oben wie Nr. 20)
20. Sikamat 8a+ (oben linkshaltend)
21. Wien ist anders 8a+ (Einst. wie Nr. 20, oben rechts weg)
22. Tokamak 8b
23. Schrei aus Stein 8a+
24. Lichtjahre 8b+
25. Mercy street 8b+
26. Projekt (Verlängerung der Nr. 25)
27. Résistance 8c (Einst. wie Nr. 26, dann rechts weg)

WC

28. Buffalo Soldier 7c+

WHITE WINDS

Routen Sektor C

1. 08/15 6c+ (Einst. auf schrägem Band)
2. Moritz 7b (Einst. auf schrägem Band)
3. Sigis Bohrkarriere 7b+
4. Rust never sleeps II 7c/7c+
5. Rust never sleeps I 7b+

6. Klettersteig

7. Projekt (Einst. von Terrasse)
8. Projekt (Einst. von Terrasse)
9. Projekt (Einst. von Terrasse)
10. Dizzkneeland 8a
11. Projekt
12. Calimero 7b
13. Schluzkrapfen 6b+
14. Jo Jo Joke 5b
15. Art Rock 6b+
16. Chocolat 6a+
17. Helpless 8a (Einst. dir. hinter der Bank)
18. Vorbeibanxlhupfa 6b

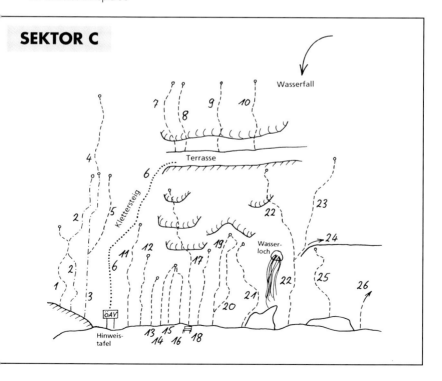

SEKTOR C

SCHLEIER WASSERFALL ****

Routen
Sektor C

19. Al Capone 6b+
20. Flower power 7a
21. Permanent vacation 7a+
22. Chaos 8b
23. Wassermusik 8b+

24. Zustieg zur Nr. 28 u. 29)

25. Überraschung 7b (Einst. oben auf Vorblock)
26. World of wonders 8a
27. White Winds 8a+
28. Projekt (Einstieg in Wandmitte)
29. Weiße Rose 8c+ (Einst. in Wandmitte)
30. Big foot man 8b+/8c

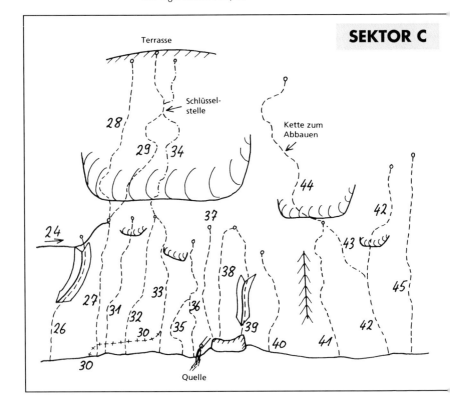

31. La Pulce d'Aqua 8b **Routen**
32. Projekt **Sektor C**
33. Cool your foot man 8a+
34. Black Power 8c+ (Einst. in Wandmitte)
35. Top 10 8a+
36. Ziag o 7c+
37. Gulag 7a+
38. Tequila sunrise 7c
39. Black Jack 7b
40. Herz 7c+
41. Projekt
42. Happy Biceps to you 8b+
43. Damen Gambit 8a+
44. Gambit 8c+
45. Projekt

DETTO DEL BUOUX
Routen
Etwa 5 Minuten rechts vom Sektor C. **Sektor D**

1. When friends married 6c
2. Detto del Buoux 7b

rechts der Kante
3. Stilleben 6c+
4. Espinosa

HOHLWEGEN * *

Allgemein

Viele unter uns werden den Namen HOHLWEGEN zum ersten Mal hören. Hohlwegen ist das Tal zwischen Lofer und Saalfelden im Bundesland Salzburg. Ausgangspunkt zu unserem Klettergebiet ist Weißbach, das in erster Linie durch die Seisenbergklamm (Naturdenkmal) bekannt geworden ist. Die Klamm ist etwa 600 m lang, bis zu 50 m tief und an ihrer engsten Stelle gerade mal 80 cm breit. Von Anfang Mai bis Ende Oktober kann die Schlucht besichtigt werden (Dauer etwa eine Stunde).

Kommen wir zu den Felsmassiven in HOHLWEGEN. Der Sportkletterboom in HOHLWEGEN begann etwa vor 10 - 12 Jahren, maßgeblich daran beteiligt war Mike Stöger, der schon sehr früh den Schwierigkeitsgrad bis 8b/8b+ (BARBARENLAND) in die Höhe trieb. Doch dies soll jetzt nicht den Anschein erwecken, daß es in diesem Klettergebiet nur sehr harte Routen gibt, der Anfänger hat die Möglichkeit, sich im WEISSBACHER KLETTERGARTEN (Hauptsektor 1) oder dem BUNDESHEERKLETTERGARTEN (Hauptsektor 3) zu versuchen. Wem diese Anstiege zu einfach sind, sollte beim KLEINEN VERDON (Hauptsektor 1) vorbeischauen, dort gibt es eine Menge netter Routen im Bereich 5b bis 6a+. Eher unlohnend erschien uns die Kletterei im ALTEN KLETTERGARTEN (Hauptsektor 3), doch schaut vorbei und bildet Euch Euer eigenes Urteil.

Zum Übernachten wäre neben dem Campingplatz »Grubhof« (sehr schöner Platz, nette Besitzer und auch idealer Ausgangspunkt der Kajakfahrer) noch die Ferienwiese des ÖAV zu erwähnen. Nähere Angaben hierzu unter der Rubrick »Übernachten«.

Lage

Zwischen Lofer und Saalfelden, cirka 36 Kilometer südsüdwestlich von Salzburg.

Zufahrt

Von München auf der Autobahn A 8 in Richtung Salzburg, bis zur Ausfahrt Traunstein/Siegsdorf. Von dort in südlicher Richtung, über den Steinpaß (Grenzübergang) und auf der B 312 nach Lofer. Nun weiter auf der B 311 in Richtung Saalfelden/Zell am See nach Weißbach (KOMPASS Wanderkarte 1:35 000, Nr. 014 »Loferer Steinberge«). Weitere Zufahrt siehe jeweiliger Hauptsektor.

Parken/Zugang

Siehe jeweiliger Hauptsektor.

Meereshöhe

670 Meter.

Beste Jahreszeit

Frühjahr, Sommer, Herbst.

Topo

Zur Zeit gibt es keinen Topoführer.

Übernachtung

– Camping »Park Grubhof«, Familie Mory, 5092 St. Martin (bei Lofer). Tel. und Fax 0 65 88/2 37 oder 4 05. Cirka 8 Kilometer von Weißbach Richtung Lofer. Preise: Pro Person ÖS 51; Kinder bis 14 Jahren ÖS 31; Auto ÖS 27; kleines Zelt ÖS 26; großes Zelt ÖS 37; Hund ÖS 10; Kurtaxe ÖS 9. Ferienhäuschen: Für 2 Personen ÖS 104, für 4 Personen ÖS 184 - 203 zuzüglich Personen- und Autogebühr sowie Kurtaxe. Öffnungszeiten: vom 1. Mai bis 30. September. Schöner geräumiger Campingplatz direkt an der Saalach, mit großer Spielwiese. Idealer Ausgangspunkt auch für Kajakfahrer. Sehr nette Besitzer.

– Jugend- und Familienzeltplatz »ÖAV-Ferienwiese« Österreichischer Alpenverein, 5093 Weißbach. Anschrift: ÖAV, Wilhelm-Greil-Straße 15, 6010 Innsbruck, Tel. 05 12/5 95 47. Übernachtung nur mit AV-Ausweis. Preise: Pro Person ÖS 75, Kinder und Jugendliche von 6 bis 14 Jahren ÖS 55, Kinder bis 6 Jahre frei, Familien mit Kindern über 6 Jahren ÖS 170. Öffnungszeiten: von Ende Mai bis September. Anmeldung in dieser Zeit unter der Rufnummer 0 65 82/82 36.

Lebensmittel

Der nächste große Supermarkt befindet sich in Saalfelden bzw. Lofer.

Wasser

Brunnen in Weißbach.

Hallenbad

– In Unken (Richtung Salzburg) »Freizeitzentrum«, Tel. 0 65 89/3 00. Öffnungszeiten: Im Sommer täglich von 10.00 - 21.00 Uhr, im Winter täglich von 14.00 - 21.00 Uhr (am besten nochmals telefonisch nachfragen).

– In Zell am See in der Steinergasse, Tel. 0 65 42/33 88. Öffnungszeiten: Täglich von 10.00 - 22.00 Uhr.

Sportgeschäft

– In Saalfelden, »Sport Hruby«, Am Rathausplatz 2, Tel. 0 65 82/22 56 (etwas spärlich ausgestattet).

– In Zell am See, »Bergsport Schranz« Saalfeldner Straße 4, Tel. 0 65 42/27 90 (sehr gut ausgestattet).

Touristenbüro

– 5093 Weißbach, (im Gemeindeamt bzw. Postamt direkt bei der Hauptstraße), Tel. 0 65 82/83 52 oder 83 83. Öffnungszeiten: Mo. bis Fr. von 8.00 - 12.00 und 14.00 - 17.00 Uhr.

– 5760 Saalfelden, Bahnhofstraße 10. Tel. 0 65 82/25 13. Öffnungszeiten: Mo. bis Fr. von 8.00 - 12.00 und 14.00 - 18.00 Uhr, Sa. von 9.00 - 12.00 Uhr.

HOHLWEGEN ** 12

Touristenbüro	– 5090 Lofer, Tel. 0 65 88/3 22 oder 32 10. Öffnungszeiten: Mo. bis Fr. von 8.30 - 12.00 und 14.00 - 18.00 Uhr. In der Hochsaison Sa. von 9.00 - 12.00 Uhr und So. von 9.30 - 11.30 Uhr.
Übersicht der Hauptsektoren	Hauptsektor 1 **SEISENBERGKLAMM ** Seite 194 Hauptsektor 2 **BARBARENLAND ** Seite 200 Hauptsektor 3 **ÜBUNGSFELSEN *** Seite 202

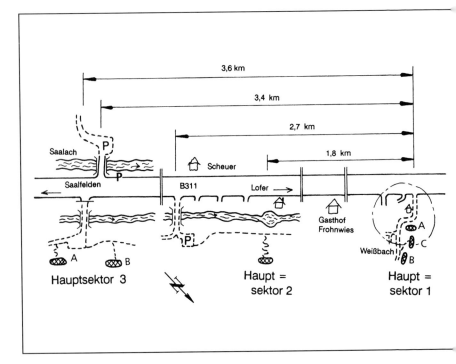

Wenn Sie beim Klettersport
hoch hinaus wollen
sind wir Ihr Partner

Bergsport Schranz

Ihr erfahrenes Spezialgeschäft
rund um's Bergerlebnis
mit der großen
Auswahl!

Bergsport Schranz

5700 Zell am See
Saalfeldnerstraße 4
Telefon 06542/2790

...denn die richtige Ausrüstung ist Vertrauenssache!

HOHLWEGEN - Seisenbergklamm **

Zufahrt und Parken	1 Kilometer nach der Lamprechtshöhle (von Lofer kommend) zweigt links eine Straße zur »Seisenbergklamm« ab, auf dieser entlang zum ausgeschilderten Parkplatz.
Zugang/ Lage der Felsen	Siehe jeweiliger Sektor und Skizze Seite 195.
Routenanzahl	Insgesamt cirka 50 Touren. bis 4+ = 2 Touren bis 6a+ = 26 Touren bis 6c+ = 17 Touren bis 7b+ = 5 Touren 7c = 1 Tour 7c+ = 1 Tour 8a = 1 Tour Im Sektor A stehen die Routennamen nur vereinzelt, in den Sektoren B und C fast immer an den Einstiegen angeschrieben.
Absicherung	Sehr gut, Bohrhaken (teils etwas älter), kleine Bühler-Haken sowie Ringhaken. Klemmkeile werden nicht benötigt.
Felsstruktur	Kalk. Meist senkrechter bis überhängender Fels, teils plattig.
Wandhöhe	Siehe jeweiliger Sektor.
Übersicht der Sektoren	Sektor A **WEISSBACHER KLETTERGARTEN** Sektor B **DAS KLEINE VERDON - STRASSE** Seite 197 Sektor C **DAS KLEINE VERDON - WALD** Seite 198
Sektor A	**WEISSBACHER KLETTERGARTEN**
Zugang	Vom Parkplatz in Richtung »Seisenbergklamm«, nach der Brücke links in Richtung Gasthof »Seisenbergklamm«, bis nach 200 m rechts ein deutlicher Pfad steil ansteigend zum Einstiegsband führt. Gehzeit cirka 4 Minuten.
Lage der Felsen	Das Felsmassiv ist nach Südwesten ausgerichtet.
Wandhöhe	10 - 50 Meter.

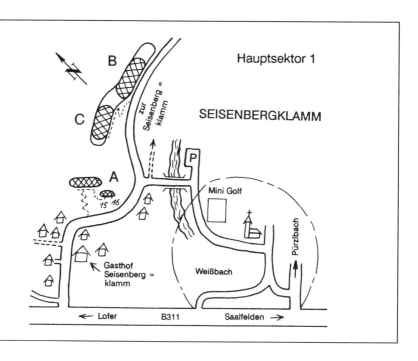

Campingmöglichkeit zu jeder Tages- und Nachtzeit!

Der ideale Treffpunkt für Kletterer und Kanuten.

Viel Idylle direkt an der Saalach

HOHLWEGEN - Seisenbergklamm **

Routen
Sektor A

1. Do it 5a
2. Fünferweg 5b (rot)
3. 5a/b (weiß)
4. Secret love 7a+
5. Finale 5b
6. Spieglein 6a/6a+
7. Hard step 6b+
8. Let's go Joe 6b/6b+
9. Sky 6a/6a+
10. Directe 5c (weiß)
11. Micro 6a
12. 4+ (weiß)
13. Dreier Weg 3+ (weiß)
14. VS 5a

Rechter Nebenfels (DAS PUFF)
15. Mitten durchs Puff 6b+
16. Puffmutter 6a+

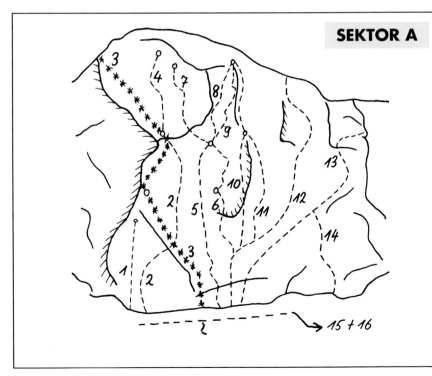

DAS KLEINE VERDON - STRASSE — Sektor B

Vom Parkplatz in Richtung »Seisenbergklamm«, nach der Brücke rechts (ausgeschildert in Richtung »Jägersteig«) und auf schmaler geteerter Straße steil ansteigend zum Felsmassiv direkt neben der Straße (siehe Skizze Seite 195). Gehzeit cirka 3 Minuten. — Zugang

Das Felsmassiv ist nach Süden ausgerichtet. — **Lage der Felsen**

6 - 20 Meter. — **Wandhöhe**

Routen Sektor B

1. Eföntül 6a
2. Scheiße 6a+ (Einst. über den Initialen »K.K«)
3. Easy 6b
4. Not so easy 7a+ (Einst. wie Nr. 3, dann rechtshaltend)
5. Hot line 6b
6. Prinzgau 6c+
7. Papa's Riß 6a
8. Big trouble 6c+
9. Muaz kuaz 6a

20 Meter rechts
10. High voltage 6b (Einst. links oben, beim Baum)
11. Gelbsucht 6c+ (Einst. links oben, beim Baum)
12. Roma 7b
13. Ätsch 6b+
14. Flamingo 6a (2. SL von Nr.13)
15. Entsafter 6a+
16. Do it 5b
17. 1ST 5b
18. Hercules 6a
19. Micky 6a
20. Maus 5c

20 Meter rechts
21. ÖAV Sportklettercamp 94 6b

HOHLWEGEN - Seisenbergklamm **

Sektor C	**DAS KLEINE VERDON - WALD**
Zugang	Wie Sektor B, von dessen linkem Wandteil auf anfangs breitem Weg – der zu einem Pfad wird – und weiter über Stufen zum Felsmassiv (siehe Skizze Seite 195). Gehzeit cirka 5 Minuten.
Lage der Felsen	Das Felsmassiv ist nach Süden ausgerichtet.
Wandhöhe	10 - 35 Meter.
Routen Sektor C	**! Die Routen in diesem Sektor sind von rechts nach links aufgelistet!**

1. Arsch 7b+ (links von Verschneidung)
2. Killer Pussy 1.SL 7a/2.SL 7a+
3. Das Damen 1.SL 6b+/2.SL 6c+
4. Laut und Luise 1.SL 6b+/2.SL 7a
5. Yellow Biafra 8a
6. Black and white 6a
7. Figurella 6b+
8. Figurella-direkt 6b
9. Power Vibrator 7c+
10. Espandrillo 6a+
11. El Crochones 6a
12. Blond und eng 1.SL 6a/2.SL 6b+/3.SL 6a
13. Miss Bigi 6a
14. Pretty vacant 7c
15. Vietnam 6a+
16. Heugenhauser Gedächtnisweg 6b (direkt 6b+)

SEKTOR C

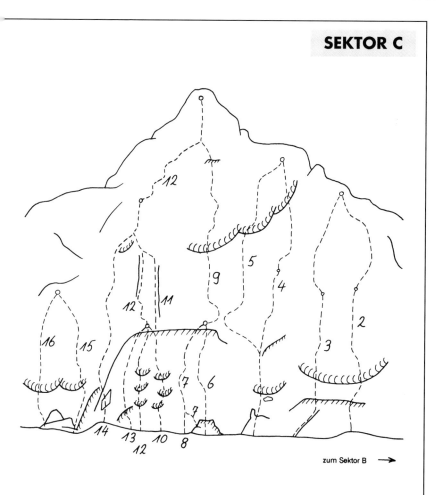

zum Sektor B →

HOHLWEGEN - Barbarenland **

Zufahrt/Parken	Von Weißbach (siehe Hauptsektor 1) in Richtung Saalfelden, bis nach 2,7 km (cirka 200 m nach einer Scheuer) ein Feldweg links abzweigt. Auf diesem zum Parkplatz (siehe Skizze Seite 192).
Zugang	Vom Parkplatz auf dem Wanderweg etwa 7 - 8 Minuten bachabwärts, bis rechts (cirka 150 m vor dem Wohnhaus mit See) ein deutlicher Pfad in Serpentinen zum sichtbaren Felsmassiv führt (siehe Skizze Seite 192). Gehzeit insgesamt 9 - 10 Minuten.
Lage der Felsen	Das Felsmassiv ist nach Südwesten ausgerichtet.
Routenanzahl	Insgesamt 21 Touren. bis 4+ = keine Touren bis 6a+ = 3 Touren bis 6c+ = 7 Touren bis 7b+ = 3 Touren 8a = 2 Touren 8a+ = 2 Touren 8b = 2 Touren 8b/8b+ = 1 Tour Die Routennamen stehen fast alle an den Einstiegen angeschrieben.
Absicherung	Sehr gut, Bohrhaken. Klemmkeile werden nicht benötigt.
Felsstruktur	Kalk. Plattiger, senkrechter bis überhängender Fels, durchsetzt mit kleinen, bauchigen Dächern. Viele kleine Leisten.
Wandhöhe	15 - 30 Meter.
Routen	1. Hoppala 6b 2. Marihuanatrip 5c 3. Nymphomania 6a+ 4. Hilti baby 6b+ (2.SL von Nr. 3) 5. Pleitegeier 6c+ 6. Nelson Mandela 7a+ 7. Halloween 8a+ 8. Love muscle 8a 9. Zum kühlen Bier 6b 10. Bierbauch 7b (2.SL von Nr. 9) 11. Tittenmaus 7b+ 12. Marspower 8b/8b+ (Ausbruch nicht benutzen) 13. Conan der Barbar 8a+ 14. Batman 8b

15. Zerrerschwein 8a+/8b
16. Jack's Tripper ?
17. Jack the Ripper 8a
18. Oh Fuck 6b+
19. König Laurin 6c+
20. Schwiegervater 6c+
21. Germanenpfad 6a (2.SL von Nr. 20)

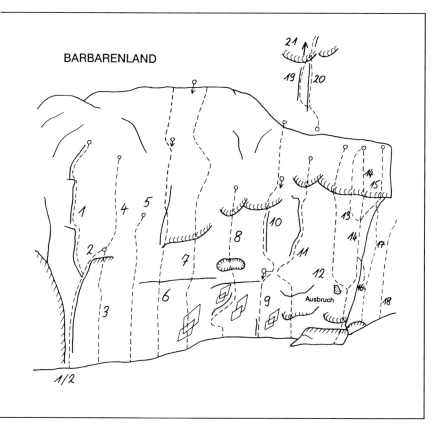

HOHLWEGEN - Übungsfelsen *

Zufahrt/Parken	Von Weißbach (siehe Hauptsektor 1) auf der B 311 3,4 km in Richtung Saalfelden, bis rechts eine Brücke über die Saalach führt. Dort (vor der Brücke) am Straßenrand parken oder über die Brücke fahren und danach parken (siehe Skizze Seite 192).
Lage der Felsen	Die Felsen sind nach Südwesten bzw. Südosten ausgerichtet.
Routenanzahl	Insgesamt cirka 60 Touren, wobei nachfolgend nur die 30 Routen vom Sektor B näher beschrieben sind. bis 4+ = keine Touren bis 6a+ = 14 Touren bis 6c+ = 7 Touren bis 7b+ = 5 Touren 7c = 1 Tour Im Sektor B stehen die Routennamen an den Einstiegen angeschrieben.
Absicherung	Meist sehr gut, Bohrhaken. Im Sektor B werden keine Klemmkeile benötigt, wobei im Sektor A zusätzliche Absicherungen gelegt werden können.
Felsstruktur	Kalk, im Sektor B ist der Fels senkrecht bis überhängend.
Wandhöhe	10 - 20 Meter.
Übersicht der Sektoren	Sektor A **BUNDESHEERKLETTERGARTEN** Sektor B **ALTER KLETTERGARTEN** Seite 203
Sektor A	**BUNDESHEERKLETTERGARTEN**
Zugang	Vom Parkplatz etwa 200 m am Rande der Bundesstraße in Richtung Saalfelden, bis links ein Feldweg abzweigt (Schranke). Auf diesem entlang, über den Bach, anschließend nach rechts und in wenigen Schritten zum sichtbaren Felsmassiv. Gehzeit cirka 3 Minuten.
Allgemeine Fakten	In diesem Sektor gibt es verschiedene Touren, die mit unterschiedlichen Farben gekennzeichnet sind: weiß = Schwierigkeitsgrad 2; gelb = 3; blau = 4; rot = 5a. Desweiteren gibt es noch etwa 25 Routen im Bereich 5b bis 6b.

ALTER KLETTERGARTEN Sektor B

Wie zum Sektor A über den Bach, anschließend nach links und auf deutlichem Pfad cirka 5 Minuten bachabwärts, bis mitten auf dem Wanderweg ein großer Stein liegt. Unmittelbar danach führt rechts ein Pfad in wenigen Schritten zum Felsmassiv. Gehzeit 6 - 7 Minuten. Zugang

Südwestseite Routen
1. Steinzeiter. 6a (Einst. oben auf Band) Sektor B
2. Die rasende Wildsau 6b (Einst. oben auf Band)
3. Reiberl 5b/c (Einst. oben auf Band)
4. Yety Pfeiler 6a
5. Rumpel die Pumpel weg ist der Kumpel 6b
6. Erdnußflipp 7a
7. Gläserner Horizont 6b+
8. Claudia 5b/c
9. Projekt
10. Projekt
11. Low Rider Projekt
12. Dampfhammer 7a+
13. Zerbrochener Spiegel 7a+
14. Out of control 7c+

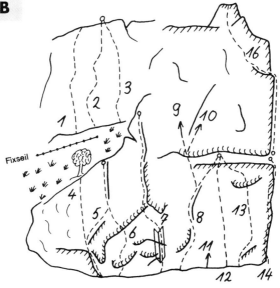

SEKTOR B

HOHLWEGEN - Übungsfelsen *   12

Routen
Sektor B

15. Brösl 6b
16. Phönix 6b+ (2.SL von Nr. 15)
17. Jungfrau 6a+
18. High voltage 6c+ (oben gleich wie Nr. 17)
19. Fingertwist 6a
20. Riß 5c (2.SL von Nr. 19)
21. Fakierdach 7b+
22. No:1 5c (oben gleich wie Nr. 21)
23. Riß 5c (2.SL von Nr. 22)
24. Saftpresse 6a (Einst. oben rechts von Nr. 23)
25. Des Teufels Pferdefuß 7a+
26. Jugendstil 6a+
27. Herzklopfen 6a+

Südostseite
28. Ameisentrail 6b+
29. Wampenriß 5c
30. Amadeus 5c
31. Alternative 4 (1 m rechts von Nr. 30; keine Haken)

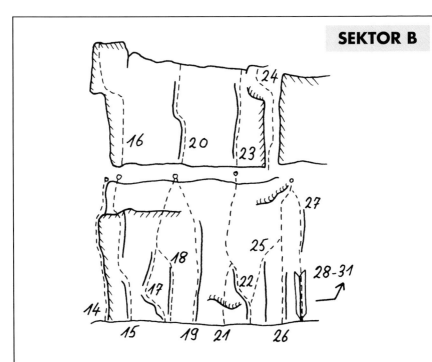

SEKTOR B

nnovation aus Tradition..

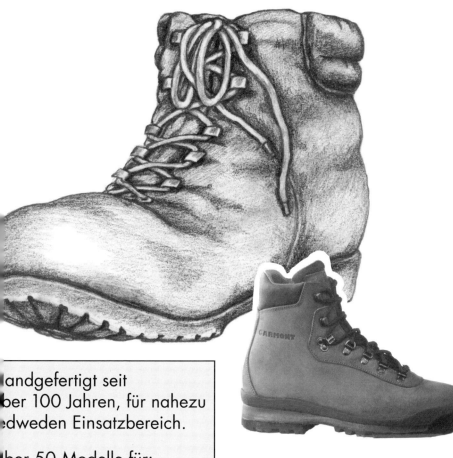

Sherpa

andgefertigt seit
ber 100 Jahren, für nahezu
edweden Einsatzbereich.

ber 50 Modelle für:

- LIMBING
- AY HIKING
- IKING
- REKKING
- EAVY TREKKING
- ACKPACKING
- E CLIMBING
- ELEMARK

Händlernachweis über:

 GARMONT SRL
CALZATURIFICIO MORLIN

Deutschlandvertretung
G-Line Handelsgesellschaft m.b.H.
Letter Straße 50, 33442 Herzebrock-Clarholz
Telefon 05245/6848
Telefax 05245/6885

FALKENSTEIN **

Allgemein

»Herzlich willkommen in St. Gilgen, dem Mozart-Dorf am Wolfgangsee«, mit diesen Worten lockt der Ort St. Gilgen seine Gäste. Der See, in unseren Kreisen nur als Wolfgangsee bekannt, wurde erst in neuerer Zeit umbenannt. Nun der Wolfgang Amadeus Mozart hat schon einiges bewegt, viele Dinge werden mit seinem Namen in Verbindung gebracht. Im heutigen Bezirksgericht zu St. Gilgen wurde Mozarts Mutter 1720 geboren. 1747 heiratete sie den aus Augsburg stammenden Musiker und Komponisten Leopold Mozart. Sieben Kinder wurden in der Familie geboren, von denen nur Wolfgang Amadeus (27.1.1756) und Maria Anna Walburga Ignatia überlebten. Schon sehr früh bemerkte der Vater die außergewöhnliche musikalische Begabung seines Sohnes. Als Sechsjähriger gab er in Wien und München Klavierkonzerte, Musikreisen durch Europa schlossen sich an. Als Dreizehnjähriger wurde er erzbischöflicher Konzertmeister in Salzburg. 1782 heiratete er die aus Mannheim stammende Constanze Weber und lebte in Wien bis er am 5. Dezember 1791 an einer schleichenden Krankheit verstarb. Mit Wolfgang Amadeus Mozart wirbt also St. Gilgen, und wenn der Ort nicht von einer Touristenwelle überschwemmt ist, kann es dort recht gemütlich sein.

Weniger bekannt sind die Felsen direkt am See, Klettern und anschließendes Baden kann ideal miteinander verbunden werden. Die Einstiege der meisten Routen erreicht man nur durch Abseilen oder mit einem Boot. Etwas lästig ist die Parkplatzgebühr, die an schönen Tagen dem Grundbesitzer bezahlt werden muß. Von den 14 Routen wollen wir eine herauspicken, nämlich *Bubi go home*. Manch einer wird sich fragen, warum am Einstiegsdach geschlagene Griffe im Fels sind. Der Name läßt schon darauf schließen, um welchen »bösen« Buben es sich handelt. Genau, Thomas Bubendorfer war es, der die Griffe bei Werbeaufnahmen fürs Fernsehen benötigte. Ganz besonders geärgert hat sich darüber der Lenz Hammerl, denn er hat diese Route geputzt. Genau an jenem Tag, als er zum Einbohren und Erstbegehen kam, arbeitete das Filmteam an seinem Projekt. Einen schwachen Trost hatte der Lenz dann doch noch, er mußte nicht lange nach einem geeigneten Tourennamen suchen.

Genug der Ironie. Zum Schluß noch der Hinweis auf die Route *Seenot* von Hans Gassner. Dabei handelt es sich um eine 8- Seillängen-Tour mit insgesamt 71 Sicherungspunkten. Entweder man seilt von oben in ausgesetzter Manier 3 x 50 m ab, oder man mietet sich ein Bootstaxi und läßt sich ranschippern. Auf jeden Fall lohnt sich die Kletterei und auch der etwas abendteuerliche Zugang.

Cirka 36 Kilometer östlich von Salzburg, unmittelbar südöstlich von St. Gilgen, direkt am Ufer des Wolfgangsees (KOMPASS Wanderkarte 1:35 000, Nr. 018 »Wolfgangsee«).	**Lage**
Auf der Autobahn A 1 von Salzburg in Richtung Wien, zur Ausfahrt Mondsee. Von dort auf der B 154 in Richtung St. Gilgen, bis 1,7 Kilometer vor St. Gilgen eine Straße nach Winkl abzweigt. Auf dieser durch Winkl hindurch, der Ausschilderung Gasthof »Fürberg« folgen und auf schmaler Straße, teils steil bergab, zum Wolfgangsee. Am Seeufer nach links (rechts geht's zum Gasthof »Fürberg«) bis zu einer Schranke, die im Sommer (an Badetagen) von 10.00 - 19.00 Uhr geöffnet ist. In dieser Zeit kann man dann bis zum Ende der Schotterstraße weiterfahren und dort parken. Im Frühjahr und Herbst sowie an schattigen Tagen ist die Schranke geschlossen und das Fahrzeug kann unmittelbar vor der Schranke abgestellt werden. Da die gesamte Zufahrt sowie der Zugang Privatbesitz sind, wird (meist nur an schönen Tagen) vom Eigentümer (Gasthof »Fürberg«) eine Wege- bzw. Platzgebühr verlangt. Pro Auto ÖS 20; pro Person ÖS 20, dabei spielt es keine Rolle, ob das Fahrzeug vor oder nach der Schranke abgestellt wird.	**Zufahrt/ Parken**
Vom Ende der Schotterstraße geht man auf schmalem Pfad über dem Seeufer entlang zum Felsmassiv. Von dort wird zu den Einstiegen abgeseilt. Gehzeit von der Schranke zum Felsmassiv cirka 12 Minuten, vom Ende des Schotterweges 2 - 3 Minuten. Desweiteren besteht die Möglichkeit beim Gasthof »Fürberg« ein Boot zu leihen und zu den Einstiegen zu rudern. Leihgebühr: 1/2 Tag ÖS 80, ganzer Tag ÖS 140. Zur Route Seenot gibt es zwei Möglichkeiten: Entweder vom Gasthof »Fürberg auf dem Wanderweg Nr. 28 in Richtung Felsmassiv, bei der ersten Abzweigung rechts in Richtung »Scheffelblick«. Gelbe Markierungsbänder leiten zur Abseilstelle. Gehzeit cirka 30 Minuten. Abseilen 3 x 50 m. Oder vom Gasthof »Fürberg« mit dem Bootstaxi der Wasserskischule »Engl« (Tel. 0 62 27/71 01) zum Einstieg. Die zuständigen Leute wissen den Weg zum Einstieg. Preis für eine Fahrt ÖS 200. Im Boot anseilen!	**Zugang**
Das Felsmassiv ist nach Südwesten ausgerichtet und grenzt an den Wolfgangsee.	**Lage der Felsen**
550 Meter.	**Meereshöhe**

FALKENSTEIN **

Routenanzahl Insgesamt 13 Touren.
bis 4+ = 1 Tour
bis 6a+ = 2 Touren
bis 6c+ = 3 Touren
bis 7b+ = 5 Touren
bis 7c+ = 1 Tour

Die Routennamen stehen nicht am Fels angeschrieben.

Absicherung Meist sehr gut. Bohrhaken, teils Tohrstahlbügel. Klemmkeile werden nicht benötigt.

Felsstruktur Kalk, anspruchsvolle Wand- und Plattenkletterei.

Wandhöhe 25 - 50 Meter.

Beste Jahreszeit Frühjahr, Sommer, Herbst

Touristenbüro 5340 St. Gilgen, Mozartplatz 1, Tel. 0 62 27/72 67 oder 348. Öffnungszeiten: Mo. bis Fr. von 9.00 - 12.00 und 14.00 - 17.00 Uhr. In den Monaten Juli und August abends bis 18.00 Uhr und Sa. sowie So. von 9.00 - 12.00 Uhr geöffnet.

Routen **! Die Einstiege erreicht man durch Abseilen!**

1. Bergführerkante 1.SL 4+/2.SL 4+ (gleichzeitig Abseilpiste)
2. Room to move 7c+
3. Idefix 7b+
4. Erosion 1.SL 6b+/2.SL 6b+
5. Sengbaum Trail 1.SL 6a+/2.SL 6a+
6. Weberknecht 7b+

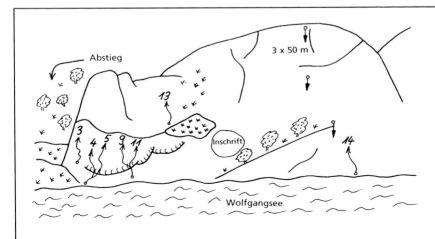

Routen

7. Rapunzel 6b+
8. Zehentanz 1.SL 6a+/2.SL 5c/3.SL 6a+
9. Bubi go home 1.SL 6b+/2.SL 7a
10. Science fiction Projekt
11. Burli on flight 1.SL 7a/2.SL 6c
12. Shakti 6c+
13. Barriere 7b+ (abseilend von Nr. 8 erreicht man den Einstieg)
14. Seenot 1.SL 5a/2.SL 5a/3.SL 4/4.SL 5a/b/5.SL 5a/
    6.SL 5c (oder 5a-A0)/7.SL 5a/b/8.SL 5a

PLOMBERG-STEIN

Nordwestlich von St. Gilgen gibt es noch ein weiteres Klettergebiet, den PLOMBERGSTEIN. Da ein Teil des Massivs Privatbesitz ist und die Locals die Gefahr einer Felssperrung sehen, verzichtete ich auch in dieser Ausgabe auf eine nähere Beschreibung.
Kurz das Wichtigste: Die Touren befinden sich fast alle in den oberen Schwierigkeitsgraden. Der Fels ist meist senkrecht bis

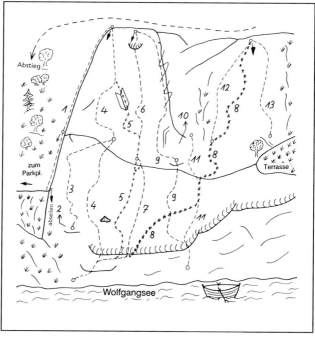

überhängend und kompakt. Die Absicherung kann als sehr gut bezeichnet werden. Fast alle bestehenden Anstiege sind mit Bohrhaken oder Tohrstahlbügeln abgesichert. Zufahrt: Von St. Gilgen wenige hundert Meter auf der B 158 in Richtung Salzburg, kurz nach dem Ortsausgangsschild von St. Gilgen rechts weg und am Rande der kleinen Nebenstraße parken. Von dort in nordöstlicher Richtung in den Wald zu den Felsmassiven (ausgeschildert, der Wanderweg führt unmittelbar am Wandfuß entlang). Gehzeit cirka 10 Minuten.

RETTENBACHTAL **

Allgemein

In der Zeit von 1854 bis 1914 verbrachte Kaiser Franz Joseph I. den Sommer in Bad Ischl, wodurch der Ort zum Anziehungspunkt für die High Society wurde. Das älteste Solebad Österreichs verfügt heute über die modernsten Kureinrichtungen und ist weit über die Landesgrenze hinaus bekannt. Das salzhaltige Wasser (30 Grad) wird bei Erkrankungen der Atemwege inhaliert. Rheumatische Leiden, Bandscheibenerkrankungen, chronische Gastritis sollen mittels Bädern, Unterwasserbewegungstherapien und sonstigen kurärztlichen Verordnungen geheilt werden. Gepflegte Parkanlagen und prunkvolle Villen geben Bad Ischl das Gepräge.

In wenigen Autominuten gelangt man vom Kurort zu den Felsen des Rettenbachtales. Lenz Hammerl und Peter Thaller waren Mitte der 80er, Anfang der 90er Jahre die Hauptschließer dieses Klettergartens. Die Routenpalette reicht von den einfachen Anstiegen im 4. Grad über anspruchsvolle und kleingriffige Extremtouren, wie zum Beispiel *Lügen haben kurze Beine 8b+/8c* oder *No chance for little men 8b+*, die Peter Thaller bereits 1989 punktete.

Nördlich, bzw. nordöstlich von Bad Ischl gibt es noch die Klettergärten ADLERHORST und SCHARNSTEIN, die ich nur kurz erwähnen möchte. Beginnen wir mit dem ADLERHORST, der besonders im Bereich 5b bis 6c+ sehr lohnend ist. Auch für Anfänger sind die Felsen unterhalb des Traunsteins sehr zu empfehlen. Das Gebiet mit seinen 70 Anstiegen erreicht man über die Autobahn A 1 von Salzburg in Richtung Wien. Bei der Ausfahrt »Regau« die Autobahn verlassen und weiter nach Gmunden, dort am linken Traunseeufer entlang zum Gasthof »Hoisen« und noch etwa einen Kilometer weiter zum Ende der Straße. Nun zu Fuß dem Wanderweg in Richtung »Kaltenbachwildnis« folgen, bis dieser nach 10 - 15 Minuten direkt an der Westwand vorbeiführt. Die Felsen sind nach allen Himmelsrichtungen ausgerichtet, es handelt sich um abwechslungsreiche Klettereien, mit bis zu drei Seillängen. In den einfachen Touren sollte man zusätzlich ein Keilset mitführen, ab dem 5. Grad steckt meist zuverlässiges Sicherungsmaterial. Kurz ein Überblick über die Verteilung der Schwierigkeitsbereiche: Auf der Südseite befinden sich die einfacheren Routen (2 - 5c), in der Westwand liegt der Schwierigkeitsbereich zwischen 5b und 7b, auf der Ostseite geht's bei 6a+ los und endet im oberen Bereich und auf der Nordseite gibt es einige alte Klassiker mit teils schlechtem Hakenmaterial.

Der nächste, wunderschöne Klettergarten liegt bei Scharnstein, cirka 15 Kilometer östlich von Gmunden. Insgesamt gibt es etwa 25 - 30 Touren im Bereich 5c bis 7c. Die Zufahrt zum Klettergebiet SCHARNSTEIN ist ganz einfach, man folgt in der Ortschaft der Aus-

14

schilderung »Ruine Scharnstein«, bis der Wanderweg zur Ruine abzweigt. Gegenüber Parken. Damit es keine Probleme mit den Anwohnern gibt, bitte um Parkerlaubnis fragen. Die Felsen befinden sich gegenüber der Ruine. Vielen Dank an Klemens Loskot und Norbert Reizelsdorfer, die ein wenig Ordnung in meine Routenauflistung brachten.	**Allgemein**
Cirka 48 Kilometer östlich von Salzburg, unmittelbar östlich von Bad Ischl.	**Lage**
Auf der Autobahn A 1 von Salzburg in Richtung Wien, zur Ausfahrt Mondsee. Von dort auf der B 154/158 über St. Gilgen nach Bad Ischl. Nun weiter auf der B 145 in Richtung Graz zur Abfahrt Bad Ischl-Süd/Rettenbachtal. Von dort immer der Ausschilderung »Rettenbachtal« folgen, über die Brücke und weiter in Richtung »Rettenbachalm«. Am Ende der geteerten Straße cirka 200 Meter auf der Schotterstraße weiter (KOMPASS Wanderkarte 1:50 000, Nr. 20, »Dachstein«).	**Zufahrt**
Am rechten Rand der Schotterstraße, kurz nach einer kleinen Hütte auf der linken Seite.	**Parken**
Vom Parkplatz dem gegenüberliegenden Forstweg ansteigend, zuerst rechts- dann linkshaltend, immer der Ausschilderung »Klettergarten« folgend, bis der Forstweg in einen Pfad übergeht. Dieser führt an einem freistehenden Turm mit Gipfelkreuz vorbei *(Kante 8a+/8b; Nadel S-Wand 7b+; Platte 6b)* und weiter ansteigend direkt zum Felsmassiv. Gehzeit 8 - 10 Minuten.	**Zugang**

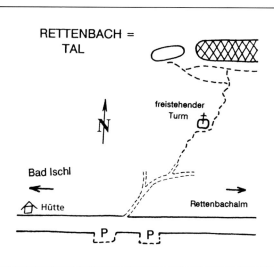

RETTENBACHTAL **

Lage der Felsen	Die Felsen sind nach Süden ausgerichtet.
Meereshöhe	630 Meter.
Routenanzahl	Insgesamt cirka 100 Touren, davon noch einige Projekte. bis 4+ = 5 Touren bis 6a+ = 14 Touren bis 6c+ = 13 Touren bis 7b+ = 30 Touren 7c = 9 Touren 7c+ = 4 Touren 8a = 4 Touren 8a+ = 4 Touren 8b = 2 Touren 8b+/8c = 1 Tour A2 = 1 Tour Die Routennamen stehen zum Teil an den Einstiegen angeschrieben (teils auf kleinen Schildchen eingraviert).
Absicherung	Sehr gut bis schlecht. Meist Bohrhaken, teils geschlagene Haken, Tohrstahlbügel und Bühler-Haken. Klemmkeile werden in den meisten Touren nicht benötigt.
Felsstruktur	Kalk, Platten durchsetzt mit Dächern, Rissen und Verschneidungen.
Wandhöhe	6 - 40 Meter.
Beste Jahreszeit	Frühjahr, Sommer, Herbst.
Topo	Zur Zeit gibt es keinen Topoführer.
Übernachtung	Camping »Weidingerbauer« 5350 Strobl; Anschrift: Weidingerbauer, Gschwendt 41, 5342 Abersee, Tel. 0 61 38/27 28. Preise: Pro Person ÖS 55; Kinder ÖS 30; Platz ÖS 65; Zelt ÖS 55; Wohnmobil ÖS 55; Hund ÖS 15. Geöffnet von Anfang Mai bis Ende September.
Lebensmittel	Größere Geschäfte sowie großer Supermarkt in Bad Ischl.
Wasser	Mehrere Brunnen in Bad Ischl.

Hallenbad

In Bad Ischl Sole-Hallenbad, Tel. 0 61 32/2 33 24 11. Öffnungszeiten: Mo. bis Fr. von 9.00 - 21.00 Uhr, Sa. und So. von 13.30 - 21.00 Uhr.

Sportgeschäft

In Bad Goisern, »Sport Lichtenegger« (im Zentrum an der Hauptstraße), Tel. 0 61 35/85 25.

Kletterhalle

– In Altenberg (wenige km nordnordöstlich von Linz) »Sporttreff Jägerhof«, Ortsplatz 4, Tel. 0 72 30/72 06. Umgebauter Squash- Court, Höhe 9 m, insgesamt 180 qm, Dach 35 qm, Boulderwand (verstellbar) 10,5 qm. Preise: Für zwei Stunden (AV-Mitglieder) ÖS 60.- (Zehnerkarte ÖS 330.-), für Nichtmitglieder ÖS 60.- (Zehnerkarte ÖS 440.-). Öffnungszeiten: Von Oktober bis Mai täglich von 8.00 - 23.00 Uhr; von Mai bis Oktober Mo. geschlossen. Desweiteren gibt es drei Tennisplätze und zwei Squash-Courts.

– In Andorf (von Linz auf der B 129 in Richtung Schärding/Passau) im Turnsaal der Volksschule Andorf, Rathausstr. 14. Ansprechpartner: Christian Stemmer, Tel. 0 77 66/25 30 oder Fritz Hanslmayr, Tel. 0 77 66/33 52. Größe: 120 qm (7 m hoch), Überhang mit 8 m. Hersteller: Art Rock. Öffnungszeiten: Mehrmals pro Woche, auch Sa. und So., Anmeldung bei den o. g. Ansprechpartnern. Preise: AV-Mitglieder ÖS 50; Nichtmitglieder ÖS 100.

Touristenbüro

4820 Bad Ischl, Bahnhofstraße 6 (Kurdirektion), Tel. 0 61 32/2 77 57. Öffnungszeiten: Mo. bis Fr. von 8.00 - 18.00 Uhr, Sa. 8.00 - 16.00 Uhr, So. 9.00 -12.00 Uhr.

Routen

1. Krummer Hund 5c
2. Projekt
3. Schwarz und Weiß 7b+
4. Moskito 7b+
5. Großes Dach A2 (oder auch A0)
6. Winterweg 6c+/7a (3 m rechts von Nr. 5)
7. Casablanca 7a+/7b (1 m rechts von Nr. 6)
8. Sonnenkönig 1.SL 7c+/2.SL 7b+
9. Sonnenkönig-direkt 8a+ (Einst. wie Nr.8, oben gerade hoch)
10. Projekt
11. Good Luck 8a
12. Seichter Riß 6a+/6b
13. Linker Überhang 6b (Einst. wie Nr.12, oben am Dach li. weg)
14. Ich weis was ich will 6c/6c+ (Einst. wie Nr.12, oben am Dach re. weg)

RETTENBACHTAL **

Routen

15. Willkommen Jeremia 7b+/7c
16. Musculus maximus 7a (2 m links von Nr. 17, übers Dach)
17. Gelbe Verschneidung 6a+ (Einst. oben auf Absatz)
18. Leichte Verschneidung 3 (botanisch)
19. Schamlos 6a+ (35 m; oben wie Nr. 21)
20. Hurenfurche 5c (Einst. wie Nr. 19, in Wandmitte re. weg; markanter Riß)
21. Angulus 6b (35 m; Einst. links von großer Sanduhr; oben linkshaltend))
22. 6a (2 m links von Gedenktafel)
23. Oculus 4+
24. Notausstieg 7b+ (oben ein markanter, schräg nach links ziehender Fingerriß)
25. Lumpazi 6c/6c+ (2 m links von Nr. 27; unten schöne Platte, oben Überhang)
26. Vagabundus 7b+ (Variante zu Nr. 25; direkt über Dach)
27. Steinmarderriß 5c
28. Steinmarderkante 6c+
29. Luna 7b+/7c (Boulderstelle)
30. Mauerläufer direkt 8a (Boulderstelle)
31. Rechter Mauerläufer 7b+
32. Mauerläufer-Ausstieg 7a+/7b
33. Butterfly 7b+
34. Senkrechter Piazriß 5c (abgespeckt)
35. Kreuzweise 6b/6b+ (Längenproblem)
36. Birkenverschneidung 4+ (Zustieg zur Nr. 37 + 38)
37. Riesenschuppe 6a+ (Einst. in Wandmitte, gerade hoch)
38. Don Promilo 6b (Einst. in Wandmitte, rechtshaltend)
39. Pepone 6c+
40. B. L. F. 7b+ (rechts mit Schuppe 7a/7a+)
41. Amazonas 4+
42. Rechte Riesenschuppe 4+ (Einst. wie Nr. 41, oben re. weg)
43. Ödipus 5b
44. Kilzerus 7b/7b+ (Ausstiegsvariante)
45. Haselmaus 5a (unlohnende Variante)
46. Supermaus 7a+
47. Megamaus 7a/7a+
48. Kleine Maus 7b
49. Maus'n ist schön 6c+ (30 m)
50. Harte Nuß 7c/7c+ (dir. Einstieg)
51. Imperium 8b
52. Lügen haben kurze Beine 8b+/8c
53. Sommertraum-dir. Einstieg 7b+/7c (Dach direkt)
54. Sommertraum 7b+/7c

Routen

55. No Chance for little men 8b
56. Slip slides away 8a+ (Einst. wie. Nr. 55, vor Schlüssel re. zur Kante)
57. Kraftprofil 8a (mit künstlichem Einstiegsloch 7c+)
58. Sisyphos 7a (abgespeckt)
59. 7a+
60. Kundalini 7a+
61. Quo Vadis 7c
62. 7c+ (Kreuzt Nr. 61 im Dach)
63. Joker 8a+(3 m links von Nr. 64)
64. Äskulap-Kante 7b+
65. Äskulap 6a+
66. 8a (2 m rechts von Nr. 65)

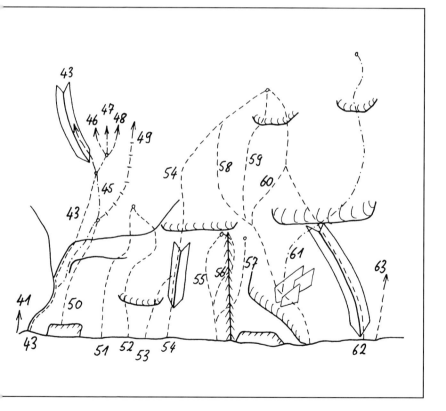

RETTENBACHTAL ** 14

Routen

67. Projekt
68. Projekt
69. Umbrella 7a (2 m links von Nr. 71)
70. Projekt (Verlängerung von Nr. 69)
71. Schikante 7b/7b+
72. Am letzten Loch 7c
73. Am letzten Loch - Verlängerung 7c
74. Blitzaktion 7b+/7c (kann oben in 3 Varianten zwischen 7b+ und 7c geklettert werden)
75. Master of Desaster 8a+ (2 m li. von. Nr. 76; re. Höhlenrand)
76. Zauberflöte 7b+
77. Be careful 7b+
78. Albatros-links 7b+
79. Albatros-rechts 7c
80. Frühjahrsputz 6b (oben gerade 7a)
81. Potentialwirbel 7b
82. Schmutzfink 5c
83. Wellenreiter 7a (definiert: ohne Riß)
84. Blitz + Donner 6c+ (4 m rechts von Nr. 82)
85. Staubsauger 6a+
86. Zum Sprung bereit 7b+ (Längenproblem bis 7c+)
87. Ois koa Drama 6c+

Zwei Minuten weiter rechts befindet sich ein neu eingerichtetes Massiv, an dem zur Zeit der Recherchen noch neue Routen eingerichtet wurden.

88. Sag niemals nie 7b+
89. Dingens 7c/7c+
90. Projekt
91. Leichte Platte 5c/6a
92. 7b
93. 7b+
94. Projekt
95. Projekt
96. ?

Etwa 1 Minute links der Route Nr. 1 befindet sich ein weiteres, neu eingerichtetes Massiv mit einigen Touren zwischen 5b bis 8b (z. B. Kubin-Dach 6a+)

ROTPUNKT VERLAG

rotpunkt
Sportkletterführer

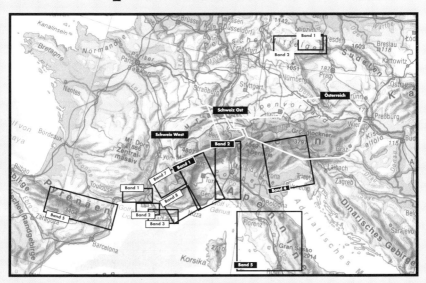

Südfrankreich Band 1,2,3,5,7,8	75 Gebiete, Bd. 2,3+8 Neuauflage, Preis je Band DM 29,90
Italien Band 1,2,4,5	55 Gebiete, Preis je Band DM 29,90
Deutschland-Ost Band 1+2	16 Gebiete, je 180 Seiten, DM 29,90
Österreich	30 Gebiete, 419 Seiten, Neuauflage, DM 46,90
Schweiz Ost + West	70 Gebiete, Preis je Band DM 39,90
Alpines Sportklettern	Nord- und Mittelitalien (14 Gebiete); Österreich-West (14 Gebiete), Preis je Band DM 46,90

Coupon ausschneiden und an: **Rotpunkt Verlag, Postfach 21 60, D-71371 Weinstadt** schicken!

Bestellschein (alle Preise zuzügl. Versandkostenanteil, Versand gegen Rechnung)

Südfrankreich	☐ Bd. 1	☐ Bd. 2	☐ Bd. 3	☐ Bd. 5	☐ Bd. 7	☐ Bd. 8	je Band DM 29,90
Italien	☐ Bd. 1	☐ Bd. 2	☐ Bd. 4	☐ Bd. 5			je Band DM 29,90
Deutschland-Ost	☐ Bd. 1	☐ Bd. 2					je Band DM 29,90
Österreich	☐						Band DM 46,90
Schweiz	☐ Band Ost		☐ Band West				je Band DM 39,90
Alpines Sportklettern	☐ Italien		☐ Österreich				je Band DM 46,90

Name / Vorname _____

Land / PLZ / Ort / Straße _____

Datum / Unterschrift _____

BAD GOISERN */**

Allgemein

Im Herbst 1990 brachten Heli Putz und Christian Stögner einen Kletterführer von der Gegend um Bad Goisern auf den Markt. Der 140seitige, liebevoll gestaltete Führer, gab noch zusätzliche Informationen über Eiswasserfallklettern, Gleitschirmfliegen und ein paar Anregungen zum Mountainbiken im Salzkammergut. Leider ist dieser Führer mittlerweile vergriffen und die Autoren finden keine Zeit eine neue Auflage zu produzieren.

Nachfolgend werden wir die lohnenden Routen der Hauptsektoren EWIGE WAND und PREDIGSTUHL näher beschreiben. An der EWIGEN WAND geht es eher etwas härter zur Sache. Von diesem Wandteil hat man einen herrlichen Ausblick auf die südlich gelegenen Berge und Bad Goisern. Ganz links hat der Bergführer Heli Putz einen Klettersteig durch die Wand installiert, damit auch ungeübtere Leute, die mal gerne etwas Luft unterm Hintern haben möchten, sich in der Vertikalen bewegen können.

Im zweiten Hauptsektor, dem PREDIGSTUHL, kommt der Genußkletterer voll auf seine Kosten. Je nach Wind, Sonne, Lust und Laune kann auf der Süd- oder Ostseite geklettert werden

Heli Putz, der Hauptserschließer von BAD GOISERN, war so freundlich und hat mir die lohnendsten Routen aufgelistet und ein Topo dazu gezeichnet. Vielen Dank Heli!

Wer übrigens Interesse an Sportkletterkursen für Anfänger oder Fortgeschrittene, Alpin-Kinderkurse, allgemeine Grundkurse in Eis und Fels hat oder gar mal in die Abendteuersportart Canyoning reinschnuppern möchte, der ist bei der Bergsteigerschule von Heli Putz in sicheren Händen! Nähere Infos unter 0 61 35/60 58.

Lage

Cirka 45 Kilometer ostsüdöstlich von Salzburg, unmittelbar östlich von Bad Goisern.

Zufahrt

Auf der Autobahn A 1 von Salzburg in Richtung Wien zur Ausfahrt Mondsee. Von dort auf der B 154/158/145 über St. Gilgen, Bad Ischl nach Bad Goisern. Weitere Zufahrt siehe jeweiliger Hauptsektor (KOMPASS Wanderkarte 1:50 000, Nr. 20 »Dachstein«).

Parken/ Zugang

Siehe jeweiliger Hauptsektor.

Touristenbüro

4822 Bad Goisern, Tel. 0 61 35/83 29 oder 72 01.
Öffnungszeiten: Mo. bis Fr. von 8.00 - 12.00 Uhr und von 13.00 - 17.00 Uhr. Im Juli und August Sa. von 8.00 - 12.00 Uhr und von 13.00 - 18.00 Uhr.

Weitere Infos über Hallenbad, Sportgeschäft etc. siehe Klettergebiet RETTENBACHTAL Seite 212/213.

Weitere Infos

Hauptsektor 1 **EWIGE WAND** *   Seite 220
Hauptsektor 2 **PREDIGSTUHL** **   Seite 224

Übersicht der Hauptsektoren

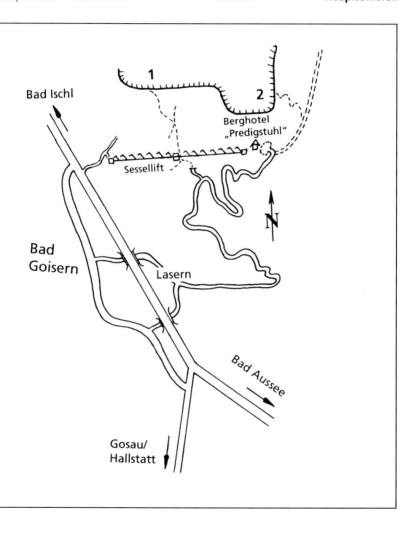

Rotpunkt Verlag

Österreich **219**

BAD GOISERN - Ewige Wand *

Zufahrt/ Parken	Vom Zentrum Bad Goisern unter der Bundesstraße hindurch, die Ortschaft Lasern passieren und weiter in Richtung »Berghotel zum Predigstuhl«. Nach der Häusergruppe Riedln gelangt man nach Wurmstein. 100 m nach dem Ortseingangsschild befindet sich rechts ein Wildgehege. An diesem entlang, bis links (kurz vor einer Rechtskehre) eine Straße in Richtung Mittelstation der Predigstuhllifte, bzw. »Rathluck'n Hütte« führt. Auf dieser abwärts zu ihrem Ende und dort parken.
Zugang	Vom Parkplatz immer der Ausschilderung »Höhenweg« folgen, an der Mittelstation der Seilbahn vorbei in den Wald, anschließend den Hang in Richtung Felswand queren und bei einer Gabelung linkshaltend zum Wandfuß. Gehzeit 10 - 12 Minuten.
Lage der Felsen	Das langgezogene Massiv ist nach Süden ausgerichtet.

Übersicht der Sektoren	Sektor A	**COMIC**	Seite 222
	Sektor B	**ÜBERHANG**	Seite 223

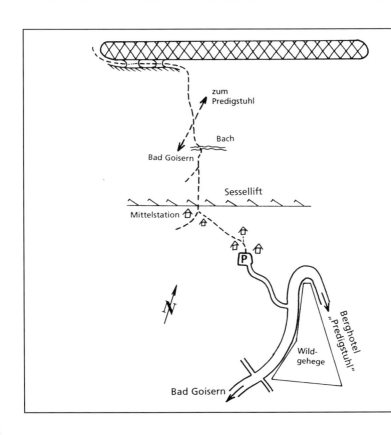

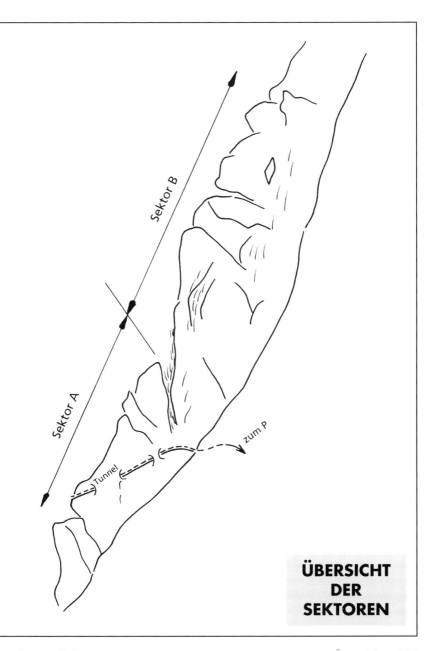

ÜBERSICHT DER SEKTOREN

BAD GOISERN - Ewige Wand *

**Routen
Sektor A**

COMIC

1. Wild West 6b+ (4 SL)
2. Grubenhundt 7a (4 SL)

3. Klettersteig

4. Genesis 1.SL 7c/7c+/2.SL 6c+/7a
5. Beasty boy's 7c
6. Lucky Luke 6a
7. Club Rubin 6c+
8. Monsieur Dupond 7a
9. Mme. Yvonne 7a
10. Didgeridoo 1.SL 6a+/2.SL 6c
11. Krenn-Verschneidung 1.SL 4+/2.SL 4
12. Alf 6b+
13. Tom und Jerry 6b+ (4 SL)
14. Niemandsland 6b
15. Jolly Jumper 6b+ (3 SL)
16. Mickey Mouse 6a
17. Butterfinger 6b/6b+ (3 SL)

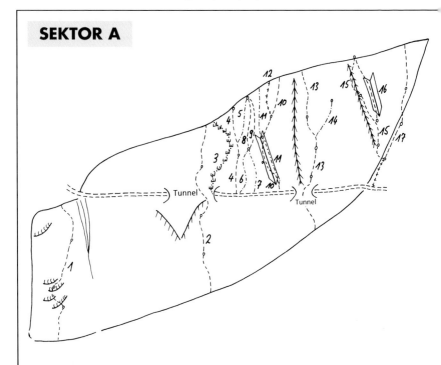

ÜBERHANG

Routen Sektor B

1. Syncro 7a
2. Jambo Boana 6b+
3. Heimwerker 6b
4. Arbeitslos 1.SL 6b+/2.SL 6b+
5. Sapperlott 6c+/A0 (3 SL)
6. Nie ohne 7c
7. Staveni 7c+
8. Cyrano 7c+?
9. Enjoy 7c/7c+
10. Atlantis 1.SL 6b/2.SL 7a
11. Hilti Nr. 1 5c
12. Via Hilti A0 (3 SL)
13. Rampe 4
14. Samson 1.SL 5c/2.SL 6b
15. Oxigen 6a

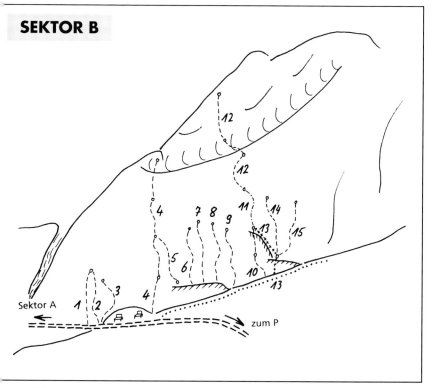

BAD GOISERN - Predigstuhl **

Zufahrt/ Parken Gleich wie zur EWIGEN WAND (siehe Seite 220), jedoch vom Wildgehege noch etwa 1,6 km ansteigend zum Berghotel »Predigstuhl« und dort parken.

Zugang Auf der Forststraße (wenige Meter vor dem Berghotel) in östlicher Richtung, bis nach etwa 15 Minuten (bei einem kleinen Parkplatz) ein markierter Weg nach links zum PREDIGSTUHL abzweigt. Auf diesem in Serpentinen zum Wandfuß. Gehzeit 20 - 25 Minuten.

Lage der Felsen Das Massiv ist nach Süden, bzw. Osten ausgerichtet.

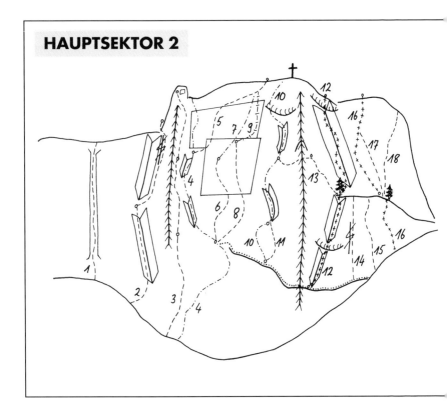

Routen

1. Lichteneggerkamin 4+
2. Staubrisse 1.SL 6a/2.SL 5c
3. Südwind 6b+ (3 SL)
4. Lichteneggerweg 4+ (3 SL)
5. Mittlerer Plattenausstieg 5a
6. Direkter Plattenanstieg 6b
7. Magnet 6a+
8. Mr. Einstein 6b+
9. Mini-Wahnsinnsplatte 6a
10. Direkte Ostverschneidung 5c (3 SL)
11. Kriminaltango 6a
12. Ostverschneidung 1.SL 4+/5a/2.SL 4
13. Stögnerkante 5b (1 - 2 SL)
14. Send me Power 6b
15. Cutpe 5a/b
16. Herbsttraum 1.SL 6a+/2.SL 6a+
17. Oben ohne 6b
18. Homa Glai 5c

Dein Ausrüster am Berg
Telefon (0 61 35) 85 25

BURGSTALL **/***

Allgemein

Am Fuße des geschichtsträchtigen Örtchens Pürgg liegt der Klettergarten BURGSTALL. Anfang der 50er Jahre wurden bereits die ersten Anstiege durch die nach Süden ausgerichtete Wand erschlossen. Lange Zeit kümmerte sich niemand um die Felswand, bis 1973 Klaus Hoi und weitere Bergführer der Steiermark begannen, neue Touren einzubohren. 1986 wurde in BURGSTALL ein Klettertreffen veranstaltet, und Spitzenkletterer wie Sepp Gschwentner, Kurt Albert oder Heinz Zak gaben sich die Ehre und leiteten mit *Showbusiness 7b+* die Sportkletterära ein. Anschließend waren es Fredi Gruber, der die Wand auch in den unteren Schwierigkeitsgraden erschloß und Bernd Lösch (*Charisma 8a*), die sich um den Klettergarten BURGSTALL kümmerten. Derzeit sind Bernd Lösch und Willi Koller dabei, links der nachfolgend vorgestellten Hauptwand einen neuen Sektor zu erschließen. Da diese Wand noch nicht komplett eingerichtet und einige der vorhandenen Touren noch Projekte sind, möchten die beiden mit einer Veröffentlichung etwas warten, um in Ruhe die Routen zu beenden.

Durch die vielen einfacheren und gut abgesicherten Touren eignet sich BURGSTALL besonders für Anfänger. Nur schade, daß die Bundesstraße so nah an der Wand vorbeiführt, denn bei starkem Verkehr steigt der Lärmpegel.

Wer mal während seines Kletterurlaubs etwas Sightseeing einbauen möchte, sollte es nicht versäumen, sich die kleine Ortschaft Pürgg anzuschauen. Besonders lohnend sind die Pfarrkirche mit ihrer Turmkammer, der Friedhof mit seinen kunstvoll gearbeiteten Grabkreuzen und die bekannte Johanneskapelle, mit Fresken aus dem 12. Jahrhundert.

Vielen Dank an Willi Koller, der mir das Topo und die Routenauflistung lieferte.

Lage

Cirka 13 Kilometer westsüdwestlich von Liezen und 22 Kilometer ostsüdöstlich von Bad Aussee.

Zufahrt

Von Liezen auf der B 146 in Richtung Schladming, bis rechts die B 145 in Richtung Bad Aussee abzweigt. Auf dieser wenige hundert Meter entlang, dann links nach Untergrimming. Unmittelbar nach dem Ortseingangsschild nach rechts (ausgeschildert mit »Klettergarten«), an der nächsten Gabelung wieder nach rechts zur Unterführung (KOMPASS Wanderkarte 1:50 000, Nr. 68 »Aussseerland Ennstal«).

Parken

Vor oder nach der Unterführung am Straßenrand.

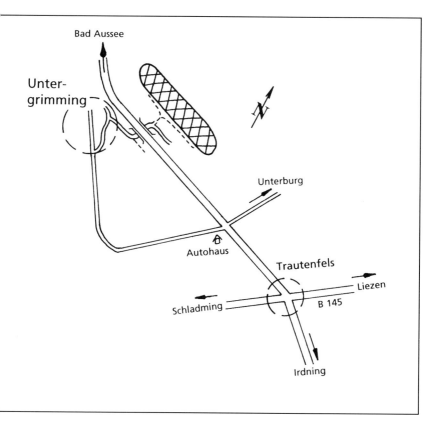

Zugang

UNTERE ETAGE: In wenigen Schritten zu den ersten Einstiegen.
OBERE ETAGE: Entweder über den Klettersteig nach oben (siehe Topo) oder auf dem Wanderweg der Ausschilderung »Pürgg« folgen, am Bahnhof über die Gleise, dann nach links auf das Dach der Galerie und über eine Leiter am Wandfuß entlang.
Gehzeit 8 - 10 Minuten.

Lage der Felsen

Das Massiv ist nach Süden ausgerichtet.

Meereshöhe

Einstiege UNTERE ETAGE cirka 640 Meter, OBERE ETAGE 740 Meter.

BURGSTALL **/***

Routenanzahl	Insgesamt cirka 65 Touren.
	bis 4+ = 4 Touren
	bis 6a+ = 23 Touren
	bis 6c+ = 18 Touren
	bis 7b+ = 7 Touren
	      7c = 4 Touren
	      8a = 2 Touren
	      A0 = 3 Touren
	
	Die Routennamen stehen an den Einstiegen angeschrieben.

Absicherung	Meist sehr gut, Bohrhaken und Tohrstahlbügel. Klemmkeile werden nicht benötigt.
Felsstruktur	Plattiger Kalk, gute Fußtechnik erforderlich. Überwiegend Leisten, im Sektor B (OBERE ETAGE) im linken Bereich viele Löcher.
Wandhöhe	Gesamte Wand 250 - 300 Meter, Routenlänge überwiegend 20 Meter.
Beste Jahreszeit	Frühjahr, Herbst (im Sommer oftmals zu heiß).
Topo	Zur Zeit gibt es keinen Führer.
Übernachtung	– In Aigen/Ennstal, Campingplatz »Seeruhe im Talgrund«, Fam. Steiner, Hohenberg 2, Tel. 0 36 82/81 30. Preise: Pro Person ÖS 36; Kinder bis 14 Jahre ÖS 28; Platz ÖS 36; Hund ÖS 10. Geöffnet von Anfang April bis Ende Oktober. – In Aich-Assach »Kollerhof«, Assach 34, Tel. 0 36 86/43 08. Preise: Zimmer mit Frühstück ÖS 320; Kinderermäßigung bis 6 Jahre 50%, von 6 - 12 Jahre 30%. Ideale Übernachtungsgelegenheit, wenn auch ein bißchen weit entfernt (ca. 20 km auf der B 149 in Richtung Schladming) mit eigenem (kleinen) Trainingsraum vom Sohn Willi Koller, der auch gerne Auskunft über den Klettergarten erteilt.
Hallenbad	In Bad Mitterndorf »Thermalschwimmbad Heilbrunn«, Tel. 0 36 23/24 86. Öffnungszeiten: Mo. bis Sa. von 9.30 - 20.00 Uhr, So. von 10.00 - 20.00 Uhr.
Sportgeschäft	– In Liezen Zentra-Sport »Vasolt«, Tel. 0 36 12/2 24 01. – In Ramsau (bei Schladming) Zentra-Sport »Ski-Willy«, Tel. 0 36 87/8 18 54.

	– In Haus im Ennstal, ÖAV Kletterwand »Haus« (im Turnsaal der Schule), 61 qm. Übungsleiter Heinz Gerhart, Tel. 0 36 86/44 69. Öffnungszeiten: Mo., Do., Fr. ab 18.00 Uhr, weitere Tage nach Vereinbarung. Preis: Nichtmitglieder ÖS 50; Mitglieder frei.		**Kletterhalle**

– In Pruggern »Gasthof Mauerhofer«, Größe etwa 9 m hoch und 4 m breit. Tel. 0 36 85/2 22 12.
Ansprechpartner: ÖAV Sektion Gröbming (Ortsgruppe Pruggern), Hanns Schrempf, Tel. 0 36 85/ 2 38 73. Preise: Pro Person (Mitglieder) ÖS 20; Kinder ÖS 10; Nichtmitglieder ÖS 40 bzw ÖS 20.

8940 Liezen, Tel. 0 36 12/2 21 03. Öffnungszeiten: Mo. bis Fr. von 8.00 - 12.00 Uhr.   **Touristenbüro**

In Untergrimming »Felsenstüberl« (mit Biergarten). Nur wenige Gehminuten vom Felsmassiv entfernt. Gemütliche Kneipe mit netten Wirtsleuten.   **Szenenkneipe**

Sektor A	**UNTERE ETAGE**	Seite 231	**Übersicht**
Sektor B	**OBERE ETAGE**	Seite 231	**der Sektoren**

Felsenstüberl
WIESER - UNTERGRIMMING

BIERGARTEN

**GRILLKOTELETTES
KASNOCKERLN**
jeweils auf Vorbestellung

**Treffpunkt
der Kletterer**
Telefon (0 36 82) **2 48 18**

BURGSTALL **/***

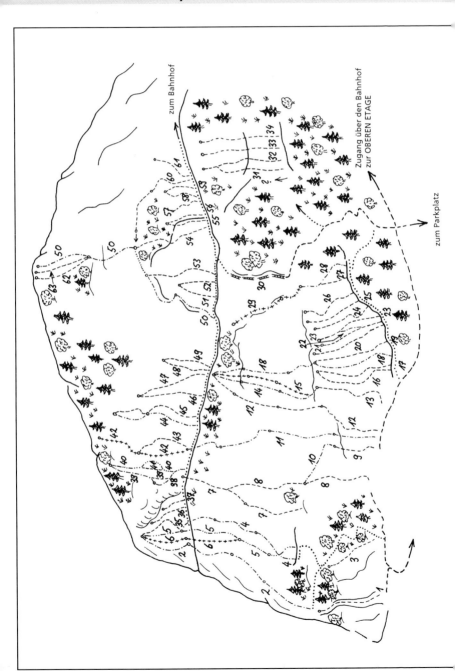

UNTERE ETAGE

1. Gelber Kamin 4+/A0
2. Burgstall-Kante 3 (4 SL)
3. Straßenüberhang 5b
4. Burgstallpfeiler-Variante 4+ (3 SL)
5. Burgstallpfeiler 4 (4 SL)
6. Direkte Pfeilerwand 1.SL 5c/2.SL 5c
7. Kurze 1.SL 4/2.SL 5a
8. Weisse 1.SL 4+/5a/2.SL 4+/5a
9. Zbeben 6b
10. Meine 5a/b
11. Wacholderweg 5c (4 SL)
12. Bergführerweg 6a (4 SL)
13. Untere Burgstallwand - links 5c/A0
14. Untere Burgstallwand - rechts 5c/A0 (3 SL)
15. Glöckchen 6a (3 SL)
16. Ikarus 6b
17. Pantomime 6c+
18. Fichtenwg 6a+ (4 SL)
19. Fredi Fly 6c+
20. 30 Lenze 6b
21. RTF 7b+
22. RTF-Variante 7c
23. Schabasana 7c

Routen Sektor A

24. Showbusiness 7b+
25. Illusion 8a
26. Gösser Spezial 6b
27. Susi Sorglos-direkt 7c
28. Susi Sorglos 6b
29. Aufiobi 1.SL 6b/2.SL 5c

30. Klettersteig zum Sektor B

31. Denkerstirn I 7a+/7b
32. Denkerstirn II 6b+
33. Denkerstirn III 6b
34. Denkerstirn IV 6a+

OBERE ETAGE

35. Hangl 5a/b
36. Linksweg 6b
37. Kletteropa 5c
38. Fledermaus 1.SL 5c/2.SL 5c
39. Fledermaus-Variante 6b+
40. Max und Moritz 5c
41. Max und Moritz-direkt 6a
42. Feuerlilie 1. SL 6a/2.SL 6a
43. Hopp oder Dropp 6a
44. Große Platte 1. SL 6b/2.SL 6b
45. Narrenspiegel 1.SL 6b/2.SL ?
46. Red Bull 6a
47. Quer und schwer 6b
48. Rauhes Land 6c+
49. Harte Arbeit 6c+

Routen Sektor B

50. Obere Burgstallwand 4+ (4 SL)
51. Schwarzwurzenweg 5c
52. Berberitzenweg 6a
53. Mauersegler 6a
54. Dachl 7a
55. Charisma 8a
56. No way out 7a+
57. Kurze 2 6a+
58. Tanz der Finger 7c
59. Heck Meck 7a+
60. Husch-Husch 1.SL 7a/2.SL 5b/c
61. Ewig naß, ewig schwer 6b
62. Linker Wurstfinger 5c (Einst. ganz oben)
63. Wurstfinger 5c (Einst. ganz oben)

KL. UND GR. FALKENSTEIN */**

Allgemein

Wenige Kilometer nach dem Felbertauerntunnel, kurz vor der Ortschaft Matrei, zweigt links eine schmale Straße in Richtung Hinterburg/Glanz ab. Auf dieser fahren wir steil den Berg empor und folgen der kleinen Ausschilderung »Klettergarten Falkenstein«. Eine Schotterstraße führt uns zu ein paar Häusern, bei denen wir das Fahrzeug abstellen. Damit es mit den Anwohnern der Häusergruppe keine Probleme gibt, sollte jeder sein Auto so parken, daß alle Zufahrten, auch die in Richtung Klettergebiet, ohne Behinderung passiert werden können. Sollten die wenigen Parkmöglichkeiten bereits belegt sein, so empfiehlt sich der obere Parkplatz am Ende der geteerten Straße. Von dort geht's dann zu Fuß auf derselben Straße nochmals einige Meter weiter, bis rechts ein Feldweg steil nach unten zu der erst genannten Häusergruppe führt. Wir hoffen, daß alle Kletterer auf die Parkproblematik Rücksicht nehmen und gegebenenfalls den etwas längeren Zugang in Kauf nehmen.

Doch nun Richtung Fels. Von der Häusergruppe geht man in 6 bis 8 Minuten auf deutlichem Pfad zum KLEINEN FALKENSTEIN. In den Jahren 1984/1985 wurden dort die ersten Routen von A. Reesinger eingebohrt. Erst einige Jahre später waren es die beiden Einheimischen, Franz Niederegger und Hartl Preßlaber, die neue Anstiege durch diese Felswand eröffneten.

Als am KLEINEN FALKENSTEIN die Neutourenmöglichkeiten erschöpft waren, machte man sich Anfang der 90er Jahre daran, die umliegenden, kleineren Massive und den 200 Meter entfernten GROSSEN FALKENSTEIN zu erschließen. Maßgeblich daran beteiligt waren Franz Niederegger und Paul Preßlaber, denen ich auch die Infos über dieses Gebiet zu verdanken haben.

Lage

Cirka 50 Kilometer südlich von Kitzbühel und 25 Kilometer nordwestlich von Lienz.

Zufahrt

Von München auf der Autobahn A 8 / A 93 über Kufstein nach Kitzbühel und weiter über Mittersill durch das Felberntauerntunnel (gebührenpflichtig, Auto oder Campingbus ÖS 190) in Richtung Lienz. 500 Meter vor Matrei (beim Felberntauerndenkmal) links ab und auf schmaler Straße cirka 3,5 Kilometer ansteigend in Richtung Hinterburg/Glanz (bei einer Gabelung nach links, der Ausschilderung »Falkenstein« folgend), bis die Straße bei einer Häusergruppe unter einer Gehöftbrücke hindurchführt. Wenige Meter danach zweigt rechts ein Schotterweg (klein ausgeschildert mit »Klettergarten Falkenstein«) zu einer weiteren Häusergruppe ab. Um Ärger mit den Anliegern zu ersparen, bitte auf der geteerten Straße weiterfahren zu ihrem Ende (KOMPASS Wanderkarte, 1:50 000 Nr. 46 »Matrei in Osttirol«/«Venedigergruppe«).

Am Ende des Schotterwegs gibt es nur wenige Parkmöglichkeiten (P2). Nicht die Zufahrten der Anlieger versperren! Besser ist es, wenn man nicht auf dem Schotterweg zur Häusergruppe fährt, sondern auf der geteerten Straße weiter bis zu ihrem Ende. Dort befindet sich ein großer Parkplatz (P1).	**Parken**
Von P1 der Strraße weiter folgen, dann nach rechts abwärts (an einem Gehöft vorbei) zur Häusergruppe (P2). Von dort weiter in östlicher Richtung ansteigend der Ausschilderung »Klettergarten« folgen. Der Pfad führt direkt unter dem Sektor A (KLEINER FALKENSTEIN) vorbei. Gehzeit 15 - 18 Minuten (von P2 6 - 8 Minuten). Weitere Zugänge siehe jeweiliger Sektor und Skizze Seite235.	**Zugang**
Die Felsen sind überwiegend nach Süden ausgerichtet.	**Lage der Felsen**
Matrei 920 Meter, Parkplatz 1445 Meter, Einstiege zwischen 1500 und 1600 Meter.	**Meereshöhe**

Insgesamt cirka 45 Touren.
bis   4+ = 3 Touren
bis 6a+ = 10 Touren
bis 6c+ = 16 Touren
bis 7b+ = 12 Touren
     7c = 3 Touren
   7c+ = 3 Touren
    8a = 1 Tour
8a+/8b = 1 Tour
	Routenanzahl

Die Routennamen stehen an den Einstiegen angeschrieben.	
Sehr gut, Bohrhaken und Klebehaken. Klemmkeile werden nicht benötigt.	**Absicherung**
Dolomit, meist senkrechter bis überhängender Fels mit vielen kleineren und größeren Dächern. Oftmals kleine (nach unten geschichtete) Leisten. Auf den ersten Anblick erscheint der Fels etwas brüchig, was sich jedoch beim Klettern nicht bestätigt.	**Felsstruktur**
6 - 50 Meter.	**Wandhöhe**
Spätes Frühjahr, Sommer und Herbst.	**Beste Jahreszeit**
Zur Zeit ist kein Führer erhältlich.	**Topo**

KL. UND GR. FALKENSTEIN */**

Übernachtung	Camping »Edengarten«, Familie Steiner, Edenweg 15, 9971 Matrei, Tel. 0 48 75/51 11 (in Matrei ausgeschildert). Preise: Pro Person ÖS 70; Kinder von 2 - 14 Jahren ÖS 29; Auto ÖS 15; Wohnmobil ÖS 30; Zelt ÖS 25; Kurtaxe ÖS 13. Geöffnet von Anfang April bis Ende Oktober.
Lebensmittel	Supermarkt in Matrei.
Wasser	Mehrere Brunnen in Matrei (z. B. in der Ortsmitte beim Touristenbüro).
Hallenbad	– In Matrei im Hotel »Goldried«, Tel. 0 48 75/61 13 und im Med. Sport-Hotel »Massimo«, Tel. 0 48 75/60 93 (beides öffentliche Hallenbäder). Die Öffnungszeit richtet sich nach der Saison. – In Lienz »Dolomitenbad« (siehe Klettergebiet LIENZER DOLOMITEN Seite 241).
Sportgeschäft	– In Matrei, Sportgeschäft »Wibmer«, Hintermarkt 5, Tel. 0 48 75/65 81. – In Lienz, »Bergsport Gassler«, Kreuzgasse 6, Tel. 0 48 52/6 20 50. Sehr gut ausgestattetes Sportgeschäft.
Touristenbüro	9971 Matrei, Rauterplatz 3, Tel. 0 48 75/65 27. Öffnungszeiten: Von Ende Juni bis Ende September Mo. bis Fr. von 9.00 - 12.00 Uhr und von 15.00 - 19.00 Uhr, Sa. von 9.00 - 12.00 Uhr und 16.00 - 18.00 Uhr, So. von 9.00 - 11.00 Uhr und 16.00 - 18.00 Uhr. In der übrigen Jahreszeit Mo. bis Fr. 9.00 - 12.00 Uhr und 15.00 - 18.00 Uhr, Sa. von 9.00 - 12.00 Uhr.
Szenenkneipe	Hier bietet sich in Matrei die »Alte Mühle« an (direkt neben dem Campingplatz).

Übersicht der Sektoren	Sektor A	**KLEINER FALKENSTEIN**	Seite 236
	Sektor B	**1. NEBENFELS**	Seite 236
	Sektor C	**2. NEBENFELS**	Seite 237
	Sektor D	**GROSSER FALKENSTEIN**	Seite 238

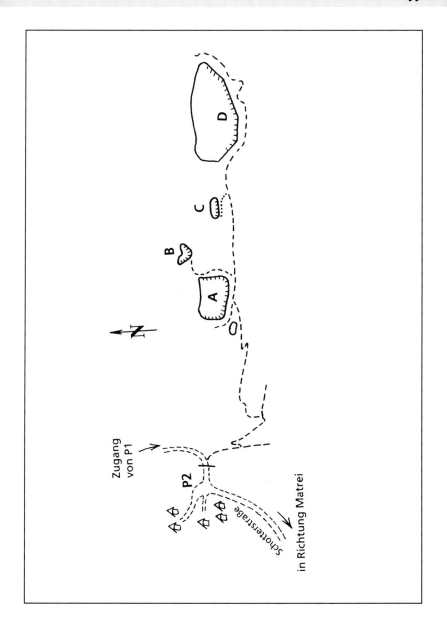

KL. UND GR. FALKENSTEIN */**

Routen Sektor A

KLEINER FALKENSTEIN

Westseite
1. Omen 6a
2. Hexentanz ? (Bh. fehlen)

Südseite
3. Atemlos 7a
4. Supernaturale 8a
5. Steinbeißer 7c
6. Goldengl 1.SL 6c+/2.SL 6c+
7. Power Trip 1.SL 7a+/2.SL 7c+
8. Puh 6b
9. Rambo 1.SL 6b/2.SL 6b+/3.SL 6c+
10. Rambo-Variante 6c+
11. Morali 6c+
12. Yellow snope 6b
13. Jörgl 1.SL 6b/2.SL 6b+
14. Senn 1.SL 5b/2.SL 6b/3.SL 5c
15. Senn-Variante 5a
16. Drama 6a+
17. Drama-Variante 6c+
18. Butterfly 7a
19. Magnet 6b+
20. Tango 6a+
21. Roci 6a
22. Cisch 4
23. Messa 4

Ostseite
24. Fox 7a
25. Flockis Heimkehr 4+

Sektor B

1. NEBENFELS

Zugang

An der Ostseite ansteigend, oben rechtshaltend und in wenigen Schritten zum Massiv.

Routen Sektor B

1. Sowoslowes 7a
2. Neuseeland 6c
3. Camel 2000 5c
4. Geierwally 5a

2. NEBENFELS

Siehe Skizze Seite 235.

1. Mami 5a (rechtsquerend)
2. Piezo 6c+
3. Miniatur-links 6b
4. Miniatur-rechts 5c
5. Subminiatur Projekt

Sektor C

Zugang

Routen
Sektor C

SEKTOR A

KL. UND GR. FALKENSTEIN */**

Sektor D   **GROSSER FALKENSTEIN**

Zugang   Vom KLEINEN FALKENSTEIN querend (Richtung Osten) in cirka 3
                     Minuten zu den Einstiegen (siehe Skizze Seite 235).

Routen   **Südwestseite**
Sektor D   1. Hans'n Haken Gedächtnisweg 1.SL 6a+/2.SL 5c/3.SL 7a/
                        4.SL 6b
                     2. Hans'n Haken-Direkt 1.SL 7a+/2.SL Projekt
                     3. Blasl 5c (Klassiker; alte, geschlagene Haken)
                     4. Im Auge der Falken Projekt

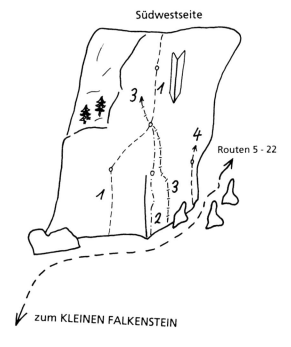

17

Südseite
5. Nossewitzn 7b+/7c
6. Schimpanz o'Rilla 7a
7. Mausefalle 6b+
8. Treppentanz 6a+
9. Abendrot 7a+
10. Alptraum 7c
11. Monthy Python's 7b+
12. Dübeltöter 7c
13. Weg der Verzweiflung Projekt

Südostseite
14. Donnerblitz Projekt
15. Kristallo Projekt
16. Elektrifizierte Gams 7c+
17. Emmentaler 7b
18. Gwanga 7b+
19. Psycho Killer 8a+/8b
20. Killing Bolts 7a+
21. Killing Bolts-Variante 7a+
22. Ausrutscher 6c+ (Ringe)

Routen Sektor D

SEKTOR D

Rotpunkt Verlag Österreich **239**

LIENZER DOLOMITEN ***

Allgemein

Am nördlichen Fuße der Lienzer Dolomiten liegt der beliebte Fremdenverkehrsort Lienz. Der Ort, wahrscheinlich schon eine Ansiedlung der Illyrer, wurde um das Jahr 1100 »Luenza« genannt. In der Zeit zwischen dem 13. und 15. Jahrhundert war die Stadt im Besitztum der Görzer Grafen, die seit 1271 ihren Sitz auf dem Schloß Bruck hatten. Heute beherbergt der mittelalterliche Bau das Osttiroler Heimatmuseum. Gezeigt werden Werke (insbesondere Gemälde) der einheimischen Künstler, naturwissenschaftliche sowie volkskundliche Sammlungen und vieles mehr.

Wir machen einen Sprung in die frühen siebziger Jahre, denn zu jener Zeit begann man am KREITHOF mit dem Klettern. Gerhard Forcher und seine Kameraden bezwangen in technischer Kletterei den Urriß. Erst im Jahre 1985 wurde der erste Bohrhaken gesetzt und mit der Route *Sappa* der untere siebte Grad erreicht.

Bernhard Rienzner und Xaver Profer waren es, die ein Jahr später mit *Warzenschwein* den ersten »Achter« kletterten. 1987 gelang dann Gerhard Forcher die Routen *Neuzeit 7b+* und *Mongo 7c*. Im Hauptsektor DOLOMITENHÜTTE konnte er *Albatros 7c+* rotpunkt durchsteigen.

Dem aus Osttirol stammenden Reini Scherer gelang dann 1988 die erste 8a+! Er nannte seine Route treffend *Zeitlos*, denn noch heute gehört dieser Anstieg zu den härtesten am KREITHOF. Etwa 100 Touren gibt es in diesem Klettergarten und damit dürfte das Routenpotential nahezu erschöpft sein. Die Suche nach neuen Anstiegen verlagerte sich immer mehr zum Hauptsektor DOLOMITENHÜTTE, wo man mit dem Wandteil PARADIES ein wahres Paradies fand. Gerhard Forcher war so nett und sandte mir ein Topo von »seinem« PARADIES, vielen Dank für diese Unterlagen.

Weniger lohnend und immer mehr in Vergessenheit geraten sind die Sektoren SÜDWAND und SÜDWESTWAND. Im Sektor HOHE TRAGE gibt es ein paar nette Anstiege, wobei die Routen im oberen Stock eher unlohnend sind. Ganz anders der Sektor MEKKA, ebenfalls ein kleines Paradies für Spitzenkletterer, leider geht's dort erst bei 6c+ los. Kein Wunder, wenn man die nach Süden ausgerichtete glatte Platte so anschaut.

Nicht ganz einfach hat es der Besitzer des Gasthofs »Kreit«, der lange Zeit mit einem Kletterverbot drohte. Der Grund war (oder ist) der ständige Ärger mit den »Falschparkern«, die mit ihren Pkw's seine Parkplätze vor dem Lokal und seine Wiesen belegen. Durch ein Schild am Waldrand bringt er dies nochmals zum Ausdruck: »Kletterbetrieb bis auf Widerruf gestattet«. Daher die Bitte, parkt Eure Fahrzeuge oben an der Mautstelle.

Zum Schluß noch 'ne weitere wichtige Mitteilung: In der Zeit von Anfang November bis Ende Februar besteht an den Sektoren PARADIES und MEKKA (Hauptsektor 2) Kletterverbot!

18

Lage

Cirka 4 Kilometer südöstlich von Lienz.

Zufahrt

Von Norden kommend durch das Felbertauerntunnel (gebührenpflichtig, Auto oder Campingbus ÖS 190) und über Matrei nach Lienz. Dort nach links in Richtung Spittal, dann rechts ab nach Tristach und weiter Richtung Lavant, bis nach rechts eine Straße zum »Kreithof«, bzw. zur »Dolomitenhütte« abzweigt. Auf dieser 3,2 Kilometer ansteigend zur Mautstelle (KOMPASS Wanderkarte 1:25 000, Nr. 047, »Lienzer Talboden«).

Parken/Zugang

Siehe jeweiliger Hauptsektor.

Topo

Zur Zeit ist kein Führer erhältlich.

Übernachten

– Campingplatz »Seewiese« am Tristacher See, Tel. 0 48 52/6 54 63. Preise: Pro Person ÖS 55; Kinder ÖS 35; Platz incl. Auto ÖS 90; Hund ÖS 20; Kurtaxe ÖS 6; Vor- und Nachsaison pro Stellplatz insgesamt ÖS 111. Geöffnet von Anfang Mai bis Ende September. Weitere Campingplätze in Lienz.

– Gasthof »Kreit«, Tel. 0 48 52/6 82 22. Preise: Pro Person (Doppelzimmer) eine Nacht ÖS 280, mehrere Nächte ÖS 230; Einzelzimmer ÖS 300.

Lebensmittel

In Lienz befinden sich mehrere größere Geschäfte sowie einige Supermärkte.

Wasser

Brunnen in Tristach bei der Kirche.

Hallenbad

In Lienz »Dolomitenbad« (beim Stadion), Tel. 0 48 52/6 38 20. Öffnungszeiten: Mo. von 12.00 - 21.00 Uhr, Di. bis Fr. von 9.30 - 21.00 Uhr, Sa. und So. von 9.30 - 20.00 Uhr.

Sportgeschäft

In Lienz gibt es mehrere Sportgeschäfte. Sehr gut ausgestattet ist zum Beispiel das Sportgeschäft »Bergsport Gassler«, Kreuzgasse 6, Tel. 0 48 52/6 20 50.

Touristenbüro

9900 Lienz, Europaplatz 1, Tel. 0 48 52/6 52 65. Öffnungszeiten: Mo. bis Fr. von 8.00 - 19.00 Uhr; Sa. von 8.00 - 12.00 und 17.00 - 19.00 Uhr; So. 10.00 - 12.00 und 17.00 - 19.00 Uhr. In der Nebensaison: Mo. bis Fr. von 8.00 - 12.00 und 14.00 - 18.00 Uhr; Sa. von 9.00 - 12.00 Uhr.

Übersicht der Hauptsektoren

Hauptsektor 1 **KREITHOF** **   Seite 242
Hauptsektor 2 **DOLOMITENHÜTTE** ***   Seite 248

LIENZER DOLOMITEN - Kreithof **

Zufahrt	Wie auf Seite 241 bereits beschrieben, auf der Dolomitenstraße bis zur Mautstelle.
Parken	Damit es keine Probleme mit dem Besitzer des Gasthofs »Kreit« gibt, sollten die Fahrzeuge bei der Abzweigung Dolomitenstraße/Kreithof (bei der Mautstelle) abgestellt werden. Auf gar keinen Fall auf der Wiese parken!!
Zugang	**Sektor A:** Auf der geteerten Straße bis zum Gasthof »Kreit«. Von dort auf deutlichem Pfad halblinks (ausgeschildert »Lavant«) in den Wald. Gehzeit 2 - 3 Minuten. **Sektor B:** Gleich wie Sektor A, kurz vor dem Waldrand nach rechts und auf dem sich anschließenden Forstweg absteigend bis zur ersten Rechtskehre. Dort auf einem Pfad links ansteigend und nach wenigen Metern zum Felsmassiv. Gehzeit 10 - 12 Minuten. **Sektor C:** Gleich wie Sektor B, jedoch auf dem Forstweg weiter bergab, bis der Bach ein zweitesmal überquert wird. Nun noch cirka 100 m weiter und links ansteigend, auf teils undeutlichem Pfad, zum Felsmassiv. Gehzeit 13 - 15 Minuten. (Siehe Skizze Seite 243).
Lage der Felsen	Die Felsen sind nach Süden ausgerichtet.
Meereshöhe	Lienz 680 Meter, Sektor A 1050 Meter, Sektor B und C knapp unter 1000 Meter.

Routenanzahl	Insgesamt cirka 100 Touren.
	bis 4+ = keine Touren
	bis 6a+ = 31 Touren
	bis 6c+ = 34 Touren
	bis 7b+ = 18 Touren
	      7c = 4 Touren
	    7c+ = 3 Touren
	      8a = 2 Touren
	    8a+ = 1 Tour
	
	Die Routennamen stehen an den Einstiegen angeschrieben.

Absicherung	Sehr gut. Bohrhaken, vereinzelt Schlingen und Fixkeile. Klemmkeile werden nicht benötigt.
Felsstruktur	Kalk, teils senkrechter, plattiger Fels, oftmals kleine Leisten. Einige kleinere und größere Dächer.
Wandhöhe	8 - 20 Meter.

18

Frühjahr, Sommer, Herbst. **Beste Jahreszeit**

Sektor A	**HAUPTMASSIV**	Seite 244	**Übersicht**
Sektor B	**DAZWISCHEN**	Seite 245	**der Sektoren**
Sektor C	**ZAPPA-BANKL**	Seite 246	

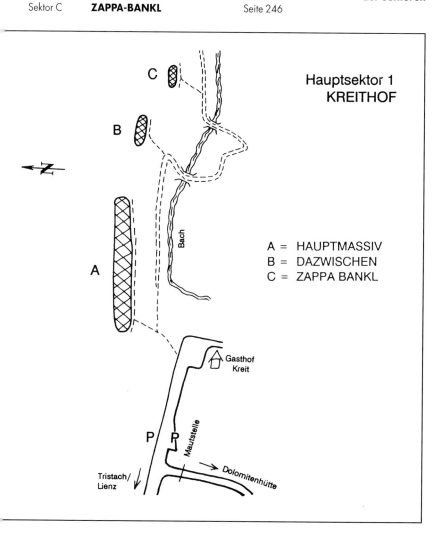

Hauptsektor 1
KREITHOF

A = HAUPTMASSIV
B = DAZWISCHEN
C = ZAPPA BANKL

Rotpunkt Verlag — Österreich **243**

LIENZER DOLOMITEN - Kreithof **

Routen Sektor A

HAUPTMASSIV

1. Free way 7b+ (Boulder)
2. Comsi Comsa 7a (Boulder)
3. Heavy metal 6b+
4. Urriß 6a
5. Lori 7a
6. Sappa 6a+
7. Supergoof 6b+
8. Papagallo 5a/b
9. Calimero 4+/5a
10. Baby 4+/5a
11. Negastrom 6a
12. Rainer's xte 6a
13. Tittes and peers 6a+
14. Baby 4+/5a

50 m rechts

15. Tazoon 6c+ (Boulder)
16. A'bissl 6c+ (Boulder)
17. Kreit-Dachl 5a/b
18. Irgend wann (Projekt)
19. Zatz'l 7c+
20. Hasch Leo 7a+
21. Müsli man 7a+
22. Sonntagsspaziergang 6a+
23. Flower Pit 6c+ (Boulder)
24. Nonstop nonsens 7b
25. Sitting Pull 7c (dir. Einst. zur Nr. 24)
26. King Kong 6c+
27. Pilch 6c+

100 m rechts

28. Lumbargo 6b+
29. Phantast (Projekt)
30. Funs can dance 6b+

50 m rechts

31. Happy-hi 6c+
32. La Platta 6a+
33. Uhrwerk Orange 6c+
34. 7a+
35. Sigis Dampf 6b+
36. Luftikus 6a

**Routen
Sektor A**

37. Goldfinger 6b+
38. Samba pa ti 6a
39. Eos 6c+
40. ?
41. Caorle 6a
42. Jesolo 5c
43. Raffaela Violenta 6a+
44. Zicke-Zack 7a
45. Nikita 6c+
46. Fantomas 6c+
47. Molett Classic 5a/b
48. Schmittchen-Schleicher 6b
49. Espandrillos 6a
50. Mudus 6a+
51. Via del Buco 6a+
52. Sing Sing 6a+
53. Samson 6a+
54. The power of love 6c+
55. Warzenschwein 6c+
56. Ultra-Vox 7a
57. Stretch 6c+
58. Shit Marriage 7c
59. Fitzcaraldo 7b+
60. Gold-Bolt 7c+
61. Mongo 7c
62. Miraculix 6c+
63. Super Mix 7a+
64. Spezial Mix 7b+
65. Zeitlos 8a+
66. Neuzeit 7b+

DAZWISCHEN

**Routen
Sektor B**

1. Vor langer Zeit 6a
2. Ganz nett 6c+
3. Projekt
4. Hingabe total 7c
5. Sanfte Gewalt 8a
6. Jumping Jack Flash 7c+
7. Ein wenig mehr 8a+
8. Mit anderen Augen 7c+
9. Projekt
10. Spliff 6c+

LIENZER DOLOMITEN - Kreithof **

Routen Sektor B

11. Greenmaroc 6c+
12. Projekt
13. Blaupunkt Feeling 5a/b

50 m rechts
14. Scherers Wahn 7a

30 m rechts
15. Oben Ohne 6b
16. Dazwischen 6c+
17. Blitzaktion 6c+
18. Reeperbahn 6b
19. Projekt
20. Aggressiv 7a
21. Kante 6c+

Routen Sektor C

ZAPPA-BANKL

1. Hungry freaks 6a/6a+
2. Plastic People 7a
3. Nanook 6a (Rißverschneidung)
4. Jump up 7a
5. 6b (dir. links von der Bank)
6. Joe's Garage 6b+
7. Motherly love 6a+
8. Great gugle mugle 6a
9. Stink-Foot Darling 6a+
10. Elektric Lady 7a
11. Absolutely free 6a+
12. Samurai 6b
13. Bobby brown 6b+
14. Traf-Kendl 6a (gefährlich)

LIENZER DOLOMITEN - Dolomitenhütte **

Kletterverbot	! In der Zeit von Anfang November bis Ende Februar besteht an den Sektoren D und E Kletterverbot!
Zufahrt	Von der Mautstelle die gebührenpflichtige Dolomitenstraße (Pkw ÖS 75; bei Nachweis einer Gästekarte ÖS 65) etwa 4,5 Kilometer steil bergauf bis zu ihrem Ende.
Parken	Auf dem ausgeschilderten Parkplatz am Ende der geteerten Straße.
Zugang	Siehe jeweiliger Sektor.
Lage der Felsen	Siehe Übersichtsskizze rechte Seite.
Meereshöhe	Dolomitenhütte 1620 Meter.
Routenanzahl	Insgesamt cirka 90 Routen. bis 4+ = keine Touren bis 6a+ = 7 Touren bis 6c+ = 32 Touren bis 7b+ = 21 Touren 7c = 7 Touren 7c+ = 10 Touren 8a = 3 Touren 8a+ = 4 Touren 8b = 2 Touren Die Routennamen stehen meist an den Einstiegen angeschrieben.
Absicherung	Meist sehr gut, Bohrhaken. Klemmkeile werden nicht benötigt.
Felsstruktur	Kalk, mit vielen Leisten und Schuppen.
Wandhöhe	10 - 40 Meter.
Beste Jahreszeit	Sommer, Herbst.
Übersicht der Sektoren	Sektor A **HOHE TRAGE** Seite 250 Sektor B **SÜDWAND** Seite 251 Sektor C **SÜDWESTWAND** Seite 253 Sektor D **PARADIES** Seite 253 Sektor E **MEKKA** Seite 255

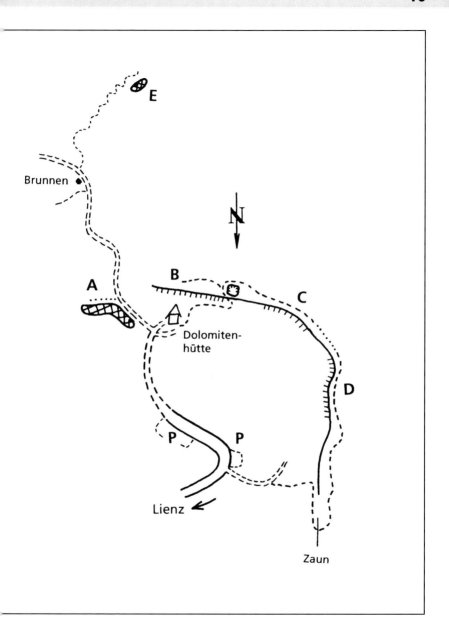

LIENZER DOLOMITEN - Dolomitenhütte ***

Sektor A **HOHE TRAGE**

Zugang Von der Dolomitenhütte auf breitem Schotterweg in Richtung »Karlsbader Hütte«. Nach 20 Metern befinden sich direkt am Weg die ersten Touren.

Routen Sektor A
1. 4+/5a
2. Immer grün 6c+/7a
3. Frisbe 6c+
4. Rudi Ratlos 6c
5. Brachial 8a
6. Minimal 7c
7. Ramba Zamba 7a
8. Prosit 7c
9. Alpenraute Freak 7a+
10. F. M. 6b+
11. Projekt
12. Furzwurz-Riß 7b+
13. Widerstand zwecklos 8b
14. Projekt

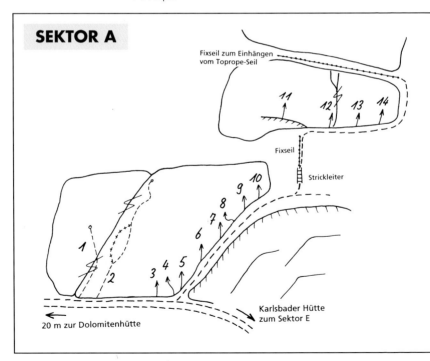

250 Österreich Rotpunkt Verlag

SÜDWAND

Sektor B

Zugang

Hinter der Dolomitenhütte zwischen dem roten PVC-Rohr und dem Brunnen absteigen und anschließend nach links zum Wandabbruch queren. Nun auf dem Pfad (nahe dem Wandabbruch) bergab, bis links ein kleiner Felsdurchschlupf sichtbar wird. Durch diesen hindurch und über eine Strickleiter absteigen. Links (mit Blick zum Tal) und am vorgelagerten Block befinden sich die Einstiege. Gehzeit von der Dolomitenhütte cirka 5 Minuten.

Routen Sektor B

Die Einstiege der Routen 18 - 29 erreicht man durch Abseilen! Die Abseilstellen befinden sich bei der Terrasse, hinter dem Zaun.

1. Mr. Eder 6b+
2. Smirz 7a
3. Albatros 7 +
4. Variante Natura 7c+
5. Art of monkey 7c+
6. Müller Edel 5c
7. Flippy 6b
8. Bernies Alptraum 6b+
9. BMX 6a+
10. S'Zupfale 6a+
11. Mousl 7a
12. Projekt

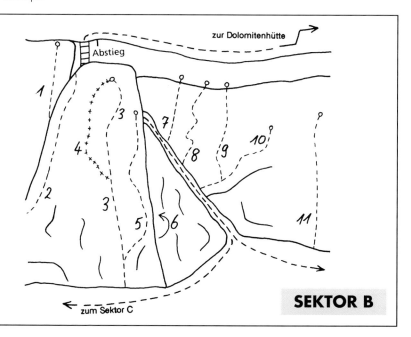

SEKTOR B

LIENZER DOLOMITEN - Dolomitenhütte ***

**Routen
Sektor B**

13. Maverick 1.SL 7a/2.SL 6a+/3.SL 6c+
14. Kupferberg 1.SL 6b+/2.SL 6a+/3.SL 6b+
15. Klavier 1.SL 6b/2.SL 6b
16. Black & white 6c+
17. Oben nichts böses 7b+
18. Windsong 7b+
19. Schlange 1.SL 6b/2.SL 6b+
20. Schank 1.SL 6b+/2.SL 6b
21. Variante-Schank 6c+
22. Daniel Düsentrieb 1.SL 6c+/2.SL 7a
23. Variante-Düsentrieb ?
24. Heavy Hammer 6c+
25. Clever und smart 6b+
26. Moulin Rouge 6c+
27. Yellow 6b
28. Firefox 6c+
29. Nilfisk 6a+
30. Mensch Ärgere Dich Nicht 5b
31. Direkt 6b+

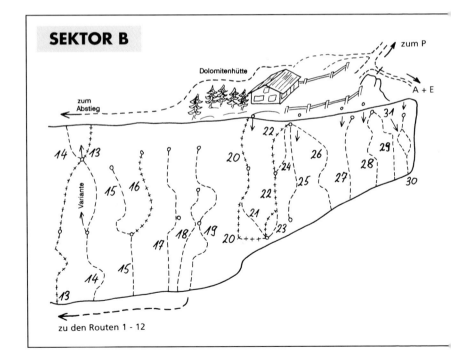

252   Österreich   Rotpunkt Verlag

SÜDWESTWAND

Sektor C

Hinter der Dolomitenhütte zwischen dem roten PVC-Rohr und dem Brunnen absteigen und anschließend nach links zum Wandabbruch queren. Nun auf dem Pfad (nahe dem Wandabbruch) bergab, bis links ein kleiner Felsdurchschlupf sichtbar wird. Durch diesen hindurch und über eine Strickleiter absteigen (links, mit Blick zum Tal, befindet sich der Sektor B), den vorgelagerten Block umgehen und auf undeutlichem Pfad zu den Einstiegen.
Die Einstiege der Routen 8 - 11 erreicht man durch Abseilen.

Zugang

Die Routen in diesem Sektor sind von rechts nach links aufgelistet!

Routen Sektor C

1. Axe 6b+ (zum Standpl. der Nr. 2)
2. Lucky man 1.SL 7b/2.SL 7a
3. Weberknecht 1.SL 6c/2.SL 6b
4. Kanzara 6b+ (vom Standpl. der Nr. 3 links weg)
5. Mittendrin 7a+ (zum Standpl. der Nr. 4)
6. 500 Miles to Jesus 7a
7. Moralelastix 1.SL 7a/2.SL 7a
8. Schockwellenreiter 7c+ (in Verlängerung der Nr. 6)
9. Flipping out 8a/8a+ (Einst. in Wandmitte)
10. Amaretto 1.SL 6b/2.SL 6b (Einst. in Wandmitte)
11. Sandy 6b (gleicher Einst. wie Nr. 10, dann linkshaltend)

PARADIES

Sektor D

Beim Parkplatz nicht zur Dolomitenhütte, sondern auf breitem Weg in südwestlicher Richtung, nach cirka 100 m halbrechts und über wegloses Gelände durch den Wald zum Wandabbruch. Dort nach rechts, bis links ein Pfad wegführt (ummantelter Zaun). Auf diesem linkshaltend, den Hang abwärts querend zu den Einstiegen. Gehzeit 6 - 7 Minuten.

Zugang

! Die Routen in diesem Sektor sind von rechts nach links aufgelistet!

Routen Sektor D

1. Nelly 6a
2. Betzy 6b+
3. Making movies 6b+
4. Hot Lover 6c
5. Con ces't du libre 6c
6. Exzest 6c+

LIENZER DOLOMITEN - Dolomitenhütte ***

**Routen
Sektor D**

7. Wopi 7b+ (Ausstiegsvariante)
8. Leben wie im Paradies 7c
9. Bellui san sal Paradiso 7c+
10. Rundumedum Projekt
11. Nix für Schuhlitzler Projekt
12. Amaretto 6b+
13. Sandy 1.SL 6b+/2.SL 6b+
14. Projekt
15. Space Runner 7c/7c+ (35 m)
16. Marlene Dietrich 8a
17. Jesus he know's me 8a/8a+
18. The beginning 7c/7c+
19. Another play in Paradise 7c
20. Magic la Luna 7c
21. High on Emotion 7a+
22. Schabracke 7b+
23. Schnage 7a
24. Gamswurst Baronesse 7a+
25. Leck Fett'n 1.SL 6a/2.SL 7a
26. Dornmöschen 7c

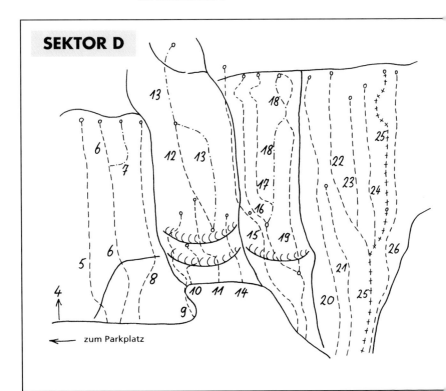

MEKKA

Sektor E

Zugang

Von der Dolomitenhütte auf breitem Schotterweg in Richtung »Karlsbader Hütte«, bis links ein Wanderweg zur »Weißstein Alm« abzweigt. Von dort noch etwa 50 m auf dem Schotterweg weiter zu einem Brunnen. 20 m nach dem Brunnen rechts weg und auf anfangs undeutlichem Pfad zuerst linkshaltend, dann steil bergab, bis sich unmittelbar rechts vom Pfad die Wand befindet.
Gehzeit 10 - 12 Minuten.

Routen Sektor E

1. Links außen 6c+
2. Mozart 6c+
3. Michelangelo 7a
4. Mekka Express 7c+
5. Explor 8a
6. Sadofaszinossum 8a+
7. Die mit dem Fels tanzen 8b
8. Sadomasso 7c+
9. The show must go on 8a+
10. Mona Lisa 7c+
11. Ringelspiel 7c

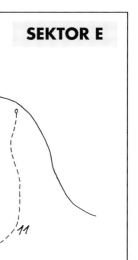

SEKTOR E

MALTA **

Allgemein

Wer unsere erste Ausgabe des Sportkletterführers von Österreich durchgeblättert oder ihn zum Klettern benutzt hat, dem sind die leerstehenden Zeilen beim Gebiet MALTA aufgefallen. Damals habe ich erst kurz vor Redaktionsschluß (es war im Dezember) von diesen Felsen erfahren. Um diese Jahreszeit war es natürlich viel zu kalt zum Klettern, längst war die Landschaft schneebedeckt.

Mittlerweile waren wir in diesem schönen Tal und hatten viel Freude an den steilen Wand- und Rißklettereien. Bei der nachfolgenden Auflistung beschränken wir uns auf den lohnendsten Teil, die KREUZWAND.

Wer mal keine Lust für harte Züge hat, kann sich beim Gasthof »Faller« auf ein gemütliches Bierchen niederlassen oder im benachbarten Gebäude die Mühle betrachten. Die andere Alternative wäre eine Wanderung (mit Kletterzeug) zum Wasserfall. Dem wachen Sportkletterauge werden wohl kaum die Bohrhaken links des Falls entgehen. Diesem Sektor gaben die Erschließer den Namen GELBES GEHEIMNIS. Etwas unterhalb vom Wasserfall gibt es im Sektor GRAUER FUCHS sieben Routen zwischen 6b und 7b+. Ganz lustig fanden wir die zwei Boulderblöcke (vom Gasthof »Faller« bereits sichtbar), an denen sich die ganz Kleinen im Vorstieg, bzw. Toprope versuchen können. Nähere Infos zu diesen beiden Sektoren gibt es im »Kärnten-Führer« von Ingo Neumann.

Vielen Dank an Gerhard Schaar, der uns bei diesem Gebiet seine Hilfe angeboten hat.

Lage

Cirka 27 Kilometer nordnordwestlich von Spittal und 54 Kilometer nordöstlich von Lienz.

Zufahrt

Von Salzburg auf der Autobahn A 10 durch das Tauerntunnel (gebührenpflichtig ÖS 190.-) in Richtung Spittal/Klagenfurt zur Ausfahrt Gmünd/Maltatal. Von dort nach Gmünd und weiter der Ausschilderung Maltatal folgen, bis sich cirka 800 m nach der Abzweigung zum Gasthof »Faller« (rechte Seite) rechts, unmittelbar bei der Straße, das Felsmassiv befindet (KOMPASS Wanderkarte, 1:50 000 Nr. 67 »Lungau«/«Radstädter Tauern).

Parken

Parkmöglichkeiten unmittelbar vor dem Felsmassiv.

Zugang

In wenigen Schritten zu den Einstiegen.

Lage der Felsen

Das Massiv ist nach Westen, bzw. Südwesten ausgerichtet.

Meereshöhe

830 Meter.

Insgesamt cirka 40 Touren. bis 4+ = 1 Tour bis 6a+ =13 Touren bis 6c+ =12 Touren bis 7b+ = 9 Touren Die Routennamen stehen an den Einstiegen angeschrieben.	**Routenanzahl**
Meist sehr gut, Bohrhaken (teils etwas älter). Zusätzlich können die Risse hervorragend mit Klemmkeilen und Friends abgesichert werden.	**Absicherung**
Granitgneis, Platten-, Wand- und Rißkletterei (im geneigteren Gelände, teils etwas beflechtet). Viele Leisten und Aufleger. Auf der Westseite senkrechte bis überhängende Kletterei.	**Felsstruktur**
10 - 80 Meter.	**Wandhöhe**
Frühjahr, Sommer, Herbst.	**Beste Jahreszeit**
– Faltblatt von Gerhard Schaar und Franz Karger. Erhältlich in der Fell- und Mineralienstube beim Parkplatz. – Cirka 170seitiger Topoführer »Klettern in Kärnten« von Ingo Neumann. Erhältlich bei Ingo Neumann, Auenstraße 126, A-9535 Schiefling, Tel. 0 42 74/43 57, Fax 5 18 79 oder in Gödersdorf (beim Klettergebiet KANZIANIBERG) im »Hotel Zollner«.	**Topo**
In Malta »Terrassencamping Malta«, Familie Pirker, 9854 Malta, Tel. 0 47 33/2 34. Preise: Pro Person (NS) ÖS 65, (HS) ÖS 75; Kinder von 3 - 14 Jahren (NS) ÖS 40, (HS) ÖS 45; Platz je nach Zeltgröße zwischen ÖS 60 - ÖS 100, Kurtaxe ÖS 11,50. Ganzjährig geöffnet.	**Übernachten**
Kleinere Geschäfte in Malta, großer Supermarkt in Gmünd.	**Lebensmittel**
Brunnen in Malta, oberhalb der Kirche oder bei der Hauptstraße (beim Baumöbelmuseum).	**Wasser**
In Spittal, Ortenburger Straße, Tel. 0 47 62/31 09. Öffnungszeiten: Di. bis Fr. von 8.00 - 20.00 Uhr; Sa. von 13.00 - 19.30 Uhr; So. von 9.30 - 19.30 Uhr; Mo. geschlossen.	**Hallenbad**
In Spittal »Sport Plank«, Villacher Straße 53, Tel./Fax 0 47 62/3 63 80.	**Sportgeschäft**

MALTA **

Touristenbüro
– 9854 Malta 13, Tel. 0 47 33/2 40 oder 2 20. Öffnungszeiten: Mo. bis Fr. von 8.30 - 16.00 Uhr. In den Monaten Juni, Juli und August, Mo. bis Fr. von 8.30 - 17.00 Uhr, Sa. von 9.00 - 11.00 Uhr und von 15.00 - 19.00 Uhr, So. 9.00 - 11.00 Uhr.

– 9800 Spittal, Burgplatz 1, Tel. 0 47 62/34 20. Öffnungszeiten: Mo. - Fr. von 9.00 - 18.00 Uhr, Sa. von 9.00 - 13.00 Uhr; in den Monaten Juli und August Mo. bis Fr. von 9.00 - 20.00 Uhr.

Routen

Westseite
1. Himmel Hölle 1.SL 6a/2.SL 6a+
2. Geierwally 6b
3. Fledermaus 6c+/7a
4. Graf Lodron Projekt
5. Sex Point Charlie 1.SL 7a/2.SL Projekt
6. Bussard 6c+
7. Killing Gandhi Projekt (Einst. auf Absatz)
8. Syrus 1.SL 7a/2.SL 6c+ (Einst. auf Absatz)
9. Camel Filter 1.SL 6a/2.SL 7a (Einst. auf Absatz)
10. 6a

Südwestseite - oberer Teil
11. Memphis Tennesse 6a
12. Ritschis Alptraum 6a+
13. Schlapp Schuß 6a
14. Gschrabeittl 6a
15. Let's dance 6b
16. Calafate City 5c
17. Flaumy Extra 4+
18. Gfiatach 1.SL 4/2.SL 5c
19. Tap Tap 6c+
20. Meuterei auf der Bounty Projekt (Stand bei Nr. 19)
21. Bangladesch 7a+
22. Nudl Move 1.SL 5a/2.SL 6b/3.SL 7a
23. Menhir Projekt
24. Super Gau 1.SL 5a/2.SL 7a/3.SL 7a+

Südwestseite - unterer Teil
25. Falkenauge 6a+/6b
26. Adlerblick Projekt (2.SL von Nr. 25)
27. Kärntner Nudl 1.SL 5a/b/2.SL 6a/3.SL 5a
28. To do Onara 7b+
29. Möwe Jonathan 1.SL 6b+/2.SL 7a+

30. Faller 5c
31. Jeder wie er will 6b
32. Furz 6b
33. Power play 6c
34. Dino S. 5c
35. Siggi 5a
36. Die Erste 6c (2.SL von Nr. 35)
37. Pegasus 1.SL 6c+/2.SL 6c+
38. Vamos Anita 5b
39. Velociraptor 7b+ (Top rope)
40. Bronto S. 1.SL 6a+/2.SL 6b
41. Light food 1.SL 5a/b/2.SL 7a+
42. Fliegender Heini 1.SL 5a/b/2.SL 6b+

DOBRATSCH **/***

Allgemein

Es war an einem kalten Januartag 1348, Kärnten wird von einem furchtbaren Erdbeben erschüttert. Mit wildem Getöse stürzt die Südwand des 2168 m hohen Dobratsch in die Tiefe und verschüttet die angrenzenden Dörfer. Das herabgestürzte Geröll staute den Fluß Gail auf, die Folge war eine unvorstellbare Überschwemmung. Durch die Erschütterung fielen etliche Petroleumlampen und Kocher zu Boden und setzten die Häuser in Flammen. Noch heute kann man im Gailtal die verwachsenen Schutthügel des damaligen Unglücks sehen. Über 500 Milliarden Kubikmeter Erde, Schutt und Steine stürzten herab, es handelte sich um die größte mittelalterliche Naturkatastrophe der weiten Umgebung. Ortschaftsnamen wie Oberschütt oder Unterschütt erinnern heute an das Unglück.

Wir fahren von 500 m Meereshöhe (Villach) zum Ende der geteerten Mautstraße, auf 1732 m, dem Ausgangspunkt zu unserem Klettergebiet.

Begonnen hat alles 1991 an dem Jägersteigspitz mit der Route *Eichenkeilriß*. Gerhard Riedel, der Wirt des gemütlichen »Roßtrattenstüberls« und Peter Tripolt bestiegen seinerzeit die freistehende Felsnadel in technischer Kletterei. Noch heute stecken alte Holzkeile im Riß. Zwei Jahre später entdeckten Ingo Neumann und Andreas Bergmann das herrliche Felspotential am Dobratsch. In tollem Ambiente, mit Blick ins Gailtal, kann man hier oben in kurze Sportkletterrouten einsteigen, oder man versucht sich zum Beispiel in *Hurra die Gams*, einer Tour mit vier Seillängen, die erst im Sommer 94 erstbegangen wurde. Mittlerweile gibt es 18 Touren und es werden bestimmt noch einige hinzukommen. Da die meisten Routen noch relativ neu sind und wenige Wiederholungen haben, empfiehlt es sich (zumindest für den Sichernden) einen Steinschlaghelm zu tragen!!

Herzlichen Dank an Ingo Neumann, der mir die Routenauflistung und das Topo von seinem Kletterführer zur Verfügung stellte.

Lage

Cirka 10 Kilometer westlich von Villach.

Zufahrt

Von Spittal auf der Autobahn A 10 in Richtung Villach zur Ausfahrt Villach-West und weiter auf der B 86 in Richtung Villach-Zentrum. Nun der Ausschilderung »Villacher Alpenstraße«/»Dobratsch« folgen und über die Mautstraße (Hauptsaison ÖS 160, Nebensaison ÖS 140; mit Gästekarte Verbilligung von ÖS 20. In der Zeit von 15. Nov. bis 15. April keine Mautgebühr!) zu ihrem Ende beim Berggasthaus »Roßtratten- Stüberl« (KOMPASS Wanderkarte 1:50 000, Nr. 64 »Villacher Alpe« »Unteres Drautal«)

Parken

Auf dem Parkplatz Nr. »11«.

Zugang

Auf anfangs geteertem Weg zur Talstation des Sessellifts. Von dort weiter ansteigend auf dem Schotterweg zur ersten Rechtskehre. Nun geradeaus, den Hang querend, bis der Wanderweg unterhalb der freistehenden Türme vorbeiführt. Gehzeit 25 Minuten.

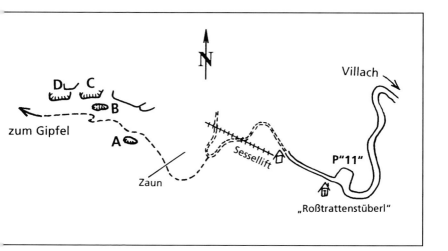

Roßtrattenstüberl
Fam. Riedel

Villacher Alpe (Dobratsch), 9530 Bad Bleiberg, Tel. 0 42 42 / 75 05 17

TREFFPUNKT
DER KLETTERER

DOBRATSCH **/***

Lage der Felsen	Überwiegend sind die Routen südseitig exponiert.
Meereshöhe	Villach cirka 500 Meter, Parkplatz 1732 Meter, Einstiege 1850 Meter.
Routenanzahl	Insgesamt 18 Touren.

bis 4+ = keine Touren
bis 6a+ = 3 Touren
bis 6c+ = 5 Touren
bis 7b+ = 6 Touren
    7c = 2 Touren
    A1 = 1 Tour

Es stehen keine Routennamen an den Einstiegen angeschrieben.

Absicherung	Sehr gut, Bohrhaken. Es werden keine Klemmkeile benötigt.
Felsstruktur	Kalk, teils plattiger Fels.
Wandhöhe	13 - 80 Meter. Bei der Routenauflistung wird zu jeder Tour die Routenlänge angegeben.
Beste Jahreszeit	Spätes Frühjahr, Sommer, Herbst.
Szenenkneipe	»Roßtrattenstüberl« (beim Parkplatz), Fam. Riedel, Tel. 0 42 42/75 05 17.
Topo	Cirka 170seitiger Topoführer »Klettern in Kärnten« von Ingo Neumann. Erhältlich bei Ingo Neumann, Auenstraße 126, A-9535 Schiefling, Tel. 0 42 74/43 57, Fax 5 18 79 oder in Gödersdorf im »Hotel Zollner«.
Allgemeine Infos	Alle weiteren Infos siehe Klettergebiet KANZIANIBERG Seite 266.

Übersicht der Sektoren	Sektor A	**TOR**	
	Sektor B	**JÄGERSTEIGSPITZ**	Seite 263
	Sektor C	**PFEILER**	Seite 263
	Sektor D	**PLATTEN**	Seite 263

Routen Sektor A

TOR

1. Moderator 6a+ (13 m)
2. Rabiator Projekt (14 m)
3. Kulminator 7b (13 m)

JÄGERSTEIGSPITZ

Routen Sektor B

4. Phönix 7a+ (24 m)
5. Fön 7a+ (24 m)
6. Eichenkeilriß 5a/A1 (3 SL; 40 m)
7. Scheherazade 7c (29 m)
8. Potz Blitz! 6c+ (29 m)
9. Futtour 6b+ (22 m)

PFEILER

Routen Sektor C

10. Almrauschexpreß 7b+ (25 m)
11. Begnadete Körper 7c (30 m)
12. Hurra die Gams 1.SL 6b/2.SL 6b+/3.SL 7b/4.SL 6a (81 m)

PLATTEN

Routen Sektor D

13. Wanderschwein 6a+ (28 m)
14. Schweres Los 6a (30 m)
15. Prinzenrolle 6c+ (29 m)
16. Prinzenrolle-rechts 6b (29 m)
17. Schlüssel zum Erfolg 7a (21 m)
18. B. B. U. G. 6c (18 m)

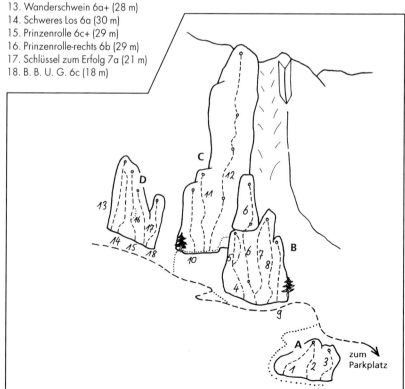

KANZIANIBERG ***

Allgemein

Die angespannte Lage am KANZIANIBERG hat sich wieder normalisiert. Das bedrohliche Kletterverbot, welches 1991 wie ein Damoklesschwert über dem »Kanzi« hing, konnte zum Glück verhindert werden. Dazu beigetragen hat die IG Sportklettern Kärnten, die im selben Jahr gegründet wurde. Nach dem Motto »Wir lassen uns das Klettern nicht verbieten« kämpfte man gemeinsam mit dem Kärntner Berg- und Skiführerverband gegen die Behörden, denn wenn man bedenkt, daß in der Burgarena Finkenstein (etwa 2,5 Kilometer bergauf) in den Sommermonaten Juli und August, der größte Touristenrummel herrscht, so kommen einem doch gewisse Zweifel. Zur Entspannung der Lage hat auch der Parkplatz (zwischen Felsmassiv und Finkenstein) beigetragen. Parkt bitte nach wie vor Euer Auto dort und geht die letzten paar Meter zu den Felsen.

Wer nähere Informationen über die IG Sportklettern Kärnten haben möchte, wende sich bitte an Christian Perschern, Rainweg 2, A-9582 Oberaichwald, Tel. 0 42 54/38 56. Wie sagte einst Wolfgang Güllich über die Interessengemeinschaft Klettern: »Ja zu IG-Klettern, um uns das zweitwichtigste Vergnügen zu erhalten.«

Da es vom KANZIANIBERG einen umfangreichen und durch Ergänzungsblätter immer aktuellen Topoführer gibt, habe ich mich entschlossen, nur die lohnendsten Sektoren zu beschreiben. Wer also einen längeren Urlaub im Kärntner Land plant, dem sei dieser Führer von Ingo Neumann und Udo Meschik empfohlen.

Kenner der Szene werden sich nun fragen, warum eigentlich in diesem Führer das österreichische Top-Klettergebiet WARMBAD bei Villach nicht aufgeführt ist. Gehört es doch wirklich zu den fünf besten Gebieten von Österreich. Doch da gab's (und gibt's) Probleme mit den Jägern. Also war für mich klar - keine Veröffentlichung, damit der Ansturm nicht zu groß wird. Desweiteren fehlen z. B. KALTBAD oder ST. JAKOB, all diese Gebiete beschreibt Ingo Neumann in seinem Kletterführer »Klettern in Kärnten«. Erhältlich ist dieser umfangreiche Führer, in dem übrigens mehr als 20 Gebiete vorgestellt werden, in Gödersdorf in der Szenenkneipe »Hotel Zollner« oder direkt bei Ingo, Auenstraße 126, A-9535 Schiefling, Tel. 0 42 74/43 57, Fax 5 18 79.

Lage

Cirka 7 Kilometer südöstlich von Villach und 31 Kilometer westsüdwestlich von Klagenfurt.

Zufahrt

Von Salzburg auf der Autobahn A 10 durch das Tauerntunnel (gebührenpflichtig ÖS 190) in Richtung Klagenfurt zum Autobahnkreuz Villach. Von dort auf der A 2 in Richtung Udine/Italien zur Ausfahrt Villach-Warmbad/Wurzenpaß. Nun immer der Ausschilde-

rung Finkenstein folgend. In Finkenstein rechts ab in Richtung »Burgarena Finkenstein«, bis sich 200 Meter nach dem letzten Haus von Finkenstein auf der linken Seite ein Parkplatz befindet (KOMPASS Wanderkarte 1:50 000, Nr. 61 »Wörther See, Ossiacher See).	**Zufahrt**
Da der Kanzianiberg zum Quellschutzgebiet ernannt wurde, ist das Parken direkt unter den verschiedenen Sektoren strengstens verboten!	**Parken**
Vom Parkplatz die geteerte Straße etwa 500 m ansteigend, bis sich links die »Bergwachthütte« befindet. Von dort auf angelegtem Weg zu den Einstiegen (siehe Skizze Seite 268). Gehzeit cirka 10 Minuten.	**Zugang**
Die Felsen sind überwiegend nach Westen bzw. Südwesten ausgerichtet.	**Lage der Felsen**
650 Meter.	**Meereshöhe**
Insgesamt cirka 250 Touren, davon werden 86 beschrieben.	**Routenanzahl**

bis 4+ = 5 Touren
bis 6a+ = 13 Touren
bis 6c+ = 22 Touren
bis 7b+ = 21 Touren
     7c = 6 Touren
     7c+ = 7 Touren
     8a+ = 1 Tour
     A2 = 1 Tour

Teilweise stehen die Routennamen an den Einstiegen angeschrieben.

Sehr gut, Bohrhaken und Klebehaken. Klemmkeile werden nicht benötigt.	**Absicherung**
Kalk, überwiegend Leisten.	**Felsstruktur**
12 - 70 Meter.	**Wandhöhe**
Ganzjährig	**Beste Jahreszeit**
60seitiger Topoführer »Klettern am Kanzianiberg« (mit aktuellem Ergänzungsblatt) von Ingo Neumann und Udo Meschik. Erhältlich unter anderem in Gödersdorf im Hotel »Zollner«.	**Topo** ·

KANZIANIBERG *** 21

Übernachten	– Pension »Preschern«, Fam. Preschern, Rainweg 2, 9582 Oberaichwald (am Faaker See), Tel. 0 42 54/21 04 oder 38 56. Ferienwohnungen und Zimmer am Bauernhof mit familiärer Atmosphäre. Desweiteren Trainingsmöglichkeiten im eigenen Trainingsraum! Preise: Pro Person mit Frühstück (incl. Kurtaxe) zwischen ÖS 220 und ÖS 290 (Nebensaison ÖS 160 - 200).
	– Campingplatz »Poglitsch« in Faak am See, Kirchenweg 19, Tel. 04254/2718. Von Finkenstein Richtung Ferlach, dann links Richtung Faaker See. Von dort ausgeschildert. Preise: pro Person ÖS 59; Kinder bis 10 Jahre ÖS 44; Platz ÖS 90; Hund ÖS 20; Kurtaxe ÖS 13; in der Vor- und Nachsaison cirka 10% Ermäßigung. Ganzjährig geöffnet.
	Weitere Campingplätze rund um den Faaker See.
Lebensmittel	Kleinere Geschäfte in Finkenstein. Der nächste große Supermarkt befindet sich in Villach.
Wasser	Brunnen in Finkenstein.
Hallenbad	In Warmbad-Villach »Erlebnis-Therme« (ausgeschildert) Hallenfreibad mit Riesenrutschbahn und weiteren Attraktivitäten. Preise: Erwachsene ÖS 105; Jugendliche ÖS 65; Kinder (4 - 10 Jahre) ÖS 55; Kinder bis 4 Jahre frei (Familienangebote vorhanden) Öffnungszeiten: Mitte Sept. bis Ende Mai von 10.00 - 21.00 Uhr; Anfang Juni bis Mitte Sept. 9.00 - 20.00 Uhr. Tel. 0 42 42/3 00 27 50 oder 3 78 89.
Sportgeschäft	In Ferlach »Alpinsport«, Freibacherstraße 1, Tel. 0 42 27/43 66.
Kletterhalle	Im Herbst 1995 wird in Villach in der Mehrzweckhalle eine Kletterwand eingeweiht. Nähere Auskunft erteilt Rudolf Funk, Tel. 0 42 42/20 52 13.
Touristenbüro	– 9583 Faak am See, Tel. 0 42 54/21 10-0.
	– 9500 Villach, Europaplatz 2, Tel. 0 42 42/2 44 44-0. Öffnungszeiten: Mo. - Fr. 8.00 - 12.30 Uhr und 13.30 - 18.00 Uhr, Sa. 9.00 - 12.00 Uhr.
Szenenkneipe	In Gödersdorf »Hotel Zollner«, mit Gartenwirtschaft.

„Pension Preschern"
Ferienwohnungen und Frühstückspension am Bauernhof

Wir bieten Unterkunft am Bauernhof in familiärer Atmosphäre

- **Zimmer mit Du/WC und Frühstück**
  oder
- **Appartements** /voll ausgestattet mit Küche
  zusätzlich
- Kinderspielplatz • eigenes Strandbad am See
- Ruderboote • Mountainbikes
  sowie
- **Trainingsmöglichkeit im eigenen Kletterraum**
  (Raum mit ca. 50 qm bekletterbarer Wandfläche)

**Familie Preschern
A-9582 Oberaichwald — Faaker See
Rainweg 2, Tel. 04254/3856 o. 2104**

Fordern Sie unser Hausprospekt an!

 Hotel ZOLLNER

Familie Zollner
A-9585 Gödersdorf
Finkensteiner Str. 14
Kärnten - Austria
Tel. (0 42 57) 28 56..0
Telefax (0 42 57) 28 56 29

TREFFPUNKT DER SZENE
Ganzjährig geöffnet

KANZIANIBERG ***

Übersicht der Sektoren

Sektor A	**GROSSER PRASVALE** — Seite 269
Sektor B	**KLEINER PRASVALE** — Seite 270
Sektor C	**GR. & KL. WESTWAND/ SONNWENDKOPF** — Seite 272
Sektor D	**SCHLUCHTTURM** — Seite 274

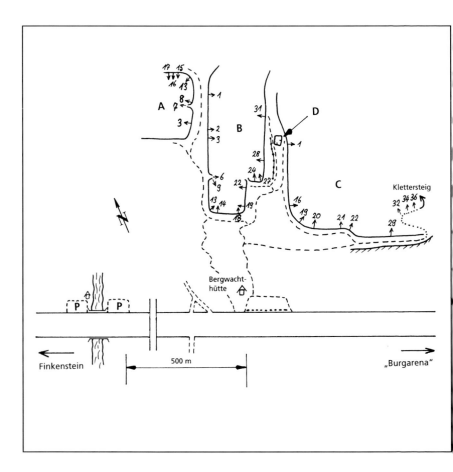

21

GROSSER PRASVALE   **Routen Sektor A**

Schluchtwand
1. Einbahn 7c/7c+
2. Sackgasse 7a+
3. Siddhartha 6b+
4. Sternenstaub 7b (Einst. wie Nr. 5, oben links weg)
5. Esel streck dich 7a (Einst. wie Nr. 4, oben rechts weg)
6. Menschen wie du und ich 6c (blauer Pfeil)
7. Großer Prasvale Normalweg 2 (tiefer Kamin)
8. Einer flog über das Kuckucksnest 7c (4 m rechts von Nr. 7)
9. Schlucht-Projekt ?
10. Projekt
11. Rock me Baby 8a+/8b (links von Verschneidung in oberer Wandhälfte)
12. Agagrüztika 8a+ (Schlinge in 1. BH, anschl. gerade hoch)
13. Ostkante 7a+ (links von überh. Kante)
14. Segafredo 6c+ (3 m links von Nr. 15)
15. Weberknecht 6a+/6b
16. 6b+
17. Leistenbruch 7a

Sportkletterkurse

unter Leitung eines staatl.gepr.Sportkletter-Trainers

Erlerne und e r l e b e die Faszination des Freikletterns

in den Klettergärten Kärntens!
(individuelle Kurse, ggf. Videounterstützung)

Anfragen bei: Ingo Neumann

A 9535 Schiefling am See Auenstr.126 tel 04274-4357 fax 04274-51879

Außerdem sind folgende Kletterführer erhältlich:
›Klettern am Kanzianiberg‹
›Friaul-Topo-Kletterführer‹
›Klettern in Kärnten‹

KANZIANIBERG ***

Routen Sektor B

KLEINER PRASVALE

Westseite (in der Schlucht)
1. Die Schattige 6a (oben in Schlucht; geschl H.)
2. Can Can 7a
3. Karin und Silvia 7a+

(außerhalb der Schlucht)
4. Aug. 82-Führe 1.SL 5c/2.SL 5b
5. Feistritzer-Führe 5c/6a
6. Westkamin 3 (Stahlseil)
7. Brezn Bam 6c+ (Einst. in Wandmitte der Nr. 6)
8. Sein oder Nichtsein Projekt (Variante zur Nr. 9; dir. über's Dach)
9. Umleitung 7b (Einst. bei Nr. 7; rechts der Kante von Nr. 6)
10. Brutalinski 1.SL 6c+/2.SL 7a+
11. Steter Tropfen 7a+/7b (Einst. oben auf Absatz)
12. Ikarus 7c/7c+ (rechts von Nr. 11; Einst. ganz unten)
13. Khaosan 1.SL 7a/2.SL Projekt

Südwestseite
14. Südwestwandriß 1.SL 6b/2.SL 5c
15. Dachlvariante 5c (Variante zu Nr. 14, oben dir. über's Dach)
16. Narrenspiegel 7b+
17. Weiße Platte 6b+
18. Omega 5c

Südostseite
19. Langer Hermann 5c
20. Tequila Sunrise 7b
21. Im Kühlschrank brennt noch Licht 6c+
22. Henkel Trocken 5a
23. Rechte Südostwand (Das »Z«) 1.SL 5b/2.SL 4+

Südwestseite
24. Polyp 7c
25. Singapur 6b/6b+ (oben rechtshaltend)
26. Jolly Jumper 7b (Einst. wie Nr. 24, oben gerade hoch)
27. 7c

Ostseite
28. Fuck am See 7a+ (6 m rechts von der Kante)
29. Ostseite 6/A2
30. Russisches Roulette 6b+
31. Karfreitag 84 Projekt

SEKTOR B

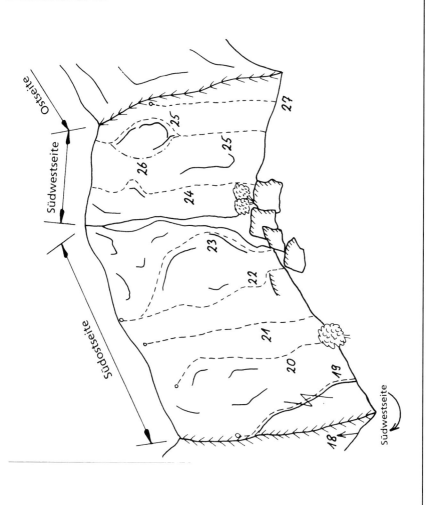

KANZIANIBERG ***

Routen Sektor C

GR. & KL. WESTWAND/SONNWENDKOPF

GROSSE WESTWAND
1. Ananga Kanga 1.SL 7c/2.SL 7b (Einst. über Block)
2. Keiner schläft 1.SL 7c/7c+/2.SL Projekt
3. Projekt
4. Amazonia 7c+
5. Filzlaus 1.SL 6c/2.SL 6b+
6. Filzlaus-Variante 6a
7. Zwickmühle 6b+
8. Alles Paletti 6a+/6b
9. Einsame Herzen 7a+ (Einst. in Wandmitte)
10. Alles Pipi 6b
11. Pippi Langstrumpf 7c+
12. Gr. Westwand 1.SL 6b/2.SL 6c+
13. Stranger than Paradise 1.SL 6c/2.SL 7c
14. Casablanca 7c

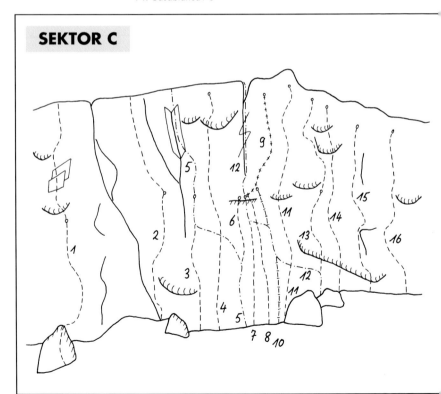

SEKTOR C

15. Ballet Mecanique 7c+
16. Koiaanis-Quaatsi 7c+
17. Kanonenfutter 7b
18. Ritter der Kokosnuss 7a+
19. Kriminaltango 7a

Routen
Sektor C

KLEINE WESTWAND
20. Wasserfallweg 1.SL 5a/b/2.SL 6a (alte dicke H.)
21. Weißer Streifen 6a/6a+
22. Kleine Westwand 5a
23. »Löcher im eisernen Vorhang« 1.SL 6c/2.SL 6b+
24. Löcher-Variante I 6c (ab d. 3. BH von Nr. 23 linkshaltend)
25. Löcher-Variante II 6b (in d. 2.SL von Nr. 23 linkshaltend)
26. Pirhanas ?

SONNWENDKOPF
27. Südwestkante 1.SL 5c/2.SL 6b+
28. 5b
29. Zillertaler Hochzeitsmarsch 7b+
30. Fingerloch 5a/b (Einst. in Wandmitte)

31. Klettersteig

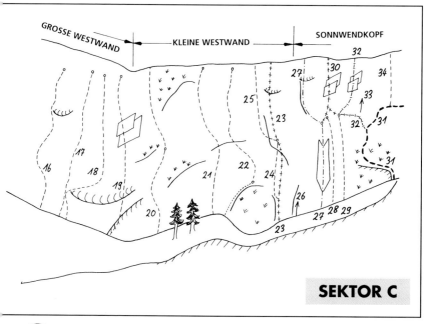

SEKTOR C

KANZIANIBERG *** 21

Routen
Sektor C

32. Gärtnerriß 1.SL 5c/2.SL 4-
33. ?
34. El Toro 7a+/7b
35. Traumtänzer 7b+
36. Steinzeit 6a/6a+

Routen
Sektor D

SCHLUCHTTURM

Südwestseite
1. Südwestwand 3+ (Keile)

Südostseite
2. Schlumpfinchen 6b+ (gegenüber von Ananga Kanga)

high ways.

Kanziani.

Ein Berg und seine Geschichte.
Viele trampeln die ausgetretenen Routen.
Andere haben Stil. Können, Kraft und Leistung
sind eine Symbiose aus Denken und Wollen.

Wir führen die starken Routen.
Und geben unser Bestes.
Marken-Ausrüstung zum Leihen und Kaufen.

Think higher. Rent professional.

Alpinschule und Bergsport.	**9170 Ferlach**
Rainer Petek und Gerald Sagmeister	Freibacherstr. 1
Staatlich geprüfte Berg- und Skiführer,	Tel. 04227/4366 oder
Sportkletter-Trainer und	0043/4227/4366
Sportwissenschaftler.	Montag bis Freitag von 16 - 19 Uhr

GRAZ ***

Allgemein

In der Neuauflage dieses Buches haben wir unter dem Oberbegriff GRAZ fünf Klettergebiete beschrieben, die allesamt lohnenswert sind. Beginnen wir mit dem wohl bekanntesten und einem der härtesten Österreichs, der ARENA. Ausgangspunkt ist der Parkplatz »Bärenschütz«, von dem man in wenigen Gehminuten die verschiedenen Sektoren erreicht. Das Gelände ist senkrecht bis überhängend, einfache Anstiege sucht man vergebens. Mit den Erstbegehungen der Routen *Zeitgeist 8a* (Thomas Hrovat) und *Train and Terror 7c+/8a* (Robert Kerneza) gelangen den beiden 1984 die damals schwierigsten Sportklettertouren in Österreich. Matthias Leitner und Christoph Grill sind zwei weitere Namen, die maßgeblich an der Erschließung der ARENA beteiligt waren. Während es Thomas Hrovat und Christoph Grill in den nächsten Jahren vor allem ins ZIGEUNERLOCH zog, war es Robert Kerneza vorbehalten, die Erschließung der ARENA fortzuführen. 1986 gelang ihm die Route *Phallus Dei 8b* und vier Jahre später *Vagina Diaboli 8b/8b+*. 1993 wurde von Michael (Much) Matlschwaiger die bislang schwierigste Route in der Arena im Rotpunktstil erstbegangen: *Small change 8b+*.

Etwas abgelegen und ruhig im Wald liegen die verschiedenen Felsmassive der VORDEREN BÄRENSCHÜTZKLAMM, dort geht es im Vergleich mit der ARENA etwas gemäßigter zu, wobei die Mehrzahl der Routen trotzdem im Bereich 6b - 7b liegen. Die Touren sind allesamt sehr gut abgesichert, durch die Abgelegenheit hat man den Fels meist für sich allein. Die weiteren Massive der VORDEREN BÄRENSCHÜTZKLAMM sind auf der Skizze eingezeichnet und werden in kurzen Worten vorgestellt.

1991 begann man die BADLWAND, bei der kleinen Ortschaft Badl, zu erschließen. Der kurze Zugang, eine Wandhöhe zwischen 10 und 30 Metern und natürlich der feste Fels ziehen die Sportkletterer an. Eingestiegen wird auf dem Dach einer alten Straßengalerie.

Für Sportkletterverhältnisse ungewöhnlich lang und hart ist der Zugang zum HASENSTEIN. Wer ein Bike besitzt, kann die Forstwegstrecke (zumindest beim Rückweg) fahrend zurücklegen. Die letzten Meter zum Wandfuß müssen dann anstrengend zu Fuß zurückgelegt werden, doch oben angekommen entlohnt einen der gute Fels. Die Erschließung des Hasensteins erfolgte (mit Ausnahme von drei Touren) von Michael Nedetzky. 1988 setzte er an diesem freistehenden Felsmassiv die ersten Bohrhaken. An dieser Stelle vielen Dank an Michael Nedetzky und Much Matlschwaiger, die mich bei den Grazer Klettergebieten sehr unterstützt haben. Für absolute Spitzenkletterer haben wir auch in dieser Ausgabe das ZIGEUNERLOCH aufgenommen, es darf einfach bei den Grazer Klettergärten nicht fehlen. Mittlerweile gibt es sechs gekletterte Touren, die alle sehr hart (7c - 8b), sehr athletisch (bis zu 22 Meter überhängend), dafür aber regensicher sind.

Im Murtal, zwischen Bruck und Graz.	**Lage**
Siehe jeweiliges Klettergebiet.	**Zufahrt/ Parken/Zugang**
Frühjahr, Sommer, Herbst.	**Beste Jahreszeit**
142seitiger Topoführer »Grazer Bergland« (sowie dazugehörige Ergänzungsblätter) mit mehreren teils alpinen Klettereien. Erhältlich unter anderem in Bruck im Sportgeschäft »Amberger«.	**Topo**

– In Mixnitz, Gasthof »Fuchswirt«, 8131 Mixnitz, Tel. 03 86/2 79. Hinterm Haus stehen Zelte für ÖS 25/Person zur Verfügung oder mit dem eigenen Zelt ÖS 25 (egal wieviel Personen). Zimmer mit Frühstück zwischen ÖS 180 und ÖS 200, Kinder bis 6 Jahre ÖS 95; Jugendliche bis 15 Jahre ÖS 115. **Übernachten**

– Camping »Lanzmaierhof« P. u. E. Waidacher, Ungersdorf 16, 8130 Frohnleiten. Tel. 0 31 26/23 60. Zwischen Mixnitz und Peggau. Preise: Pro Personen ÖS 35; Kinder bis 14 Jahre ÖS 18; Auto ÖS 25; Zelt ÖS 12 - 24 (Preise incl. Kurtaxe). Geöffnet von 1. April bis 15. Oktober.

Am besten mit vollem Wassertank anreisen. **Wasser**

– In Kapfenberg (unmittelbar nordöstlich von Bruck) »Sportzentrum Kapfenberg«, Johann-Brandl-Gasse 23, Tel. 0 38 62/23 88 20. Öffnungszeiten: Mo. von 14.00 - 20.00 Uhr; Di., Mi. und Do. von 7.30 - 20.00 Uhr; Fr., Sa. und So. von 9.00 - 20.00 Uhr. **Hallenbad**
– In Graz, Hallenbad »Eggenberg«, Tel. 03 16/58 15 51. Öffnungszeiten: Täglich von 9.00 - 21.00 Uhr.

In Bruck **Sportgeschäft**
– »Amberger« Roseggerstraße 32, 8600 Bruck. Tel. 0 38 62/5 59 00.

In Graz
– »Northland«, Elisabethiner Gasse 22, Tel. 03 16/9 14 17 70.
– »Karsten und Öhler«, Sackstraße 7 - 13, Tel. 03 16/87 00.

Kleine Kletterhalle in Mixnitz. Auskünfte und den Schlüssel für die Halle gibt's beim »Fuchswirt« (Szenenkneipe). **Kletterhalle**

– 8600 Bruck, Kolomann-Wallisch-Platz 25, Tel. 0 38 62/5 18 11. Öffnungszeiten: Mo. - Fr. von 8.30 - 12.00 Uhr und 14.00 - 17.00 Uhr; Sa. von 9.00 - 12.00 Uhr. **Touristenbüro**

GRAZ *** 22

Touristenbüro	– 8010 Graz, Herrengasse 16, Tel. 03 16/83 52 41. Öffnungszeiten: Mo. - Fr. von 9.00 - 18.00 Uhr, Sa. 9.00 - 15.00 Uhr, So. von 10.00 - 15.00 Uhr.
Szenenkneipe	In Mixnitz »Fuchswirt« (netter Wirt, gutes Essen!!)

Übersicht der Klettergärten

Gebiet 1	**ARENA *** **	Seite 280
Gebiet 2	**VORDERE BÄRENSCHÜTZKLAMM ****	Seite 286
Gebiet 3	**BADLWAND **/****	Seite 294
Gebiet 4	**HASENSTEIN **/****	Seite 297
Gebiet 5	**ZIGEUNERLOCH **/****	Seite 300

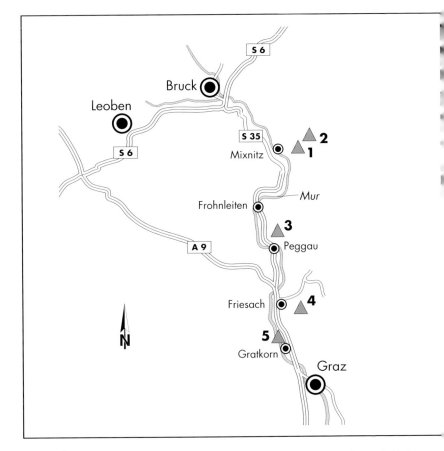

GRAZ - Arena ***

Lage	Cirka 30 Kilometer nördlich von Graz und 12 Kilometer südöstlich von Bruck an der Mur.
Zufahrt	Von Bruck auf der Schnellstraße S 35 in Richtung Graz bis links eine Straße nach Mixnitz führt. Von Mixnitz der Ausschilderung »Bärenschützklamm« folgen, bis zum Ende der geteerten Straße.
Parken	Ausgeschilderter Parkplatz am Ende der geteerten Straße.
Zugang	Vom Parkplatz auf breitem Wanderweg der Ausschilderung »Bärenschützklamm« folgen, bis der Weg über den Bach führt (siehe Skizze Seite 287). Gehzeit 5 - 6 Minuten. Weiterer Zugang siehe Sektorenübersicht Seite 282).
Lage der Felsen	Siehe Skizze Seite 282.
Meereshöhe	450 - 500 Meter.
Routenanzahl	Insgesamt cirka 60 Touren. bis 4+ = keine Touren bis 6a+ = 3 Touren bis 6c+ = 12 Touren bis 7b+ = 16 Touren 7c = 3 Touren 7c+ = 6 Touren 8a = 3 Touren 8a+ = 3 Touren 8b = 2 Touren 8b/8b+ = 1 Tour 8b+ = 1 Tour Die Routennamen stehen fast nie an den Einstiegen angeschrieben.
Absicherung	Meist sehr gut, Bohrhaken und kleine Bühler-Haken. Klemmkeile werden nicht benötigt.
Felsstruktur	Kalk, meist senkrechter bis überhängender Fels, teils versintert. Oftmals athletische Kletterei.
Wandhöhe	10 - 35 Meter.
Lebensmittel	In Mixnitz gibt es ein kleineres Lebensmittelgeschäft. Der nächste große Supermarkt befindet sich in Bruck.

BELAGERN SIE DEN Fuchswirt

Pächter:
Jürgen Rossol
Bärenschütz 2
8131 Mixnitz
Tel. 03867/279

✱ Zentrale Lage für die Klettertouren im Grazer Bergland:
  Ratengrat, Röthelstein, Brunntal, Arena, Rampenwulst ...alles zu Fuß erreichbar!
✱ 10 min Gehzeit zur wettersicheren ÖAV-Kletterwand.
✱ Vermittlung von Bergführern
✱ Zahlreiche Wandermöglichkeiten, z.B.: Bärenschützklamm, Drachenhöhle,
  Kontrollstelle Weitwanderweg 02, Hochlantsch, Rennfeld, Hochanger.
✱ Bademöglichkeit am Freizeitteich-Röthelstein und im Freibad Pernegg
✱ Schöne Zimmer, Wochenpauschale
✱ Nächtigungsmöglichkeit im vorhandenen Zelt und Zeltplätze

Anreise:
Bahnhof Mixnitz-Bärenschützklamm: An der Südbahnstrecke
Bruck an der Mur - Graz
Murtal-Schnellstraße: Von Bruck an der Mur 13 km, von Graz 40 km.

GRAZ - Arena ***

Übersicht   Sektor A   **MARTERLTURM**
der Sektoren   Sektor B   **VORDERE ARENA**   Seite 283
                      Sektor C   **OBERE ARENA**   Seite 284
                      Sektor D   **HINTERE ARENA**   Seite 284
                      Sektor E   **BACHBETT**   Seite 285

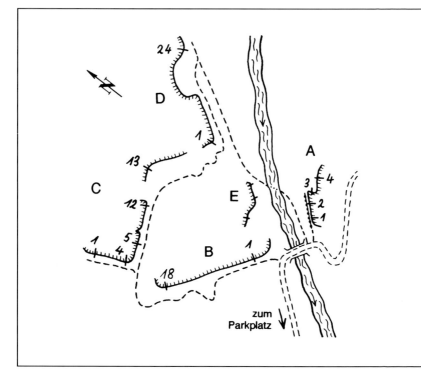

Routen
Sektor A

MARTERLTURM

! Die Routen in diesem Sektor sind von rechts nach links aufgelistet! Die Einstiege befinden sich nach dem Fixseil.

1. Broken Blossoms 7a+
2. Einstein on the beach 7c+
3. Tarantella 6b+
4. Bonjour Tristesse 7a+

VORDERE ARENA

Routen Sektor B

! Die Routen in diesem Sektor sind von rechts nach links aufgelistet!

1. Pump up 7c (etwas rechts d. Haken klettern)
2. Nussenklopfer 7c+
3. K wie Kult 7a+
4. Greenpeace 7a+
5. Juppys Traum 7b+
6. Happy Mc. Banane 7b
7. Happy Mc. Variante-rechts 7a+
8. Tango Nocturno 7a
9. Aus dem Leben eines Taugenichts 6c+
10. Gewußt wie 7a (Verlängerung von Nr. 9)
11. Cathy 6a+
12. Geh auf's Ganze 7b (Verlängerung von Nr. 11)
13. Krimmers imaginary Whiskybottle 7a
14. Kabauz 6b
15. Leinenzwang 7b
16. Spätlese (Projekt durch Griffausbruch)
17. Projekt
18. Carefree 6c+

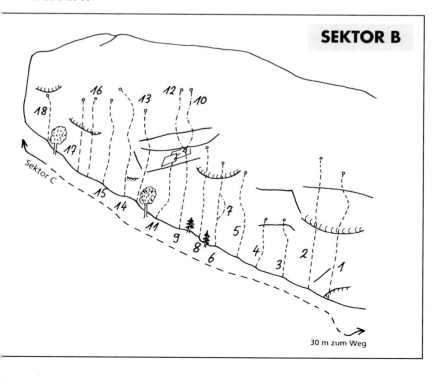

GRAZ - Arena ***

Routen Sektor C

OBERE ARENA

1. Ultra cool 7b/b+
2. Zeitgeist 8a
3. Projekt
4. Train & terror 7c+/8a
5. Projekt
6. Pinguin cafe 6b
7. Kojak 6c
8. Frankenjura Gedächtnisweg 6a
9. Der Gärtner ist immer der Mörder (Mördergärtner) 6b+
10. Gärtnervariante 6c+
11. Mollig ist schön 6b
12. Kinder an die Macht 6a+
13. Stefanie 7a

Sektor D

HINTERE ARENA

Zugang

Der ideale Zugang zu diesem Sektor führt über den Bach.

Routen Sektor D

1. Schmutzfink 6b+
2. Long Dong Silver Projekt
3. Joy Division ? (nach Griffausbruch 8a+?)
4. Es ist verdammt hart, der Beste zu sein 7c
5. Down syndrom 8a+
6. Rain dogs 7c+
7. Südost-Riß 6c+ (4 SL)

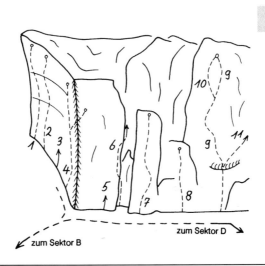

SEKTOR C

8. Big time 8b
9. Tong Tona Projekt
10. Small change 8b+
11. Sandlerkönig 8a+ (Variante oben rechts 7b)
12. Projekt
13. Hobkobolt 8a
14. Projekt
15. Down under 7c
16. Projekt
17. Phallus Dei 8b
18. Vagina Diaboli 8b/8b+
19. Petaurus Breviceps 7c/7c+
20. Sieger sehen anders aus 7c+ (für kleine 8a)
21. Inri 7b+? (Griffe ausgebrochen)
22. 7b
23. Misfits 7a+/7b
24. Kiwi 6a

Routen
Sektor D

BACHBETT

Sektor E

Derzeit 3 Projekte.

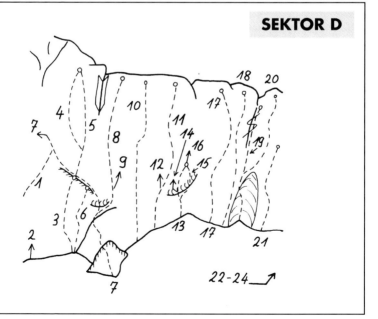

SEKTOR D

GRAZ - Vordere Bärenschützklamm **

Lage	Lage, Zufahrt und Parken siehe Gebiet 1 (ARENA) Seite 280.

Übersicht der Sektoren

Sektor A	**NADELSPITZ**	Seite 288
Sektor B	**RAMPENWULST WESTSEITE**	Seite 290
Sektor C	**ARENABLICK**	Seite 291
Sektor D	**RAMPENWULST NORDSEITE**	Seite 292
Sektor E	**WEISSE WAND**	Seite 292

Routenanzahl

Insgesamt cirka 70 Touren.
bis   4+ = 2 Touren
bis   6a+ = 7 Touren
bis   6c+ = 26 Touren
bis   7b+ = 21 Touren
       7c = 2 Touren
       7c+ = 6 Touren

Die Routennamen stehen nur selten an den Einstiegen angeschrieben.

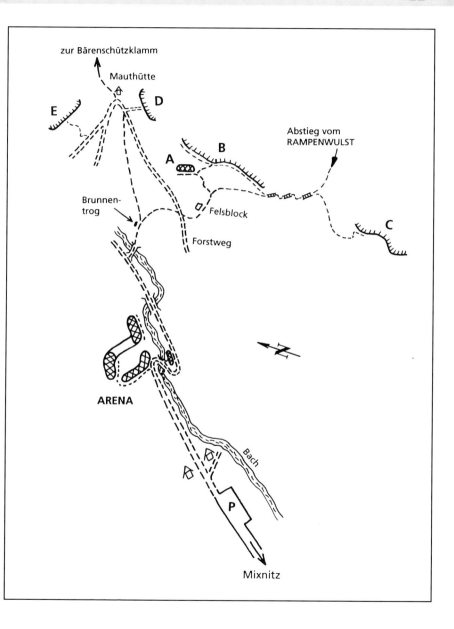

GRAZ - Vordere Bärenschützklamm **

Sektor A	**NADELSPITZ**
Zugang	Vom Parkplatz auf breitem Wanderweg der Ausschilderung »Bärenschützklamm« folgen, bis der Weg das dritte Mal den Bach überquert hat. Von dort noch etwa 100 Meter ansteigend zu einem Brunnentrog, nun rechtshaltend (nicht mehr der Ausschilderung »Bärenschützklamm« folgen) ansteigend weiter, eine Forststraße überqueren, an einem großen Felsblock vorbei und anschließend linkshaltend zum Felsmassiv. Gehzeit 20 - 25 Minuten.
Lage der Felsen	Die Hauptwand ist nach Westen ausgerichtet.
Meereshöhe	Knapp unter 700 Meter.
Absicherung	Perfekt abgesichertes Massiv (Bohrhaken und kleine Bühler-Haken), das Gestein ist oftmals nach unten geschichtet, es dominieren Aufleger und kleine Leisten.

Routen Sektor A

Westwand
1. Schuppentanz 7a
2. Take it easy 7a
3. Westwand 1.SL 6b+/2.SL 6a+/3.SL 6a+/4.SL 6b (Abseilmöglichkeiten auf der Ostseite)
4. Loretta 6b+
5. Unvollendete 1.SL 6b/2.SL 6b+
6. Egotrip 7a
7. Harte Zeiten 7a+/7b
8. Wohin und zurück 7a
9. Überdosis 1.SL 6b+/2.SL 6b+/3.SL 6b+/4.SL 6c+
10. Kalte Finger 6c+
11. Vive la Vie 7b
12. Rampe 4+ (6 SL 3 - 4+)
13. Der Lymphozyt 7a+/7b

Südseite
14. Südkante 1.SL 5a/2.SL 3/3.SL 5a/4.SL 2

SEKTOR A

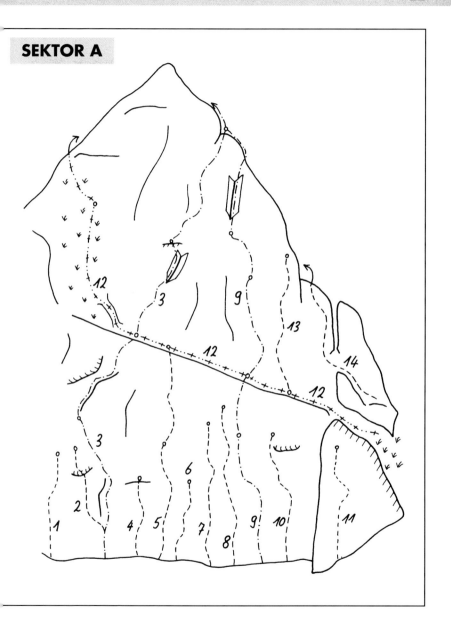

GRAZ - Vordere Bärenschützklamm **

Sektor B   **RAMPENWULST WESTSEITE**

Zugang   Gleich wie zum Sektor A, von dort weiter ansteigend zum sichtbaren, langgezogenen Massiv (siehe Skizze Seite 287).

Routen Sektor B

1. Alles ist möglich 7a+
2. Weg der Unruhe 7a
3. Göttliche Komödie 6c
4. Tanz mit mir 6b+
5. Die Kunst ein Motorrad zu warten 1.SL 7a/2.SL 6c+/3.SL 7c/4.SL 7b
6. Terra Fantastike 1.SL 6b/2.SL 6a/3.SL 5b
7. Roter Kamin 5a (5 SL)
8. Grastöter Diagonale 4+ (8 SL)
9. Monozyt 6b
10. Leukozyt 7a
11. Bam-Bam 6b
12. Putzteufel 6a
13. Fatamorgana 7c/7c+
14. Segel im Wind 1.SL 7a/2.SL 7a
15. Projekt
16. Seitengreifer 7c
17. Slipery when wet 6c+/7a
18. Schattengewächs 6c
19. Marmeladeriß 6b
20. Men at work 6b

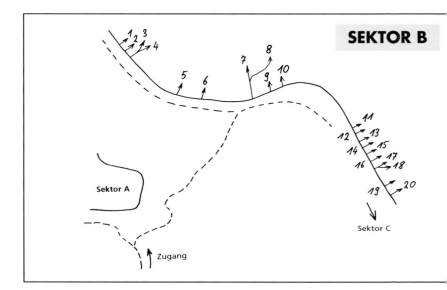

ARENABLICK   Sektor C

Siehe Skizze Seite 287. Nach den drei Leitern nach rechts und über einen Steig zum Massiv. Gehzeit 25 - 30 Minuten.   **Zugang**

Nettes, abgelegenes Felsmassiv mit einigen lohnenden Routen (Erschließer Bernhard Lechner). Die Absicherung ist perfekt mit Bohr- und Klebehaken. Wandhöhe 15 - 25 Meter.

1. Jetzt oder Nie 7a+   **Routen**
2. Platz der Phantasie 7b   **Sektor C**
3. Slip sliding away 7b+
4. Meine kleine Welt 7c/7c+
5. 6b+
6. Working class hero 7a
7. Projekt

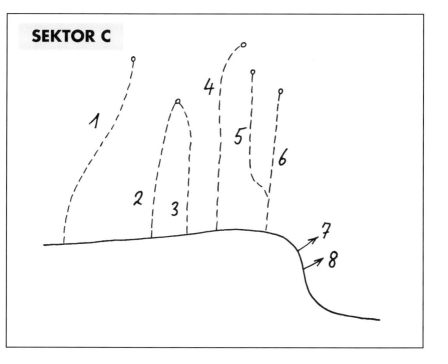

GRAZ - Vordere Bärenschützklamm **

Sektor D — **RAMPENWULST NORDSEITE**

Zugang — Siehe Skizze Seite 287. Gehzeit 35 Minuten.

Lage der Felsen — Dieses Massiv ist, wie der Name schon verrät, nach Norden ausgerichtet und empfiehlt sich daher besonders an heißen Tagen. Senkrechter Fels, meist technisch anspruchsvolle Kletterei und eine perfekte Absicherung (Klebehaken) erwarten einen an diesem Sektor.

Routen Sektor D — **! Die Routen sind von rechts nach links aufgelistet!**

1. Kleiner, spring ins Feld 6b+
2. Ksien crasp 7c+
3. Wilde Hilde 6b
4. Crack a Bam Bam 6a+
5. Poke Hontas 6b/6b+
6. Oarscloch 6b (unlohnend)
7. Weniger Flechten in der Rechten 6c
8. Mehr Rechte für die Flechten 6b+
9. Long mi net an 6a
10. Burschi Leitner Gedächtnisführe 6b/6b+
11. i-Dipferl 6b+

Sektor E — **WEISSE WAND**

Zugang — Siehe Skizze Seite 287. Gehzeit 35 Minuten.

Löchrige, teilweise überhängende Wand. Sehr gut abgesichert. Wandhöhe 10 - 20 Meter. Ebenfalls von Bernhard Lechner erschlossen.

Routen Sektor E — **oberer Teil**

1. Wild und sexy 7c+
2. Styrian Reality 6c+
3. Long season 7a+
4. Ziagn und zerrn 7a
5. Bruchpilot 6c+
6. Aller Anfang ist schwer 6b+
7. Golden Girls 6a
8. Humpidumpi 6a
9. Mann ohne Grenzen 7c+
10. Rup-al-Kali 6c
11. Griffiger Johann 7a
12. Vikieburger 6c+/7a

unterer Teil
13. Gogglmoggl Projekt
14. Weiwahassa 7a
15. Projekt (Verlängerung von Nr. 14)
16. Zeichen der Kraft 7c+
17. ? (alte Haken)

**Routen
Sektor E**

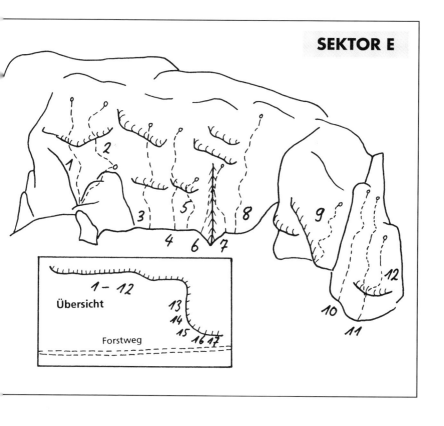

GRAZ - Badlwand **/***

Lage   Cirka 15 Kilometer nordnordwestlich von Graz.

Zufahrt   Von Bruck auf der Schnellstraße S 35 in Richtung Graz zur Ausfahrt Peggau/Badl.

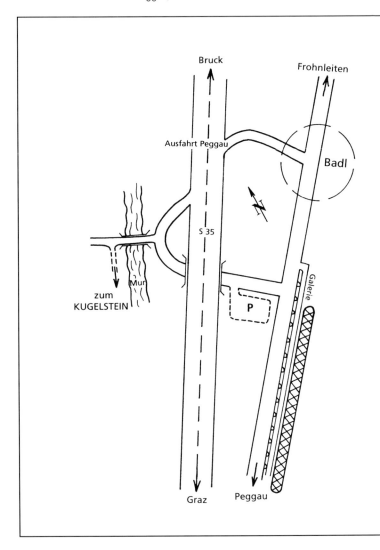

Viele Parkmöglichkeiten bei der Ausfahrt der Schnellstraße.	**Parken**
Die Straße überqueren und auf der alten Straßengalerie in 2 Minuten zum sichtbaren Felsmassiv.	**Zugang**
Das Massiv ist nach Westnordwesten ausgerichtet.	**Lage der Felsen**
Cirka 400 Meter.	**Meereshöhe**

Routenanzahl

Insgesamt cirka 40 Touren.
bis 4+ = keine Touren
bis 6a+ = 12 Touren
bis 6c+ = 7 Touren
bis 7b+ = 7 Touren
7c = 1 Tour
7c+ = 2 Touren

Die Routennamen (teils nur Schwierigkeitsangaben) stehen an den Einstiegen angeschrieben.

Sehr gut, Bohrhaken. Klemmkeile werden nicht benötigt.	**Absicherung**
In früheren Jahren künstlich abgebauter Kalk. Meist senkrecht mit vielen Auflegern und halbrunden, vertikalen Bohrlöchern (Spreng-löcher).	**Felsstruktur**
10 - 35 Meter, meist 20 Meter.	**Wandhöhe**

Routen

1. ?
2. 6b+
3. Mörderbiene 6b (Sanduhrschlinge)
4. Dino 5c
5. ZV 6a
6. Ten 6a
7. Black Power 6a
8. Piccolo 5b
9. Lückenbüßer 5c
10. Strada del Sole 6a+
11. Pink Panther 6a
12. Aphrodisiakum 6a+
13. Diaphoreticum 6b
14. Masel Tov 6c+
15. Hole in one 7a+

GRAZ - Badlwand **/***

Routen

16. Projekt
17. Sprengmeister 6b+
18. Abendrot 6c+
19. Om 7a/7a+
20. Lichtblick 7b
21. Sticky Finger 7b
22. Projekt
23. Die Rechte 7b+
24. Fernwanderweg 6b+
25. Popeye 6a+

20 m rechts
26. Goldfinger 5c
27. Magic live 6a
28. Gleiten statt hetzen 6a
29. Glaspalast 6a+

100 m rechts
30. Garfield 1.SL 4+/2.SL 5c (Einstieg links im Wald)
31. Snoopy 1.SL 5c/2.SL 5a/b
32. Dumpfbacke 7b+ (10 m rechts von Nr. 31)
33. Die Schlacht der ungezählten Tränen 7c+ (Einst. bei Gedenktafel)
34. Al Bundy 7c/7c+ (Einst. wie Nr. 33, dann rechtshaltend)
35. Die Vielgeliebte 7b+
36. 7c
37. Happy Birthday 6a

60 m rechts
38. Dracula wußte wie 6a

Kugelstein

Schräg gegenüber der BADLWAND befindet sich der KUGELSTEIN mit 18 Routen (teils auch mehrere SL). Das Massiv ist nach Südosten ausgerichtet, der Fels meist nach unten geschichtet und etwas gewöhnungsbedürftig. Zufahrt: Anfangs siehe Skizze Seite 294. Nach Überqueren des Flusses nach links und der Schotterstraße folgen (zweimal unter der Eisenbahn hindurch), bis sich unter der Schnellstraßenbrücke die Parkmöglichkeiten befinden. Von dort in wenigen Schritten zu den Einstiegen.

Hasenstein **/*** 22

Lage
Cirka 12 Kilometer nördlich von Graz.

Zufahrt/Parken
Von Bruck auf der Schnellstraße S 35 in Richtung Graz, bis zur Ausfahrt Friesach. Von dort immer der Ausschilderung Semriach folgen. Etwa 600 Meter nach dem Sägewerk überquert die Straße einen Bach, unmittelbar vor der Brücke führt rechts ein Forstweg zur »Hollackner-Kapelle« (klein ausgeschildert). Dort parken. Bitte vor!! dem Fahrverbotsschild parken, nicht bis zur Schranke fahren!

Zugang
Es gibt vier Zugangsvarianten, wobei die nachfolgend beschriebene (Variante »c«) die schnellste und die Variante »d« die gemütlichste ist. Anfangs der Ausschilderung »Hollackner-Kapelle« folgen, dann auf dem Forstweg immer geradeaus bis zu einer markanten Rechts-/Linkskehre. 100 Meter nach der Linkskehre links in den Wald und auf undeutlichem Pfad (rechts vom Jungwald) sehr steil ansteigend zu einem querverlaufenden Pfad. Auf diesem zum Wandfuß. Gehzeit 30 - 35 Minuten.
Ideal ist der Zugang mit dem Bike bis zum Verlassen des Forstweges!

Lage der Felsen
Die Felsen sind nach Südwesten, bzw. Westen ausgerichtet.

Meereshöhe
Parkplatz 400 Meter, Einstiege 700 Meter.

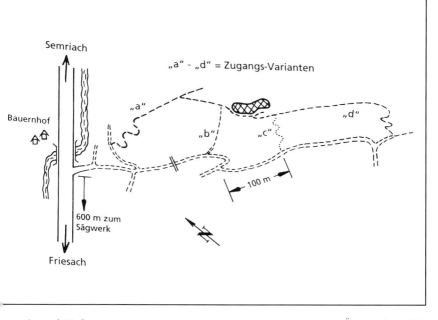

Rotpunkt Verlag Österreich **297**

GRAZ - Hasenstein **/***

Routenanzahl Insgesamt 31 Touren.
bis 4+ = keine Touren
bis 6a+ = 3 Touren
bis 6c+ = 8 Touren
bis 7b+ = 14 Touren
    7c = 1 Tour
    7c+ = 2 Touren

Es stehen keine Routennamen angeschrieben.

Absicherung Meist sehr gut, Bohrhaken und Klebehaken. Klemmkeile werden nicht benötigt.

Felsstruktur Kalk, meist senkrechter Fels mit vielen kleinen Leisten.

Wandhöhe 10 - 35 Meter, meist 15 - 25 Meter.

Routen **Westseite**
1. Saigon 7c
2. Projekt (alte Haken)
3. Muskelmann 7a+
4. Geht net, gibt's net 7b+ (Einst. in 10 m Höhe)
5. Wüstensocke 7a+ (Einst. in 10 m Höhe)
6. Alles Walzer 6b+ (Einst. in 10 m Höhe)
7. Lumpiriß 5a (Einst. in 10 m Höhe)
8. Schachmatt 7c/7c+
9. Malgazalla Talka 6b

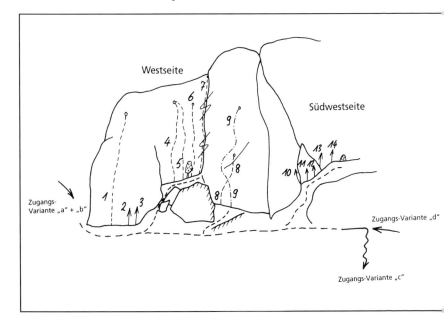

Südwestseite Routen

10. Schnurzlriß 4+/5a (unlohnend, botanisch)
11. Zahn um Zahn 7b+
12. Aug um Aug 7c+
13. Chefpartie 7a
14. Wandertag 6b+
15. Projekt
16. Salto Mortale 6c+/7a
17. Some like it hot 7a (Einst. in Wandmitte)
18. Geheimagent 6c+
19. Das Riesenhorn 7b
20. Uli 6c
21. A 1 6a+
22. Titan 7b+ (Einst. in Wandmitte; linkshaltend)
23. No way out 7b+ (Einst. wie Nr. 22; rechtshaltend)
24. Just a matter of trust 7a
25. Stradivari 6c (Verlängerung von Nr. 24)
26. Mr. Magic Mystery Müsli 6b+
27. Infinitas Projekt (Verlängerung von Nr. 26; linkshaltend)
28. Concumbo 6c (Verlängerung von Nr. 26; rechtshaltend)
29. Der verlorene Löffel 7b+
30. Bröselmeier 7a+
31. Feivel 7b+ (alte Haken)

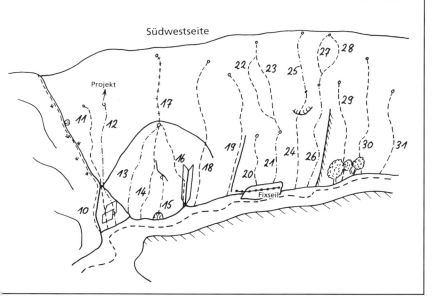

GRAZ - Zigeunerloch **/***

Lage
Cirka 6 Kilometer nordwestlich von Graz, am nördlichen Ortsrand von Gratkorn.

Zufahrt/ Parken
Von Norden kommend auf der Autobahn A 9 in Richtung Graz, zur Ausfahrt Gratkorn/Graz-Andritz. Nun durch Gratkorn hindurch, bis die Straße unmittelbar am Felsmassiv vorbeiführt. Schräg gegenüber befindet sich ein Parkplatz.

Zugang
In wenigen Schritten zum Massiv

Lage der Felsen
Die Grotte ist nach Westen ausgerichtet.

Absicherung
Sehr gut, Bohrhaken. Klemmkeile werden nicht benötigt.

Felsstruktur
Kalk, stark überhängend (bis zu 22 m).

Wandhöhe
10 - 25 Meter.

Routen
1. Gräfin 7c/7c+
2. Marika Rökkweg 8a+
3. Projekt
4. Zigeunerbaron 8b
5. Stalker 8b
6. Projekt
7. Projekt
8. Projekt
9. Projekt
10. Projekt
11. Pigeon Drop 7c
12. Zum Anfang zurück 8a/8a+

Österreich   Rotpunkt Verlag

AKTIVE FREIZEIT

rotpunkt
DAS KLETTERMAGAZIN

6 x jährlich die interessantesten Kletterziele und Fotostories. Praktische Tips zu Ausrüstung und Training. Infos zu Trends und Hintergründe des internationalen Sportkletterns.

Jetzt im Zeitschriftenhandel und qualifizierten Sportfachhandel erhältlich!

UNTERES ENNSTAL ***

Allgemein

Nach wie vor trifft sich die Kletterzene beim »Blasl« in Losenstein. Und so war's auch bei unserem letzten Besuch im Ennstal. Samstag abends saßen wir mit einigen Locals beim Bier in der Gaststätte und blätterten das Routenbuch vom UNTEREN ENNSTAL durch. An verschiedenen Massiven kamen ein paar neue Touren hinzu, doch die eigentliche Neuheit im Ennstal ist der Hauptsektor SONNLEITNER, genannt nach dem Gasthof und Grundbesitzer in Laussa. Wenige Meter hinter der Kneipe beginnen die ersten Touren. Der Fels ist leider nur 10 - 15 Meter hoch, an dem löchrigen Gestein würde man gerne noch ein paar Meter höher klettern. Ideal für Genußkletterer der Schwierigkeitsbereich, der im allgemeinen zwischen 5b und 6c+ liegt.

Mit dem größten aller fünf Hauptsektoren, dem PFENNIGSTEIN-GEBIET wollen wir unseren kurzen Überblick fortsetzten. Die einzelnen Sektoren stehen verstreut im Wald, und so mancher Zugang zieht sich gewaltig in die Länge. Als erstes erreicht man die HACKER-MAUER, an der es einige Neutouren gibt. Der alte Riß wurde mittlerweile rotpunkt geklettert und heißt jetzt *Diagonale Terrible 7c/7c+*. Links von *Hoppala* konnte Klaus Sonnleitner im April 92 sein Projekt *First class 8b+* beenden. Am kleinen TOPOLINOWANDL gibt es nichts neues, genauso am darüberliegenden HACKERSCHÄDEL, von dem man eine sehr schöne Aussicht auf das Tal hat. An der NUSSWAND, mit ihrer schräg nach oben ziehenden Wandflucht, wurden rechts drei neue Anstiege eröffnet. Geht man auf dem Wanderweg weiter, so wird ein Hochsitz erreicht, absteigend führt ein Pfad zur senkrechten bis überhängenden PFENNIGSTEINMAUER. Auch dort gibt es neue Namen wie *Fliegen direkt 7b+*, *Snapshot 7c+*, die *Alte Liebe* wurde verlängert (7b+) oder *Mr. Bean 7a*. Im allgemeinen liegen dort die Routen in den oberen Schwierigkeitsgraden. Außer *By Ertl 6b* gibt es am PFENNIGSTEIN nichts neues. Der freistehende Turm kann von allen Seiten bestiegen werden.

Durch den löchrigen Fels erinnert der Hauptsektor SAUZAHN an das nördliche Frankenjura. Fast im Alleingang hat Sepp Gstöttenmayr diese idyllisch gelegenen Felsen erschlossen. In jüngster Zeit kamen auch dort neue Routen hinzu, doch es gab auch Probleme mit den vielen Autos, die oftmals die Zufahrt der Anlieger behinderten. Um dem angrenzenden Bauern weiteren Ärger zu ersparen, sollte der Zugang von der »Schöffthaler Kapelle« genommen werden.

Athletische Kletterei an löchrigem Fels, so lautet die Felscharakteristik vom LANGENSTEIN. Wurde erst einmal der nadelige Zugang durch die Tannenschonung bewältigt, so wird man mit super (anstrengender) Kletterei entlohnt. Von der Routendichte ist dieses Massiv ausgereizt, es gibt also keine neuen Touren.

Allgemein

Dank dem Engagement von Robert Steinbock, wurde das NIXLOCH komplett saniert (immerhin über 80 Touren). Das alte Hakenmaterial wurde entfernt und zuverlässige Klebehaken dienen fortan zur Absicherung. Die Neutouren sind in der Routenauflistung alle berücksichtigt. Damit es auch in weiterer Zukunft mit dem Hofbesitzer Herr Ziebermayer keine Probleme gibt, sollte beim Parken darauf geachtet werden, daß das Fahrzeug den Bauern bei der Arbeit nicht behindert. Am besten beim Bauern nachfragen, wo das Auto abgestellt werden kann!

Die leichteste Tour am TRATTENBACHER ZAPF'L heißt *Waldesruh 6a+*, ein Routenname, den man sich nicht nur beim Klettern zu Herzen nehmen sollte, denn in dieser Ecke gibt es noch einen großen Wildbestand, und der Förster, dem auch der angrenzende Bauernhof gehört, hat uns gebeten, daß wir auf das kurzzeitige Kletterverbot von Anfang bis Mitte August deutlich in unserem Kletterführer hinweisen. Außerhalb dieser Brunftzeit geht es dann am Fels etwas härter (im Vergleich zu den anderen Gebieten) zu; in so mancher Tour ist man froh, wenn endlich der Klemmkeil richtig sitzt, und ein Blick auf die Schwierigkeitsgrade der Routen erübrigt jedes weitere Wort.

Bedanken möchte ich mich bei Hubert Göberl (alias Pip), Franz Bräuer, Sepp Gstöttenmayr und Georg Blasl, die mich bei den Topos und Routenauflistungen hilfreich unterstützt haben.

Lage

Losenstein liegt cirka 13 Kilometer südlich von Steyr und 40 Kilometer südöstlich von Wels.

Zufahrt

Auf der Autobahn A 1 in Richtung Wien zur Ausfahrt Sattledt und weiter auf der B 122 nach Steyr. Von dort auf der B 115 in Richtung Hieflau/Ennstal nach Losenstein. Weitere Zufahrt siehe jeweiliger Hauptsektor.

Parken/Zugang

Siehe jeweiliger Hauptsektor.

Beste Jahreszeit

Frühjahr, Sommer, Herbst.

Topo

Zur Zeit gibt es keinen Führer. Im Herbst 95 erscheint voraussichtlich ein Topoführer vom UNTEREN ENNSTAL und Umgebung (Autor Franz Bräuer).

Übernachtung

– Campingplatz und Zimmer »Im Grabental«, Fam. Ahrer, Grabentalweg 26, 4460 Losenstein, Tel. 0 72 55/5 48. Preise: Zimmer pro Person mit Frühstück 1. Tag ÖS 150, weitere Tage ÖS 130. Campingplatz: Platz (Komplettpreis, egal wieviel Personen) 1. Tag ÖS 150, weitere Tage ÖS 100. Geöffnet von Ostern bis Anfang

UNTERES ENNSTAL ***

Übernachtung November. Von Losenstein Richtung Hieflau, kurz nach dem Ortsausgangsschild (beim Friedhof) zweigt links eine schmale Straße ab (Schiefersteinweg), auf dieser bis zur nächsten Kreuzung, dort links und dem Grabentalweg 1 km folgen (ausgeschildert).

– Alpenverein-Jugendherberge Losenstein (Selbstversorgerhaus), Burgstraße 27, Tel. 0 72 55/2 90. Die Hütte befindet sich beim Gasthof »Zur Ruine«, auf dem Weg zum Hallenbad. Anmeldung bei Maria Kronsteiner, Ortmayrstraße 5, 4460 Losenstein. Tel. 0 72 55/5 85. Preise: Erwachsene -Mitglieder ÖS 65; Nichtmitglieder ÖS 85; Jugendliche bis 18 Jahre -Mitglieder ÖS 50; Nichtmitglieder ÖS 65; Heizkostenzuschlag (sofern das Haus beheizt wird) ÖS 20 pro Tag.

– Gasthof-Pension »Blasl«, 4460 Losenstein (beim Bahnhof). Tel. 0 72 55/2 15. Preise: Zimmer mit Frühstück ÖS 275.

Lebensmittel Kleinere Lebensmittelgeschäfte in Losenstein.

Wasser In Losenstein beim Bahnhof (bei den Gleisen) befindet sich ein Brunnen.

Hallenbad – In Losenstein, Anton Schlosser Weg 37 (ausgeschildert), Tel. 0 72 55/5 11.
Öffnungszeiten: Di. bis So. von 10.00 - 21.00 Uhr, Mo. geschlossen.

– In Steyr, Haratzmüllerstr. 126, Tel. 0 72 52/5 32 93. Öffnungszeiten von Mitte Sept. - Mitte Mai: Di. - Sa. von 9.00 - 20.00 Uhr, So. von 8.00 - 19.00 Uhr, Mo. geschlossen. Badezeit 3 Stunden.

Sportgeschäft In Steyr, Intersport Eybl, Bergweg 1, Tel. 0 72 52/52 36 90.

Kletterhalle In Altenberg (wenige km nordnordöstlich von Linz) »Sporttreff Jägerhof«, Ortsplatz 4, Tel. 0 72 30/2 06. Umgebauter Squash- Court, Höhe 9 m, insgesamt 180 qm, Dach 35 qm, Boulderwand (verstellbar) 10,5 qm. Preise: Für zwei Stunden (AV-Mitglieder) ÖS 60.- (Zehnerkarte ÖS 330.-), für Nichtmitglieder ÖS 60.- (Zehnerkarte ÖS 440.-). Öffnungszeiten: Von Oktober bis Mai täglich von 8.00 - 23.00 Uhr; Mo. geschlossen (ansonsten gleiche Öffnungszeiten). Desweiteren gibt es drei Tennisplätze und zwei Squash-Courts. Weitere Kletterhalle siehe Klettergebiet RETTENSTEIN Seite 331.

Touristenbüro

– 4460 Losenstein, Tel. 0 72 55/3 44. Öffnungszeiten: Mo. bis Fr. von 8.00 - 12.00 Uhr.

– 4400 Steyr, Stadtplatz 27 (im Rathaus), Tel. 0 72 52/5 32 29. Öffnungszeiten: Mo. bis Fr. von 8.30 - 18.00 Uhr, Samstag von 8.30 - 12.00 Uhr (Jan. - April und Okt. - Nov. von 8.30 - 12.00 Uhr), So. von 10.00 - 15.00 Uhr.

Szenenkneipe

In Losenstein Gasthof-Pension »Blasl«, mit gemütlicher Gartenwirtschaft (beim Bahnhof).

Übersicht der Sektoren

Hauptsektor 1	**PFENNIGSTEINGEBIET** **/***	Seite 306
Hauptsektor 2	**SAUZAHN** ****	Seite 314
Hauptsektor 3	**SONNLEITNER** ***/****	Seite 318
Hauptsektor 4	**LANGENSTEIN** ***	Seite 320
Hauptsektor 5	**NIXLOCH** **/***	Seite 322
Hauptsektor 6	**TRATTENBACHER ZAPF'L** **	Seite 328

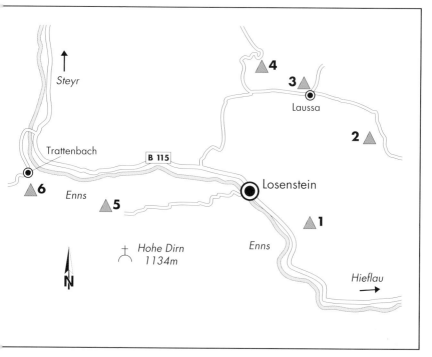

Rotpunkt Verlag Österreich **305**

UNT. ENNSTAL - Pfennigsteingebiet **/***

Lage	Am südöstlichen Ortsrand von Losenstein.
Zufahrt/ Parken	Von Losenstein in Richtung Hieflau. Kurz nach dem Ortsausgangsschild von Losenstein (beim Friedhof) zweigt links der »Schiefersteinweg« ab (ausgeschildert mit »Pfennigstein«). Auf diesem entlang, an der nächsten Gabelung rechts ab, Richtung Schieferstein. Nun über Sperpentinen ansteigend, bis sich nach cirka 2,2 Kilometern (von der Hauptstraße) auf der linken Seite der Parkplatz befindet.
Zugang/ Lage der Felsen	Siehe Skizze Seite 307 und jeweiliger Sektor.
Meereshöhe	Losenstein 350 Meter, Parkplatz 530 Meter, Einstiege 700 - 780 Meter.
Routenanzahl	Insgesamt cirka 110 Touren. bis 4+ = 2 Touren bis 6a+ = 28 Touren bis 6c+ = 23 Touren bis 7b+ = 26 Touren 7c = 8 Touren 7c+ = 7 Touren 8a = 3 Touren 8a+ = 2 Touren 8b+ = 1 Tour A1 = 2 Touren Beim Sektor A stehen keine Routennamen angeschrieben. Bei den Sektoren B und C stehen die Namen nur zum Teil, bei den restlichen Sektoren fast immer, angeschrieben.
Absicherung	Meist sehr gut. Bühler-Haken, Bohrhaken, Torhstahlbügel und vereinzelt geschlagene Haken. Klemmkeile werden nicht benötigt.
Übersicht der Sektoren	Sektor A **PFENNIGSTEIN** Seite 307 Sektor B **PFENNIGSTEINMAUER** Seite 310 Sektor C **NUSSWAND** Seite 311 Sektor D **HACKERMAUER** Seite 312 Sektor E **TOPOLINOWANDL** Seite 312 Sektor F **HACKERSCHÄDEL** Seite 313

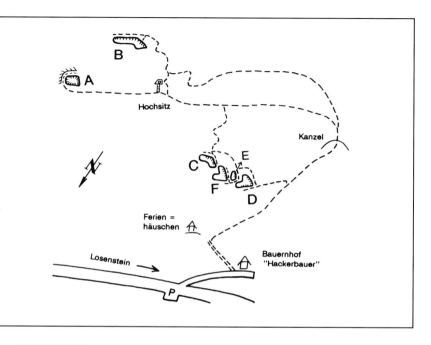

PFENNIGSTEIN

Sektor A

Vom Parkplatz auf der gegenüberliegenden Schotterstraße ansteigend zu einem Bauernhof (»Hackerbauer«). Unmittelbar vor diesem Gehöft zweigt links ein Feldweg ab. Auf diesem ansteigend in Richtung eines kleinen Ferienhäuschens. Kurz vor diesem nach rechts, über die Wiese in den Wald. Nun auf deutlichem Weg weiter bis man in einer Linksschleife zu einer Kanzel (Lichtung) gelangt. Von dort weiter zur nächsten Lichtung (Hochsitz), bei der sich die Abzweigung zum Sektor B befindet. Vom Hochsitz geradeaus weiter, bis der Weg am PFENNIGSTEIN endet. Gehzeit cirka 20 - 25 Minuten. Siehe Skizze oben.

Zugang

Alle Himmelsrichtungen.

Lage der Felsen

Kalk, teils geneigte Platten, durchsetzt mit Rissen, teils senkrechter bis überhängender Fels.

Felsstruktur

15 - 40 Meter.

Wandhöhe

UNT. ENNSTAL - Pfennigsteingebiet **/**

Routen
Sektor A

Südwand
1. Südwest-Verschneidung 1.SL 6a/2.SL 4+/5a
2. Südwestwand 6a+
3. Ei des Kolumbus 7a+
4. Südwand 1.SL 5a/b/2.SL 4+/5a
5. Gefesselter Kolumbus 6b+
6. Obere Süddiagonale 6a
7. Super Crack 4+/5a
8. Untere Diagonale 4-
9. Aquaplaning 6c+
10. Direkte Süd 6a+
11. Heiße Spur 7a+
12. Geschweifter Riß 1.SL 6a/2.SL 3
13. Südostkante 6a+

Ostwand
14. Ostwand dir. Einstieg 6a
15. Ostwand 1.SL 5a/2.SL 4+/5a/3.SL 4+/5a
16. Slamanigriß 6a+
17. Rössner 6b+

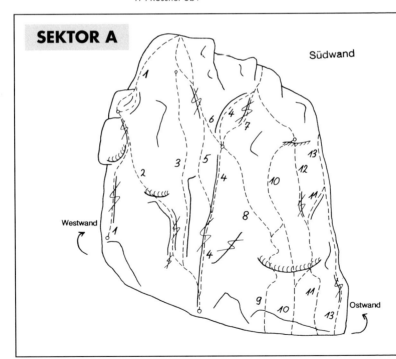

**Routen
Sektor A**

Nordwand
18. Rauchfangkehrer- Riß 6b/A1
19. Nordostwand 5c
20. Langfinger 6b+

Westwand
21. Linker Riß 5a/b
22. Unterer Riß 6a
23. By Ertl 6b
24. Rechter Riß 4+/5a
25. Senso Unico 7a
26. Untere Nordwestwand A1
27. Bertignoll Riß 6a
28. Untere Westwand 5a/b
29. Westwand 4
30. Westkante 5a
31. Verstörung im Osten 6a/6a+

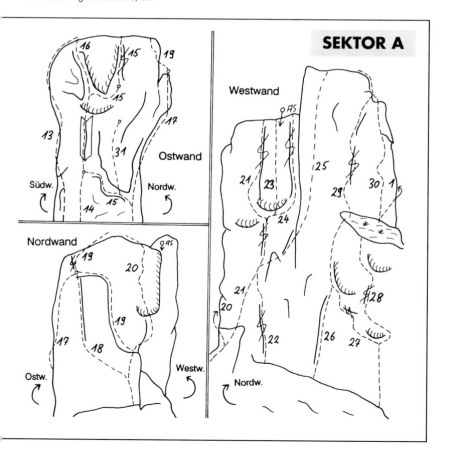

UNT. ENNSTAL - Pfennigsteingebiet **/***

Sektor B	**PFENNIGSTEINMAUER**
Zugang	Gleich wie Sektor A bis zum Hochsitz. Unmittelbar davor zweigt rechts ein deutlicher Pfad ab. Auf diesem absteigend, immer linkshaltend, direkt zum Felsmassiv. Gehzeit 25 - 30 Minuten. Siehe Skizze Seite 307.
Lage der Felsen	Die Felsen sind nach Süden bzw. Südwesten ausgerichtet.
Felsstruktur	Kalk, senkrechter Fels, oftmals runde Aufleger. In der oberen Wandhälfte kleine Dächer.
Wandhöhe	überwiegend 20 - 30 Meter.

Routen Sektor B

Südwestseite
1. Mimose 1.SL 6a/2.SL 6a
2. Kringlspiel 6c+
3. Krambambuli 7a+
4. Atomium 6b+
5. Osterkälte 6b

Südseite
6. Dir. Osterkälte 6c+
7. 7c
8. Fliegen und fliegen lassen 7b+
9. Fliegen direkt 7c
10. Trainingswahn 7b
11. Doppelröhriger Runsenritt 7b
12. Chefpartie 7c
13. Steeple chase 8a
14. Snapshot 7c+
15. Weg des Mehlwurms 7c+
16. Just married 7c
17. Langoliers 7c/7c+ (Einst. wie Nr.16, nach dem Schlüssel li. weg)
18. Jopper, die Stimme aus dem Gully 7c
19. Fang den Hut 1.SL 6c+/2.SL 6b+/3.SL 6a+
20. Rock button 7b+
21. Nasch mich 8a
22. Vibrato fortissimo 1.SL 7a/2.SL 6c+
23. Wüstensturm 7b+
24. Die Widerspenstige 1.SL 6c+/7a/2.SL 6c+/3.SL 6a/ 4.SL 7a/7a+
25. Alte Liebe 7a/7a+
26. Golden Gate 7b+

27. Motivationsloch 6b+
28. Miraculix 6c+
29. Rechte 1.SL 6c+/2.SL 6b+/3.SL 6b

**Routen
Sektor B**

50 Meter rechts
30. Überdosis 1.SL 6c+/2.SL 6c+/3.SL 7a+
31. Lustspiel 6c+
32. Projekt
33. Mr. Bean 1.SL 6b/2.SL 7a

NUSSWAND

Sektor C

Gleich wie Sektor A bis zur Kanzel. Von der Kanzel auf deutlichem Weg weiter, bis cirka 100 Meter nach der Lichtung links ein steiler Pfad zu dem sichtbaren Felsmassiv führt. Gehzeit cirka 15 Minuten. Siehe Skizze Seite 307.

Zugang

Meist Südwest.

Lage der Felsen

Kalk, senkrechter bis überhängender Fels.

Felsstruktur

15 Meter.

Wandhöhe

1. Nußschale 6a
2. Feige Nuß 6c+
3. Nußkipferl 7a
4. Zniachtl 7b+
5. Ansicht eines Clowns 7b+
6. Hollerkracherl 6b
7. Maschine brennt 7b
8. Ausgebrannt 7c
9. Turbo Nuß 7c+ (dir. Einstieg zu Nr.8)
10. Keine Nüsse mehr 7b+ (Einst. wie Nr. 7, dann rechts der Kante)
11. Kokosnuß 7b+
12. Bajazzo 6c+ (vom 3.H.v. Nr.7 nach rechts der Verschn. folgen)
13. Himmelbett des Vampirs 7b+
14. Auch ein Vampir trinkt ... manchmal Bier 7a
15. Schwule Nuß 7c
16. Nussini 7a+
17. Tiroler Nußöl 7c
18. Dornenvogel 6a+ (Klemmkeile)
19. Laß di net obi drahn 6c+
20. Ruamzuzla 6a
21. Zuzla 5a/b

**Routen
Sektor C**

UNT. ENNSTAL - Pfennigsteingebiet **/***

Sektor D	**HACKERMAUER**
Zugang	Wie Sektor A, bis cirka 100 Meter vor der Kanzel ein Pfad scharf links abzweigt und nach etwa 100 Metern am Felsmassiv endet. Gehzeit cirka 15 Minuten. Siehe Skizze Seite 307.
Lage der Felsen	Nordwest bzw. Südwest.

Routen Sektor D

Nordwestseite
1. Projekt
2. Marathon man 7c+
3. Smart 5c
4. Clever 6b+
5. Melone 6c+
6. Bonsai 8a+
7. Big Brother 8a (die ersten 4 H. von Nr. 8, dann linkshaltend)
8. Diagonale Terrible 7c/7c+

Südwestseite
9. Lollipop 8a+
10. Projekt
11. Fuchsteufelswildhaube 7c+ (Verschneidung)
12. First class 8b+
13. Hoppala 7a

Sektor E	**TOPOLINOWANDL**
Zugang	An der Südwestseite der HACKERMAUER (Sektor D) auf Pfad ansteigend, oben linkshaltend und weiter ansteigend zum kleinen Felsmassiv. Quert man an der NUSSWAND (Sektor C) nach links, so gelangt man ebenfalls zum TOPOLINOWANDL. Siehe Skizze Seite 307.
Lage der Felsen	Südwest.

Routen Sektor E

1. Paparino 5a/b
2. Pipistrellino 6b+
3. Topolino 6a
4. Coccodrilino 6a+

HACKERSCHÄDEL   Sektor F

Der HACKERSCHÄDEL steht unmittelbar über dem **Zugang**
TOPOLINOWANDL. Siehe Skizze Seite 307.

Südwest.   **Lage der Felsen**

    1. Shadow on the wall 1.SL 6b+/2.SL 6b+ (2.SL Klemmkeile)   **Routen**
    2. Projekt   **Sektor F**
    3. Projekt
    4. Abortus technicus (seit Griffausbruch - Projekt)
    5. Notausgang 6c+ (links)
    6. Hypnose 7a+ (Einst. wie Nr.5, dann rechts)

UNT. ENNSTAL - Sauzahn ****

Lage Cirka 3,5 Kilometer nordöstlich von Losenstein.

Zufahrt/ Parken Da es in jüngster Zeit Parkplatzprobleme gab, möchte ich die Sauzahn-Besucher bitten, nur den nachfolgend beschriebenen Parkplatz anzufahren. Von Losenstein cirka einen Kilometer in Richtung Steyr, dann rechts weg nach Laussa. Dort geradeaus weiter und anschließend bergauf zum höchsten Punkt (»Schöffthaler Höhe«) bei der »Schöffthaler Kapelle«. Dort am Straßenrand parken.

Zugang Rechts an der Kapelle vorbei, den Hang ansteigend (etwas rechtshaltend) queren und anschließend leicht bergab zu einem Viehgatter mit Überstieg. Danach bergauf (am Zaun entlang) zu den Massiven. Gehzeit cirka 10 Minuten.

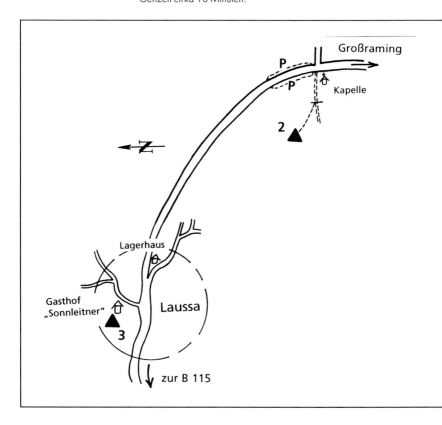

Alle Himmelsrichtungen.	**Lage der Felsen**
Parkplatz 650 Meter, Einstiege 780 Meter.	**Meereshöhe**
Insgesamt 70 Touren. bis 4+ = 1 Tour bis 6a+ = 35 Touren bis 6c+ = 39 Touren bis 7b+ = 5 Touren	**Routenanzahl**

Die Routennamen stehen an den Einstiegen angeschrieben.

Sehr gut. Bohrhaken und Bühler-Haken. Klemmkeile werden nicht benötigt.	**Absicherung**
Kalk, löchriger rauher Fels. Vergleichbar mit dem nördlichen Frankenjura.	**Felsstruktur**
8 - 20 Meter.	**Wandhöhe**
1. Schiefer Unfug 6b+ (ohne Rampe 7a)	**Routen**

2. Transvertical 6b
3. Kleiner Hammer 6b+
4. Nice flight 6b
5. Gemüsegarten 6b
6. Falkenweg 5c
7. So ein Sch... 6a+
8. Herz ist Trumpf 6b
9. Querfeldein 6a
10. Skandale grande 6c
11. S'kantälchen 6a
12. No panic 6b (ohne rechten Riß)
13. Im Biergarten ist's schöner 6b
14. Luftikus-dir. 5c
15. Luftikus 5b
16. Spätlese 6a
17. Hinausgreifen verboten 6a+
18. Frei im Raum 6a+
19. Hardrock 6c
20. Ticket to paradise 6b+
21. Springinkerl 7a
22. Last but not least 6a+
23. Ikarus 6a
24. Abkürzung 4+/5a (Variante zu Nr. 23)
25. Welt ohne Kopf 5a/b

UNT. ENNSTAL - Sauzahn ****

Routen

26. I mecht landen 5c
27. Träumerchen 5a
28. Flohwalzer 6a/6a+
29. Ab durch die Mitte 6b
30. Mäusebauch 5c
31. Fliegenstieg 6a/6a+
32. Ideenlos 5b
33. Tears for you 5c
34. Ciao Baby 6a
35. Crash 6c
36. Action directe 6b+
37. Broken wings 6c
38. Kombination 7b (Variante aus Nr. 36/37/39)
39. Reise ins Glück 6a
40. Wind-Jammer 6c+
41. Nix für Gschmacherl 6a+
42. Lentissima 6b
43. Via Lentia 6b+
44. Ulli Mhesz 6c+
45. Superfinish 6c+
46. Chrisi 7a+
47. Traumtänzer 6c+
48. X-Large 6b
49. Fahrt ins Blaue 6a
50. Weberknecht 6a/6a+
51. Normalweg 2-3
52. Querverkehr hat Vorrang 4+/5a
53. Genuß 5a
54. Abendspaziergang 6a+
55. Katastrofurchterbar 6b+
56. Jimmy 6a+
57. Pilier exquisite 6a
58. Mittendrinn 6a+
59. Ho-Ruck 5c
60. Wau-Wau 5a/b
61. Prost 6a
62. Honeymoon 5b
63. Kisses sweeter than wine 6b
64. Schmerzgrenze 6b
65. Aeroplan 7a
66. Ad absurdum 6b+
67. Augenblick des Glücks 6c
68. Vergißmeinnicht 6a+
69. Aber wie? 7a+
70. Schwerelos 6b

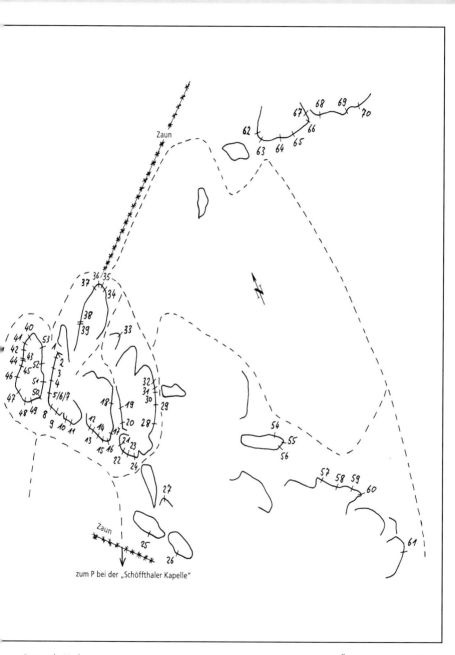

Österreich **317**

UNT. ENNSTAL - Sonnleitner ***/****

Lage	3,5 Kilometer nordnordöstlich von Losenstein, am nördlichen Ortsrand von Laussa.
Zufahrt/ Parken	Von Losenstein cirka einen Kilometer in Richtung Steyr, dann rechts weg nach Laussa. Nach der Kirche links ab zum Gasthof »Sonnleitner« und dort parken (siehe Skizze Seite 314).
Zugang	Rechts am Gasthof vorbei und in wenigen Schritten zur Wand.
Lage der Felsen	Nordnordost.
Meereshöhe	440 Meter.
Routenanzahl	Insgesamt 39 Touren. bis 4+ = 1 Tour bis 6a+ = 16 Touren bis 6c+ = 18 Touren bis 7b+ = 4 Touren Die Routennamen stehen an den Einstiegen angeschrieben.
Absicherung	Sehr gut, Klebehaken. Klemmkeile werden nicht benötigt.
Felsstruktur	Löchriger Kalk. Senkrechte, zum teil bauchige Wand. Teils athletische Kletterei.
Wandhöhe	10 - 15 Meter.

Routen

1. Blue flame 7a
2. ASR 7a+
3. Zwielicht 6b+
4. Igor 6b
5. Ab in die Heia 6c+
6. Charakterlos 6c+
7. Rosenspaziergang 6b+
8. Abendsonne 6b
9. Il faut faire 6b
10. Anarchie 6b
11. Karuso 6a
12. Überdrüber (Untendurch) 6a
13. Null Problemo 6b
14. Auch nicht ohne 7a
15. Goldfinger 6b
16. For ladies only 6a+
17. Wild life 6b
18. Archaeopteryx 6b+
19. Spätzünder 6a
20. Ausbrechversuch 6a+
21. Frühstart 6a
22. Ohne Riß und Efeu 6a
23. Senkrechtstart 5c
24. Nur net Kneifen 6a+
25. Ausgekniffen (oben links) 4
26. Schuppe (oben rechts) 5c
27. Attacke 6b
28. Going left 6b
29. Vabanque 6c
30. Challenge 7a+
31. Oh la la 6b
32. Known how 6b+
33. Eledil 6c+
34. Krokofant 6a
35. Mondlandschaft 6a
36. Bauchweh 6a/6a+
37. Obelix 5c
38. Asterix 5b
39. Grisu 5b

UNT. ENNSTAL - Langenstein ***

Lage	Cirka 4 Kilometer nördlich von Losenstein.
Zufahrt	Von Losenstein cirka einen Kilometer in Richtung Steyr, dann rechts weg Richtung Laussa, bis sich nach etwa 3,5 Kilometern auf der linken Seite das Sensenwerk »Sonnleithner« befindet. 200 Meter danach folgt man links dem Güterweg »Oberdambach« (cirka 2,1 km) bis zu einer scharfen Linkskehre. Als Orientierungshilfe: 100 Meter vor der Linkskehre befindet sich rechts eine Informationstafel über den LANGENSTEIN
Parken	Am Straßenrand bei der Linkskehre.
Zugang	Vom Parkplatz wenige Meter die Straße bergab und links abwärts über die Wiese. ACHTUNG: Damit es keinen Ärger mit dem Grundbesitzer gibt, bitte ganz links am Waldrand gehen!! Am untersten linken Teil der Wiese führt ein schmaler, schlecht sichtbarer Pfad durch die dichte Tannenschonung zum sichtbaren Felsmassiv. Gehzeit 3 - 4 Minuten.
Lage der Felsen	Die Felsen sind nach Norden ausgerichtet.
Meereshöhe	560 Meter.
Routenanzahl	Insgesamt 18 Touren. bis 4+ = keine Touren bis 6a+ = 1 Tour bis 6c+ = 9 Touren bis 7b+ = 8 Touren Die Routennamen stehen an den Einstiegen angeschrieben.
Absicherung	Sehr gut. Bohrhaken und Bühler-Haken. Klemmkeile werden nicht benötigt.
Felsstruktur	Kalk. Löchriger, meist überhängender Fels, der sehr ans nördliche Frankenjura erinnert. Bei Regen trocken.
Wandhöhe	12 - 15 Meter.

Routen

1. Tintifax 6b+
2. Kopf hoch 7a+
3. Hurra, wir leben noch 7a
4. Good push 7a+ (Einst. wie Nr.3, oben gerade hoch)
5. No paseran 6c+/7a
6. A man's world 7b
7. Kombination 7b+ (Verbindung der Schlüsselst. der Nr.4 + 6)
8. Grüne Kröte 6c
9. Direkte Kröte 6c (Rechtsvariante im oberen Teil der Nr.8)
10. Schlumberger 6c (Bühler-Haken)
11. Fuzo 6a+
12. Fuzo Direkteinstieg 6c+
13. Los d'Sau aussa 6c+
14. Tango in weiss 7b
15. Stretching 6b (Variante)
16. Posing 6b
17. Banana show 6c+
18. Links vom Efeu 7a

Pauschalangebot

ab ÖS 990,--
ab DM 149,--

EISENWURZEN

Klettern im Ennstal

buchen bei
FERIENREGION PYHRN-EISENWURZEN,
Am Kirchenplatz 7-9, A-4560 Kirchdorf,
Tel. ++43/7582/2450, Fax 4907-20

Name: ....
Anschrift: ....
Termin: ....

6 Nächte im Privatzimmer mit Frühstück, Topos, 1 Tageskarte an der künstlichen Kletterwand - Staumauer Klaus

UNT. ENNSTAL - Nixloch **/***

Lage	Cirka 4 Kilometer westlich von Losenstein.
Zufahrt	In Losenstein am Bahnhof vorbei und der Ausschilderung »Schilift Hohe Dirn« folgen. Kurz nach dem Ortsausgangsschild von Losenstein nach rechts (ausgeschildert »Hintstein«/«Hintsteingraben«) cirka 3 Kilometer bergauf zum Ende der geteerten Straße. Dort weiter nach rechts (ausgeschildert »Nixluck'n«) und links bei der Scheuer parken.
Parken	Damit vom Grundbesitzer das Parken beim Bauernhof weiterhin geduldet wird, sollte man unbedingt Herrn Ziebermayer fragen, auf welcher Wiese das Fahrzeug abgestellt werden darf. Desweiteren wird gebeten, als Parkplatzobolus ein paar Schillinge in die Bergwachtkasse zu geben. Die Kasse befindet sich beim Bauern.
Zugang	Vom Bauernhof folgt man der rot-weiß-rot markierten Forststraße in westlicher Richtung, bis zu einer Linkskehre. Dort auf schmalem Weg geradeaus weiter (ausgeschildert mit »Nixluck'n«) und steil ansteigend zu einer Gabelung. Nun linkshaltend, leicht absteigend (rot-weiße Markierung) zum Felsmassiv. Gehzeit 15 - 20 Minuten. Am Felsmassiv oberhalb des Bauernhofes besteht Kletterverbot (keine Routen eingebohrt), das Klettergebiet NIXLOCH befindet sich genau schräg dahinter.
Lage der Felsen	Die Felsen sind nach Süden bzw. Südwesten ausgerichtet.
Meereshöhe	775 Meter.

Routenanzahl	Insgesamt cirka 90 Touren.
	bis 4+ = keine Touren
	bis 6a+ = 26 Touren
	bis 6c+ = 36 Touren
	bis 7b+ = 24 Touren
	      7c = 2 Touren
	      8a = 1 Tour
	    8a+ = 1 Tour
	
	Die Routennamen stehen nicht immer an den Einstiegen angeschrieben.

Absicherung	Sehr gut, Bohrhaken und Bühler-Haken. Klemmkeile werden nicht benötigt.
Felsstruktur	Kalk, meist kompakter Fels mit vielen Quer- und Längsrissen. Vereinzelt etwas botanisch.

15 - 80 Meter.	**Wandhöhe**

Sektor A	**WENDBACH**		**Übersicht**
Sektor B	**SCHWANENSEE**	Seite 324	**der Sektoren**
Sektor C	**SCHUPPENDACH**	Seite 326	

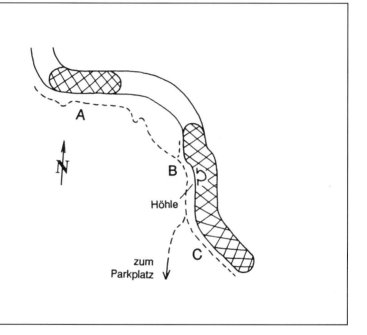

WENDBACH   **Routen Sektor A**

1. Piranhas 1.SL 6a/2.SL 6a/3.SL 6a/6a+
2. Arcturus 1.SL 7a/2.SL 6c+/7a
3. Nose 1.SL 6b+/2.SL 6b/3.SL 7a
4. Sahara 6c+
5. Habakuk 1.SL 4/2.SL 5c/3.SL 5c/4.SL 5b
6. Strategie conquest 1.SL 6c+/7a/2.SL 7a
7. Disco 1.SL 6c+/2.SL 6b+ (1.SL wie Nr. 5, dann rechtshaltend)
8. Olli Longface 1.SL 6c/2.SL 6b
9. Rudi Ratlos 7a+

UNT. ENNSTAL - Nixloch **/***

Routen Sektor A

10. Steile Lust 1.SL 6c+/2.SL 6b+
11. It's hard to be a hard man 7a/7a+
12. When goi'n get's tough 7a
13. Hokus Pokus 1.SL 6b/2.SL 6a/3.SL 6a
14. Pocket Coffee 6b
15. Nichts für kleine Mädchen 6c+ (links vom roten Ausbruch)
16. Extra Dillo 7a/7a+ (Direktvariante zur Nr.17)
17. Dilettant 6c+
18. Adam Riese 7a/7a+
19. Exodus 7b (nach Griffausbruch)
20. Ersatzteillager 6b
21. Domino 6c+
22. Jolly Joker 1.SL 6a/2.SL 6a/3.SL 6a
23. Poker Face 1.SL 6b/2.SL 6a/3.SL 6c+ (E. wie Nr.22, dann re.)
24. Spring Bimbo 6c+/7a (zum 1. Stand von Nr.23)
25. Kabuki 7a/7a+
26. Messino 6a
27. Roßbach/Indrich 5a/b
28. Reprise 6a
29. Hangen und Bangen 7a

Routen Sektor B

SCHWANENSEE

1. Renoviert 6a+
2. Nußknacker 6b+
3. Muskelschwund 7a+
4. Eingeflogen 6a+
5. Prosit Neujahr 6a+
6. Linke Verschneidung dir. Einstieg 5c
7. Funfatal 6a
8. Linke Verschneidung 1.SL 4+/5a/2.SL 5b
9. Megafut 6a+
10. Figarella 6a+
11. Figaro 1.SL 5a/b/2.SL 5b/3.SL 5a/b
12. Fakirella 6c+
13. Hasi Staud'n 1.SL 5a/b/2.SL 5a
14. Höhlendach 1.SL 6c+/7a/2.SL 5b
15. Kein Land in Sicht 7b+ (Höhlendach direkt)
16. Pharao 8a/8a+
17. Foothook 6b/6b+
18. Penthouse 6b
19. Penthouse rechter Ausstieg 6a+/6b
20. Okey 1.SL 6b/2.SL 6b

**Routen
Sektor B**

21. Kleines Arschloch 7c
22. Sterbender Schwan 7b
23. Schwanensee 1.SL 6a/2.SL 6a+
24. Bluthochzeit 6b+
25. Flic-Flac 1.SL 5c/6a/ 2.SL 6c
26. Via Kollmann 1.SL 5c/2.SL 6b/6b+
27. Die Platte 1.SL 6a/2.SL 5b/c
28. Avantgarde 6b/6b+
29. Ödipussi 6b+
30. Dornröschen 1.SL 5a/2.SL 5a/5a+

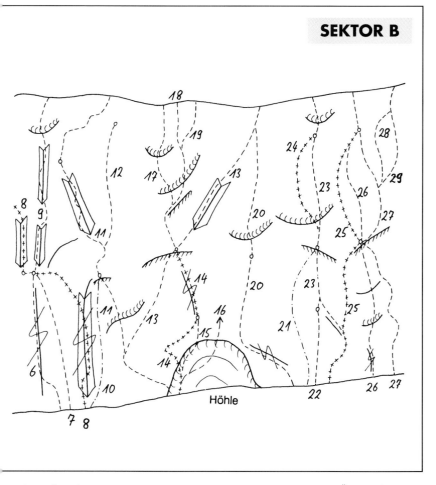

UNT. ENNSTAL - Nixloch **/***

**Routen
Sektor C**

SCHUPPENDACH

1. Melancholie 6a+/6b
2. Fila man 6a/6b
3. Hallo Tschinallo 6c+
4. Micheluzzi 1.SL 5a/b/2.SL 5b/c
5. Samurai 6c
6. Graue Maus 6c
7. Knapp durch die Mitte 6c+/7a
8. Matt in vier Zügen 6c+
9. Szenario 6a
10. Affenschaukel 7a+
11. Für Tiger 6b/6b+
12. Sex and Crime- direkt 7b+
13. Sex and Crime 7b
14. Haltungsfehler 6c+
15. Blue Velvet 7a/7a+
16. Catch as catch can 1.SL 7a/7a+/2.SL 6a
17. Excalibur 1.SL 6c/2.SL 6b
18. Komet 1.SL 7c/2.SL 7a
19. Bachar street 1.SL 6b+/2.SL 6b
20. Bad Finger Boogie 7a+
21. Noblesse oblige 6c
22. Focus 8a
23. Schuppendach 1.SL 6a/2.SL 6a
24. Dessous for you 7a+
25. Rubicon 1.SL 6b+/2.SL 7a
26. Lorelei 6a+
27. Alpinathlon 6b
28. Spaghetti 6c+
29. Klein aber fein 6b+
30. Ouzo 6c
31. Rampenpfeiler 6a
32. Fauler Willi 6a+
33. Sinnloser Waldi 5b

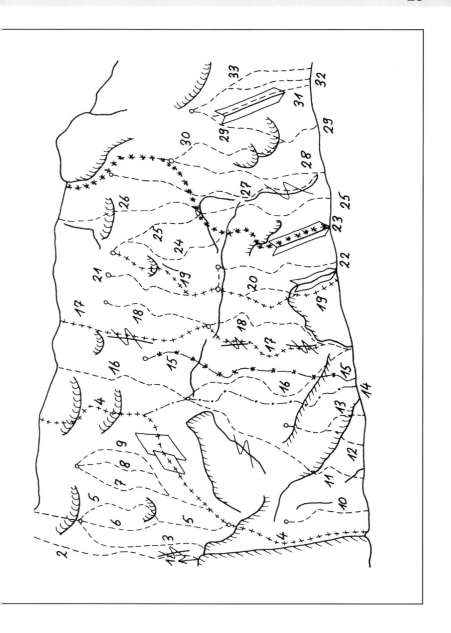

UNT. ENNSTAL - Trattenbacher Zapf'l **

Achtung	! KLETTERVERBOT in der Zeit von Anfang - Mitte August (Rehbrunft)!!
Lage	Cirka 7,5 Kilometer westlich von Losenstein.
Zufahrt	Von Losenstein cirka 6 Kilometer in Richtung Steyr, dort nach links in Richtung Trattenbach. Nun durch den langgezogenen Ort Trattenbach hindurch, beim Lebensmittelgeschäft rechtshaltend weiter in Richtung Grünburger Hütte. Nun auf dem Güterweg »Trattenbachtal« entlang, bis nach einem Kilometer eine Straße nach links ansteigend abzweigt (ausgeschildert mit »Gaisberg«/»Schoberstein«/»Molln«). Dieser Straße folgend bis zum ihrem Ende beim Bauernhof.
Parken	Beim Bauernhof nachfragen, an welcher Stelle das Fahrzeug ungehindert abgestellt werden kann.
Zugang	Zwischen Bauernhaus und Scheune hindurch und linkshaltend auf deutlichem Pfad über die Wiese zum Wald. Am Waldrand rechts ansteigend und immer diesem entlang, bis der Pfad am Felsmassiv endet. Gehzeit cirka 5 Minuten. Siehe Skizze rechte Seite.
Lage der Felsen	Siehe Skizze rechte Seite.
Meereshöhe	610 Meter.
Routenanzahl	Insgesamt 23 Touren. bis 4+ = keine Touren bis 6a+ = 2 Touren bis 6c+ = 4 Touren bis 7b+ = 11 Touren 7c = 1 Tour 7c+ = 1 Tour 8a = 1 Tour 8b = 1 Tour Die Routennamen stehen an den Einstiegen angeschrieben.
Absicherung	Sehr gut bis schlecht, Bohrhaken. Zum Teil werden Klemmkeile zur zusätzlichen Absicherung benötigt.
Felsstruktur	Kalk, teils plattig. Meist senkrecht bis überhängend, durchsetzt mit Rissen und Verschneidungen. Viele runde Aufleger.
Wandhöhe	bis 20 Meter.

Routen

Nordwestseite
1. Alter Riß ? (unlohnend)
2. Take off 7a/7a+
3. Überraschung 7a

Südwestseite
4. Master Blaster 7c+
5. Gelati corner 7a
6. Flash dance 7b+
7. Projekt
8. Non chalance 6c
9. Scharfes »S« 7b+/7c

Südostseite
10. Kurz Pfurz 7b+
11. Waldesruh 6a+
12. Balance act 6b+
13. New Balance 7a/7a+ (Dir. Bouldereinst. zu Nr.10)
14. Azimut 8a+/8b (Einst. wie Nr.15, dann linkshaltend)
15. Gelber Wahn 7b
16. Turbo Wahn 7b+
17. Eridanus 7a+/7b
18. Eridanus mit Herz 8a
19. Superfeucht 7b+
20. Frisch rasiert 6c+ (Einst. wie Nr.19, dann rechts weg)
21. Zisterne 6a
22. Max 6c+/7a
23. Moritz 6b

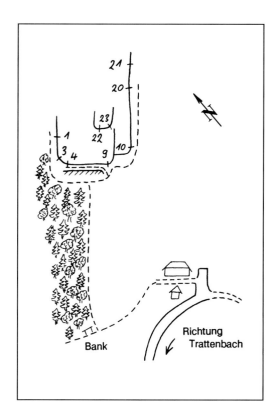

RETTENSTEIN **

Allgemein

Unweit vom Klettergebiet Ennstal befinden sich der RETTENSTEIN und noch weitere Klettergärten wie die HASELSTEINWAND (bei Ybbsitz), HOLLENSTEIN, WAIDHOFEN und HIEFLAU (bei den jeweils gleichnamigen Ortschaften) die ich aus Platzgründen leider nicht aufnehmen konnte. Über all diese Gebiete sowie das UNTERE ENNSTAL und RETTENSTEIN erstellt Franz Bräuer zur Zeit einen Kletterführer, der Ende 95 erscheinen soll.

Südlich vom Unteren Ennstal liegt zwischen Altenmarkt und Windischgarsten der 1024 Meter hohe Hengstpaß. Wenige Kilometer unterhalb der Paßhöhe (in Richtung Altenmarkt) befindet sich ein weiteres tolles Klettergebiet, der HENGSTPASS. Leider bat mich der Haupterschließer Helmut Steinmeißel, daß ich von einer Veröffentlichung absehen soll, da es große Probleme mit den Förstern gibt. Schade drum, denn es handelt sich um ein wirklich schönes Gebiet mit teils längeren Routen.

Nachfolgend ein paar Daten und eine Routenauflistung vom Klettergarten RETTENSTEIN, der bei vielen Einheimischen nur WEYER genannt wird. Die Felsen liegen im Wald, so daß die Bäume im Sommer angenehmen Schatten bieten. Nach langen Regenfällen bleiben die Felsen verhältnismäßig lange feucht. Auf Topos kann verzichtet werden, denn alle Routennamen stehen an den Einstiegen angeschrieben.

Merci an den kletternden Friseur Egon Pletzer aus Opponitz, der mir über die umliegenden Klettergärten und über den RETTENSTEIN Auskunft gab.

Lage

Cirka 28 Kilometer südöstlich von Steyr und 37 Kilometer nordwestlich von Eisenerz. .

Zufahrt

Von Salzburg auf der Autobahn A 1 in Richtung Wien zur Ausfahrt Enns und weiter auf der B 115 über Steyr, Losenstein zur Abzweigung nach Waidhofen (B 121). Von dort auf der B 115 noch 1,4 km weiter in Richtung Altenhofen.

Parken

Rechts neben der Straße beim Kilometerschild »65,0«.

Zugang

Gegenüber vom Parkplatz führt ein ausgetretener Pfad ansteigend in den Wald. Diesem zum Felsmassiv folgen. Gehzeit 5 - 6 Minuten.

Lage der Felsen

Die Felsen sind überwiegend nach Südwesten ausgerichtet.

Meereshöhe

Parkplatz 420 Meter, Einstiege cirka 500 Meter.

	Routenanzahl

Insgesamt cirka 60 Touren.
bis 4+ = keine Touren
bis 6a+ = 12 Touren
bis 6c+ = 22 Touren
bis 7b+ = 12 Touren
    7c = 2 Touren
    7c+ = 2 Touren

Die Routennamen stehen an den Einstiegen angeschrieben.

Sehr gut, Bohrhaken. Klemmkeile werden nicht benötigt. **Absicherung**

Kalk, oftmals athletische Kletterei an senkrechtem bis überhängendem Fels. Technisch anspruchsvoll, viele Aufleger. **Felsstruktur**

10 - 18 Meter. **Wandhöhe**

Frühjahr, Sommer, Herbst. **Beste Jahreszeit**

Zur Zeit gibt es keinen Führer. Im Herbst 95 erscheint voraussichtlich einen Topoführer von Franz Bräuer, der unter anderem auch dieses Gebiet beinhaltet. **Topo**

– In Weyer im Schul- und Sportzentrum. Ansprechpartner: Ernst Michelak, Tel. 0 74 47/82 22. Größe: 11,5 m hoch, 6 m breit, 5,5 m überhängend.
Öffnungszeiten: Di. und Do. von 18.00 - 21.00 Uhr, Sa. von 15.00 - 21.00 Uhr; in den Sommerferien nur mit Rücksprache von E. Michelak. Wandhersteller: Art Rock. **Kletterhalle**

– In Waidhofen/Ybbs, ausgebauter Squashcourt im Tennis- und Squashzentrum, Tel. 0 74 42/5 56 85. Größe: 150 qm (7 m hoch).
Öffnungszeiten: Täglich von 8.00 - 24.00 Uhr. Preise: Mitglieder ÖS 130 pro Tag; Nichtmitglieder ÖS 200 pro Tag; Jugendliche ÖS 60 bzw. ÖS 90; Jugendliche ÖS 90 bzw 140.
Wandhersteller: Art Rock.

RETTENSTEIN **

Übersicht Sektor A **LINKER WANDTEIL**
der Sektoren Sektor B **RECHTER WANDTEIL** Seite 333

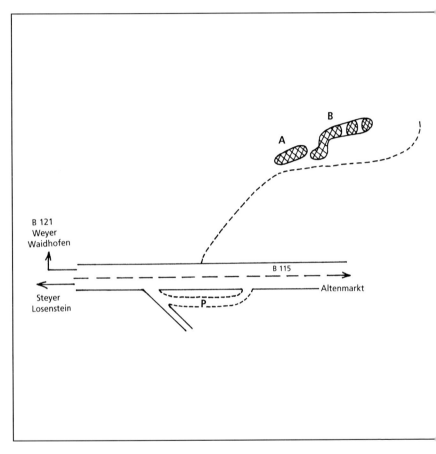

Routen **LINKER WANDTEIL**
Sektor A

1. PZ 6b
2. Ameisenbär 5a
3. Rattle Snake 1.SL 5a/b /2.SL 6a
4. Pfeilgroad 6a

**Routen
Sektor A**

5. Kleine Mirian 6b
6. Rechte Mirian 6b+
7. Lachkabinett 7a+
8. Asterix 6b/6b+
9. Nagelbeißer auf dem Pfad der Ameisen 7c+
10. Kaligula 6a+/6b (Einst. auf Band)
11. Weyerstraße 7a (Einst. auf Band)
12. Tagträumer 7a (Einst. auf Band)
13. Projekt (Einst. auf Band)
14. Kilometerfr. 7c/7c+ (Einst. auf Band)
15. Projekt
16. Kopf hoch 6c+/7a
17. Happy end 6c+/7a
18. Projekt
19. Solaris 6c+/7a
20. Magnetnadel 6a+
21. Matty 6b+
22. Diagonale 5b
23. Kathy 5b/c
24. Verschneidung 5c
25. Wintergrün 7a/7a+
26. Dire Straits Projekt
27. Fraisen 6b+
28. Finesse 7a
29. Rille 6a

Einstieg über Fixseil
30. Panoramakante 6a
31. Superman 6c+
32. Panoramaplatte 7a

RECHTER WANDTEIL

**Routen
Sektor B**

1. Eskulap 6c+
2. Endspurt 6c+
3. Blody Mary 6b/6b+
4. Heli's come back 7b
5. Projekt
6. Muskelschwund ?
7. Super Sau 6c+
8. Maskarade 6b/6b+
9. Jocker 6b/6b+
10. Schmalspur 6a+

RETTENSTEIN ** 24

Routen
Sektor B

11. M. H. h. w. 6a+/6b (Einst. auf Absatz)
12. Malaysian Girl 6b+ (Einstieg auf Absatz)
13. Hony Money 6b+ (Einst. auf Absatz)
14. SW-Verschneidung 6a+
15. Genesis 6b/6b+
16. Übermut 6c+
17. Sidestep 7b+
18. Nur Mut 6a+
19. Teamwork o. Mut 7a
20. Superfeucht 6b+
21. Schmutziger Tanz 7c
22. Projekt
23. Mosaik 7c

25 m rechts
24. Projekt
25. Make-up 7a+

20 m rechts
26. Ernstl 6b
27. Schnappi 6c+

SCHNELL - SICHER - SPREIZDRUCKFREI
Hohe Sicherheitsreserven mit dem mse-fischer-Zykon-Bohrankersystem

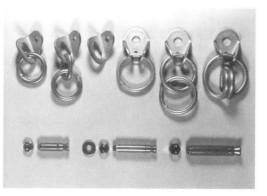

Bohrankerausführungen mit 3 Dübelgrößen

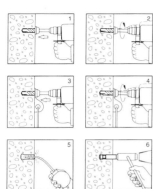

Montage der Zykonanker:
Bild 1 u. 2 = Vorsteckmontage
Bild 3 u. 4 = Durchsteckmontage

Mit der Einführung des Zykon-Hinterschnittbohrankers ist ein neuer Sicherheitsstandard erreicht worden, der in einigen Punkten über der derzeit gültigen Norm für Fels-Bohrhaken liegt.

DIE ÜBERZEUGENDEN VORTEILE:
* **Maximale Sicherheit** - Hohe Haltewerte bei radialer und axialer Zugbelastung, selbst in gerissenen Untergründen, die sich nach der Montage noch verändern! Nichtrostender, säurebeständiger Stahl (V4A, AISI 316), der eine Anwendung auch in Meeresnähe erlaubt.
* **Montagekontrolle** - Eine ordentliche Montage ist mittels Sichtprüfung sofort erkennbar - daher kein unkalkulierbares Risiko am einzelnen Haken auch für Wiederholer der Routen!
* **Spreizdruckfrei - sofort belastbar - keine Wartezeit!**

DAS PRINZIP:
Der spreizdruckfreie Zykonanker beruht auf mechanischem Hinterschnitt des Bohrloches. Dieses wird am Bohrlochgrund durch kreisförmiges Schwenken des Bohrhammers (bei eingeschaltetem Schlagwerk) mit einem Spezialbohrer erweitert. Für jede Dübelgröße ist ein eigener Zykon Universalbohrer erforderlich. Dieser Bohrer paßt zu allen derzeit sich am Markt befindlichen Akku-Bohrhämmern.

AUSFÜHRUNGEN:
Die einfach gebogenen Hakenösen finden wahlweise mit der Dübelgröße: 14x40 M10 A4 oder mit: 14x60 M10 A4 ihre Anwendung (Dübelgröße = Durchmesser mal Verankerungstiefe in mm).
Bei den doppelt gebogenen Anbauteilen stehen die Dübelgrößen: 14x60 M10 A4, 18x80 M12 A4 oder 18x130 M12 A4 zur Auswahl.

Nähere Informationen bei:
mountain safety equipment
Postfach 13, D-83677 Greiling/Bad Tölz
Telefon 08041/8997, FAX 08041/5801

SCHEIBBS */**

Allgemein

1984 begannen einheimische Kletterer den Klettergarten BUCHBERG zu erschließen. Mittlerweile gibt es über 60 Routen, die eine Höhe zwischen 8 und 15 Metern haben und fast alle bestens mit Bohrhaken abgesichert sind. Das breite Massiv steht mitten im Wald, ist somit an heißen Sommertagen das ideale Schattengebiet. Bei starken Regenfällen dauert es jedoch sehr lange, bis die Felsen wieder trocken sind.

Wer zum ersten Mal nach BUCHBERG fährt, sollte bei der Wegfindung nicht verzagen, auch wir waren bei unserem ersten Besuch etwas verunsichert und wußten nicht, ob wir überhaupt noch auf der richtigen Zufahrtsstraße waren.

Zum Schluß noch eine Bitte, parkt Euer Fahrzeug so, daß der Bauer die landwirtschaftlichen Wege und Zufahrten ungehindert passieren kann!

Lage

Cirka 54 Kilometer östlich von Steyr und 40 Kilometer südwestlich von St. Pölten.

Zufahrt

Auf der Autobahn A 1 von Salzburg Richtung Linz/Wien zur Ausfahrt Ybbs/Kemmelbach und auf der B 25 an Scheibbs vorbei, bis rechts eine Straße nach Neustift abzweigt. Auf dieser durch Neustift hindurch, wenige Meter vor dem Ortsausgangsschild von Neustift (nach dem Gasthaus »Cerny«) am Güterweg »Grosstein« rechts weg, ansteigend nach Buchberg (ausgeschildert, kleiner Wanderwegweiser) und weiter bis zum Ende der geteerten Straße bei einer Kapelle (cirka 4 km). Von dort auf der Schotterstraße geradeaus, kurz bergab und nach einer Linksschleife wieder ansteigend, an einem Gehöft rechts vorbei, bis sich auf einer kleinen Anhöhe zwei Viehgatter befinden (vom Ende der geteerten Straße bis zum Viehgatter cirka 700 Meter).

Parken

Vor dem Viegatter befinden sich auf der linken Seite Parkmöglichkeiten.

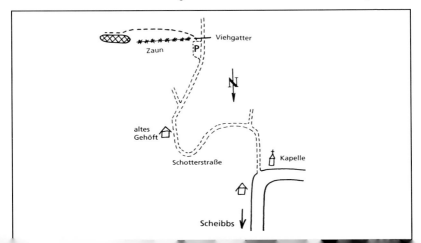

Vom Parkplatz durch das linke Viehgatter und weiter linkshaltend in den Wald. Von dort auf deutlichem Weg zu den Felsen. Gehzeit 3 - 4 Minuten.	**Zugang**
Die Felsen sind nach Süden ausgerichtet.	**Lage der Felsen**
Knapp unter 800 Meter.	**Meereshöhe**
Insgesamt cirka 70 Touren. bis 4+ = 3 Touren bis 6a+ = 25 Touren bis 6c+ = 9 Touren bis 7b+ = 25 Touren 7c+ = 3 Touren Die Routennamen stehen fast immer an den Einstiegen angeschrieben, oftmals jedoch schlecht lesbar.	**Routenanzahl**
Meist sehr gut, Bohrhaken. Klemmkeile werden nicht benötigt.	**Absicherung**
Kalk. Kompakter Fels mit vielen runden Auflegern, oftmals kleine Leisten. Einige Dächer und Verschneidungen. Teilweise ist der Fels schon etwas abgespeckt.	**Felsstruktur**
8 - 15 Meter.	**Wandhöhe**
Frühjahr, Sommer, Herbst.	**Beste Jahreszeit**
Zur Zeit ist kein Führer erhältlich.	**Topo**
In Scheibbs befinden sich diverse größere Geschäfte sowie ein Supermarkt.	**Lebensmitel**
Am besten mit vollem Wassertank anreisen.	**Wasser**
In Scheibbs Hallenfreibad, Tel. 0 74 82/29 90. Öffnungszeiten: täglich von 9.00 - 20.00 Uhr, Mo. geschlossen.	**Hallenbad**
In Scheibbs »Zentrasport Pemsel«, Hauptstraße 37. Tel. 0 74 82/33 77. Sehr gut ausgestattetes Sportgeschäft.	**Sportgeschäft**
In St. Pölten (siehe Klettergebiet WACHAU Seite 342).	**Kletterhalle**
3270 Scheibbs, Tel. 0 74 82/4 25 11 63. Öffnungszeiten: Mo. bis Fr. von 8.00 - 12.00 Uhr und 13.30 - 16.00 Uhr.	**Touristenbüro**

SCHEIBBS */**

Routen

1. Hard live 6a
2. 7a+
3. Yggdrasil 5c
4. Fiskus 6a+
5. O-Negative 6b+ (Friends)
6. Nur ka Hektik 4+
7. Buchbergplatte 5a
8. Flow-Hax'n 5b
9. Blockkamin 4-
10. Sala flash fia°n oidn 6c+
11. Platzangst 5b
12. Frühling und Herbst 5a
13. Botanik 4+
14. Terra Nova 6c+
15. Aprilscherz (unlohnendes Projekt)
16. Linksradikale 6a
17. Schnitzelautomat 6b+ (Einst. wie Nr. 18, oben links weiter)
18. Judo 6a
19. Take it easy 5a
20. Irrationale (wegen Nest gesperrt)
21. Scorpion 7c+
22. Sexus 7c+
23. Sound corner 7b+
24. Anusfalle normal 7a+
25. Anusfalle direkt 7b+
26. Jag den Drachen 7a+
27. Herbstzeitlose 6c+
28. Hard to go 7a (Einst. wie Nr. 29, nach 3.Bh. gerade hoch)
29. Easy go 6a+
30. Spätlese 5a
31. Wahre Liebe 7a (Boulder/1 Bh.)
32. Eskimo 7a
33. Rucki Zucki 5c
34. Monitor 7a+
35. Krallelujah 7b/7b+
36. Krieg der Sohlen 6c+
37. Zerstörtes Glück 7a
38. Protein und Nikotin 5a
39. Muti on sight 7a (Einst. wie Nr. 40, nach 2.Bh. linkshaltend)
40. Frechdachs 5b
41. Bermudadreieck 6a+
42. Never let you down 7a (Nach 2.Bh. von Nr. 41 links weiter)
43. Donald Duck 6a+
44. Karambolage 5c

45. D1 7b+ (oben über das Dach - Längenproblem)
46. Kummer-Nummer-unten 5a (bis unter das Dach)
47. Kummer-Nummer-oben 6b+ (über das Dach)
48. Akira 7b+
49. Homo Verectus 6b
50. Paradoxie 6a+
51. Tanz der Vampire 5b
52. Meringata 7b/7b+ (Einst. wie Nr. 51, dann gerade hoch)
53. Kabale 6a+
54. Liebe 6a+
55. Die Sünde 6c+(Einst. wie Nr. 54, nach 3.Bh. rechtshaltend)
56. Ötscherblick 7a+(wie Nr. 54, nach 3.Bh. weiter re. wie Nr. 55)
57. Flieger, grüß mir die Sterne 7b+ (Längenproblem)
58. Götterdämmerung 6a
59. Hang on 6a+ (E. wie Nr. 58, am 2.Bh. Linksquerung)
60. 7b
61. Komm laß mich Dein Meister sein 7a+

Routen

100 Meter rechts
62. French connection 7b+
63. Push or call 81503 7b
64. Schwingen der Lust 7b
65. Gonna git you sucker 7b
66. Nabel zur Welt 7c+
67. Gipfel der Frechheit 7b+

Riesenauswahl bei

– **KLETTERSCHUHEN**

– **BERGSEILEN**

– **KARABINERN**

– **RUCKSÄCKEN**

– *und vielem mehr*

im Bergsportfachgeschäft

ZENTRASPORT **PEMSEL**

Hauptstr. 37, 3270 Scheibbs   Tel. 07482/43377

P. S.: Schau doch mal vorbei!

WACHAU **/***

Allgemein

Über die Wachau, das Donautal zwischen Melk und Krems, kann man die tollsten Geschichten, Sagen und Legenden nachlesen. Dichter haben sie besungen, und Malern hat sie schon in frühester Zeit zur Inspiration gedient. Seit der Steinzeit fanden in der Wachau Besiedlungen statt. Die Römer lagerten am Südufer der Donau, die Hunnen zogen durch dieses schöne Tal. Im Jahre 1192 wurde der englische König Richard Löwenherz I. vom österreichischen Herzog Leopold VI. in der Kuenringerfeste Dürnstein gefangen gehalten. Erst nach Bezahlung der stattlichen Summe von 35.000 Kilogramm Silber wurde er wieder freigelassen.

Nach den turbulenten Zeiten der Völkerwanderung durchzogen die Spanier, Magyaren, Italiener, Türken und Franzosen das Tal und die Zivilisation des Landes begann. Zahlreiche Gemeinden und Klöster wurden gegründet. Hier sind vor allem die Benediktinerstifte Melk und Göttweig hervorzuheben.

In der Gegend um Dürnstein ist die Wachau besonders durch ihren Weinbau bekannt. Der Ursprung geht zurück bis in die Zeit der keltischen Besiedlung, doch die Römer waren es, die den Weinbau zur Weinkultur machten. Während der Renaissance besaßen in der Wachau 31 Klöster Weingüter. Das markante Gepräge des Wachauer Weins führt man auf den einzigartigen Boden und den Einfluß des milden Klimas zurück. Was sich kein Besucher der Wachau entgehen lassen sollte, ist der Besuch eines der zahlreichen »Heurigen«, wo man gut, billig und reichlich essen kann - das Trinken nicht zu vergessen!! Am besten fragt man Einheimische, wo gerade ein Heuriger geöffnet hat. Vor dem Eingang hängt meist ein aus Stroh geflochtener Heurigenkranz.

Nun zu den Felsen: In dieser Ausgabe werden wir die ACHLEITENWAND bei Weißenkirchen und von den DONAUUFERFELSEN die WÄCHTERWAND neu aufnehmen. Vom Klettergebiet DÜRNSTEIN werden einige der lohnendsten Felszapfen näher beschrieben, dafür entfällt das Gebiet RUINE AGGSTEIN, wo an Wochenenden ein ständiger Rummel herrscht.

Den abgelegenen HOHEN STEIN wollen wir auch dieses Mal wieder vorstellen. Wenn man auch nach wie vor in einigen Routen ein Klemmkeilsortiment braucht, gibt es dort sehr schöne Anstiege mit etlichen Bohrhaken. Ein weiterer Vorteil: man ist meist alleine am Fels, was bestimmt auf die etwas längere Zugangszeit zurückzuführen ist (Bike mitnehmen).

Holger Hofmann und Peter Dunst waren es, die den Klettergarten ACHLEITENWAND eingerichtet haben. Bei diesem Massiv handelt es sich um eines der besten Gebiete der Wachau. Man parkt sein Fahrzeug am Ortsrand von Weißenkirchen und marschiert anschließend auf einer Straße quer durch die Weinberge zum Massiv. Solltet ihr in

der Zeit der Traubenlese diesen Fels aufsuchen, laßt die Hände in Euren Taschen, auch wenn die Trauben noch so verlockend an den Reben hängen.
    An den DONAUUFERFELSEN hat sich in jüngster Zeit auch einiges getan. Im Frühjahr 1992 eröffnete Heinz Höllebauer eine 4- Seillängen-Tour in bestem Fels. Ein MUSS! für alle Wachau-Besucher. Desweiteren gibt es rechts der markanten Verschneidung noch einige nette Routen.
    Im Klettergarten DÜRNSTEIN haben wir mit Hilfe des Locals Heinz Höllebauer einige der lohnenden Massive herausgesucht, was bei dieser Vielzahl gar nicht so einfach ist. Um ein bißchen einen Überblick zu bekommen trafen wir uns mit Heinz in einem »Heurigen«, tranken Wein und hörten ihm beim Erzählen seines Kletterlebens zu. Es war interessant, wenn er von vergangenen USA-Tagen mit Reinhard Karl oder irgendeiner Gebirgstour im Gesäuse erzählte. Neben seiner Familie und seinem Beruf als Lehrer, betreibt er nach wie vor leidenschaftlich seinen Klettersport, eröffnet Neutouren, saniert und putzt die Felsen. Kein Wunder, daß die Anzahl der Routen in der WACHAU ständig ansteigen. Zur Zeit arbeitet er wieder an einem Massiv, welches jedoch noch nicht völlig erschlossen ist und somit noch als Geheimtip zählt. Doch vielleicht wird Heinz diese Touren einmal in seinem Kletterführer beschreiben, der von ihm jährlich neu überarbeitet wird und von dem es pro Auflage lediglich 30 oder 40 Stück geben wird. Wer also so ein Exemplar erwerben will (Umfang ca. 130 Seiten), kann sich direkt an Heinz Höllebauer, Heppenheimer Straße 1, A-3495 Rohrendorf, Tel. 0 27 32/7 26 85 wenden.
	Allgemein

Cirka 70 Kilometer westlich von Wien.	**Lage**
Auf der Autobahn A 1 in Richtung Wien bis zur Ausfahrt Melk. Von dort in Richtung Melk. (KOMPASS Wanderkarte 1:50 000, Nr. 207 »Wachau«/»Nibelungenau«). Weitere Zufahrt siehe jeweiliger Hauptsektor.	**Zufahrt**
Siehe jeweiliger Hauptsektor.	**Parken/Zugang**
Frühjahr, Sommer, Herbst (bedingt auch im Winter).	**Beste Jahreszeit**
130seitiger Topoführer, in dem nahezu alle Routen der Wachau aufgeführt sind. Erhältlich nur beim Autor Heinz Höllebauer A-3495 Rohrendorf, Heppenheimerstraße 1, Tel. 0 27 32/7 26 85.	**Topo**

WACHAU **/***

Übernachtung	– Campingplatz »Stumpfer«, Information beim Gasthaus Stumpfer, Nr. 7, 3392 Schönbühel. Tel. 0 27 52/85 10.
	– Campingplatz »Rossatzbach«, Rossatz 29, 3602 Rossatz. Tel. 0 27 14/3 17 oder 2 17 (Gemeinde).
	– Campingplatz »Donaupark«, Postanschrift: Wiedengasse 7, 3500 Krems. Tel. 0 27 32/8 44 55.
Lebensmittel	Der nächste größere Supermarkt befindet sich in Krems bzw. in Melk.
Wasser	Am besten mit vollem Wassertank anreisen.
Hallenbad	– In Krems, »Badearena Krems«, Hallenfreibad (gleich daneben ist die Sporthalle mit einer Indoor-Kletterwand) Tel. 0 27 32/8 20 51. Öffnungszeiten: Mo. von 13.00 - 17.00 Uhr, Di. bis Do. von 9.00 - 21.00 Uhr, Fr. von 9.00 - 21.30 Uhr, Sa. von 9.00 - 20.30 Uhr, So. von 9.00 - 20.00 Uhr.
	– In St. Pölten, »Die Oase«, Tel. 0 27 42/26 61. Öffnungszeiten: So., Di., Mi. und Do. von 9.00 - 20.00 Uhr, Fr. von 9.00 - 22.00 Uhr, Sa. von 9.00 - 18.00 Uhr, Mo. geschlossen.
Sportgeschäft	**In Krems** – »Intersport-Churanek«, Untere Landstraße 22, 3500 Krems. **In St. Pölten** – Bergsport »Scout«, Klostergasse 13, Tel. 0 27 42/5 13 44. – Intersport »Gebath«, Kremser Gasse 27, Tel. 0 27 42/52 45 80.
Kletterhalle	– In Krems wird neben dem Hallenbad eine Sporthalle mit öffentlicher Kletterwand (12 m breit, 7 m hoch mit separater Boulderwand) erbaut. Die Fertigstellung ist auf Frühjahr/Sommer 95 terminiert.
	– In St. Pölten, »Landessportschule St. Pölten«, Dr. Adol Schärf-Straße 25 (Nähe Traisenpark-Einkaufszentrum), Tel. 0 27 42/5 16 24-116. Größe: Cirka 150 qm (11 m hoch). Öffnungszeiten: Mo - Fr. von 7.30 - 22.30 Uhr, Sa. und So je nach Veranstaltung meist bis 16.00. bzw. 18.00 Uhr. Preis: Pro Person und Stunde ÖS 60.-
Touristenbüro	– 3390 Melk (Rathaus), Tel. 0 27 52/23 07 32. Öffnungszeiten: Mo. bis Fr. von 9.00 - 12.00 und 13.00 - 17.00 Uhr. Im Sommer auch Sa. und So. geöffnet.

– 3500 Krems, Undstraße 6 (Kloster Und), Tel. 0 27 32/8 26 76.
Öffnungszeiten: Mo. bis Fr. von 9.00 - 18.00 Uhr. Von Ostern bis
Ende Oktober Sa. und So. von 10.00 - 12.00 und 13.00 - 17.00 Uhr.

Touristenbüro

– 3100 St. Pölten (Rathaus), Tel. 0 27 42/5 33 54.
Öffnungszeiten: Mo. bis Fr. von 8.00 - 18.00 Uhr. Von April bis Okt.
am Sa. von 9.00 - 18.30 Uhr, So. von 13.30 - 18.30 Uhr.

Hauptsektor 1	**ACHLEITENWAND** ***	Seite 344
Hauptsektor 2	**DONAUUFERFELSEN** **/***	Seite 348
Hauptsektor 3	**DÜRNSTEIN** **	Seite 352
Hauptsektor 4	**HOHER STEIN** */**	Seite 358
Hauptsektor 5	**RUINE AGGSTEIN** *	(nicht aufgeführt)

Übersicht der Hauptsektoren

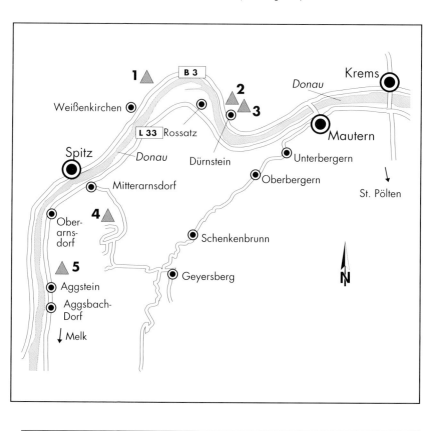

Rotpunkt Verlag

WACHAU - Achleitenwand ***

Lage Cirka 4 Kilometer westlich von Dürnstein und 5 Kilometer nordöstlich von Spitz.

Zufahrt/Parken Von Melk über die Donau und auf der B 3 in Richtung Krems, bis bei Weißenkirchen die dritte Straße nach links in den Ort führt (man fährt auf der B 3 zuerst an Weißenkirchen vorbei und kommt von der anderen Seite in die Ortschaft; von Dürnstein kommend die erste Straße rechts weg nach Weißenkirchen). Nun über die Bahnlinie und nach dem Ortseingangsschild am Straßenrand parken.

Zugang Am Ortseingangsschild von Weißenkirchen nach rechts der Ausschilderung "Höhenweg" ca. 500 m folgen. Bei einer Gabelung ("Ried Klaus") linkshaltend den Berg hoch, bei der nächsten Möglichkeit scharf nach links, bis die geteerte Straße in eine Schotterstraße übergeht. Etwa 70 m danach rechts ansteigend, über Weinbergtreppen (Finger weg von den Trauben!) zum Ende der Weinberge. Dort wenige Meter nach links und über die Mauer zum Massiv. Gehzeit ca. 20 Minuten.

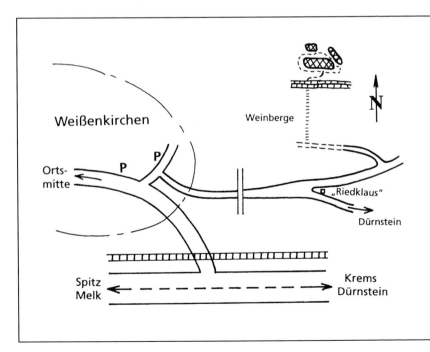

Das Massiv ist überwiegend nach Süden ausgerichtet.	**Lage der Felsen**
Weißenkirchen 224 Meter, Einstiege 340 Meter.	**Meereshöhe**
Insgesamt 34 Touren. bis 4+ = 3 Touren bis 6a+ = 26 Touren bis 6c+ = 5 Touren Die Routennamen stehen fast immer an den Einstiegen angeschrieben.	**Routenanzahl**
Sehr gut, Bohrhaken. Klemmkeile werden nicht benötigt.	**Absicherung**
Gneis, viele Rissse und Verschneidungen.	**Felsstruktur**
Bis 35 Meter, überwiegend 20 Meter.	**Wandhöhe**

GRIFFIGE PRODUKTE

AUS DER PERSPEKTIVE DES GRIFFES.

Kletterwandeproduktion GMBH
A-6200 Jenbach
Huberstraße 35
Telefon 0 52 44 - 45 17
Telefax 0 52 44 - 41 80 75

ART ROCK

WACHAU - Achleitenwand ***

Routen

Hauptmassiv
1. Guano 1.SL 6a+/2.SL 5a/b
2. Teufelsritt 5a/b
3. Dunstabzug 5a
4. Galgenfrist 5c
5. Mein Gott, Walter 6a+
6. Rauchfangkehrer 4+ (Kamin; Keile)
7. Freibeuter 6a
8. Das Wort zum Sonntag 5c
9. Monster Schinken 6b+
10. Hasch mich 6c+
11. Rosenkavalier 5b
12. Hauts die Hauer 5c
13. Holareduliö 5b
14. Grüne Minna 6a
15. Kamelrallye 5a/b (Einst. bei Kette in Wandmitte)
16. Vakoikt 5b
17. Lustmolch 5b

Einstieg auf Band
18. Blada Radda 5c
19. Taube Nuß 5b
20. Schluchtriß 3+

Schlaraffenland
21. Geisterbahn 5a (Keile)
22. Infrarot 6b+
23. Ein Meister fiel vom Himmel 6a+
24. Hipp-Hipp-Hurra 6c
25. Gipfelstürmer 6a+
26. Weingeist 6a
27. Russisches Roulette 5c
28. Burenhäutl 5b

Hinkelstein
29. Kinetn Rambo 5a/b
30. Via Karin 6a+
31. Leukoblaster 6b
32. Muß Liebe schön sein 5b (Kante)
33. Bauchweh 4+/5a
34. Sandöhrliweg 2+ (über angelehnten Pfeiler)

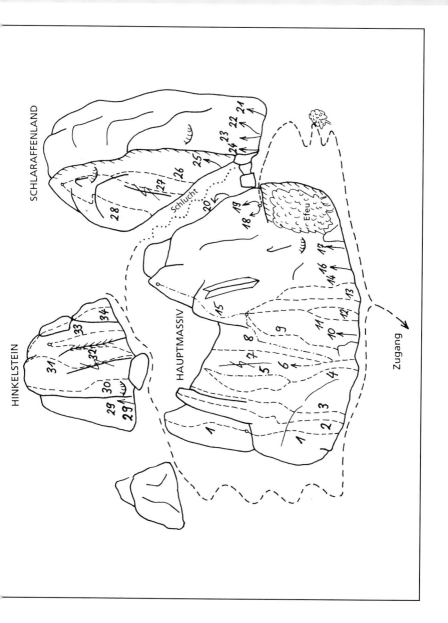

WACHAU - Donauuferfelsen **/***

Lage	Am nordwestlichen Ortsrand von Dürnstein.
Zufahrt/ Parken	Von Melk über die Donau und auf die B 3 in Richtung Krems nach Dürnstein. 300 m vor dem Tunnel auf der rechten Straßenseite parken (Parkstreifen).
Zugang	Am Anfang des Parkstreifens die Straße überqueren, auf deutlichem Pfad ansteigen, die Schienen überqueren, anschließend die Mauer übersteigen und in einer Rechtsschleife über verblocktes Gelände zur markanten Verschneidung. Gehzeit 4 - 5 Minuten.
Lage der Felsen	Das Massiv ist nach Westen ausgerichtet.
Meereshöhe	Dürnstein 209 Meter, Einstiege cirka 250 Meter.
Routenanzahl	Insgesamt 28 Touren. bis 4+ = keine Touren bis 6a+ = 21 Touren bis 6c+ = 5 Touren bis 7b+ = 1 Tour A1/A2 = 1 Tour Es stehen nur wenige Routennamen an den Einstiegen angeschrieben.
Absicherung	Sehr gut, Klebehaken und Bohrhaken. Klemmkeile werden nicht benötigt.
Felsstruktur	Plattiger Gneis mit Leisten und Dellen, gute Reibung.
Wandhöhe	Bis 75 Meter *(Trans-Amerika-Pfeiler)*, meist 20 - 35 Meter.

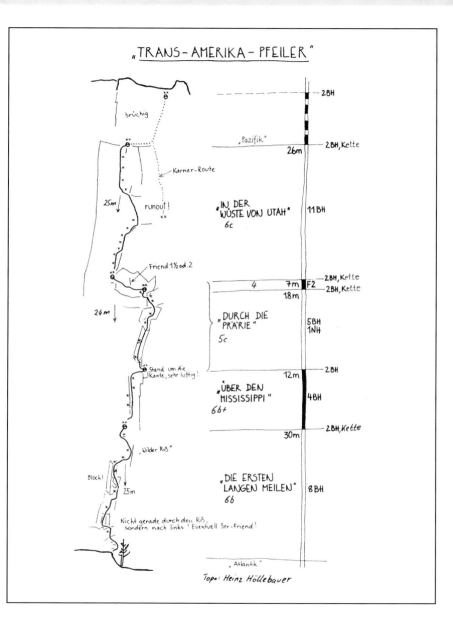

WACHAU - Donauuferfelsen **/***

Routen

1. Trans-Amerika-Pfeiler 1.SL 6b/2.SL 6b+/3.SL 5c/4.SL 4/5.SL 6c (Topo siehe Seite 349)
2. Bonattipfeiler 1.SL 4+/2.SL A1/A2/3.SL 6b/4.SL 3
3. Kra-Kra-Verschneidung 1.SL 5a/2.SL 5a
4. Kaltes Blut 1.SL 5a/b/2.SL 5a/b
5. Fledermaus 5a
6. Mundl-Salathe 7c
7. Milde Sorte 5c
8. Zauberspiegel 6a
9. Luxus-Zauberspiegel 6a+
10. Tutti-Frutti 5c
11. Wächterlied 6a+
12. Letztes Achterl 6c
13. Staubgeboren 5b
14. Morgaine 6a
15. Georgie 1.SL 5b/2.SL 5b
16. Höhere Sphären 5c
17. Herbsttraum 1.SL 6a/2.SL 5c
18. Ruf der Trommel 6c+
19. Mandibula 1.SL 5a/2.SL 5a
20. Piazriß 5a
21. Standplatzriß 6a+
22. Canossa 6a+
23. Denkzettel 5c
24. Weichschuhplatte 5a
25. Auferstehung 5c
26. Jung und Alt 6a

Nebenfelsen
27. Flugpoust 6c+
28. Poustkastl 6b

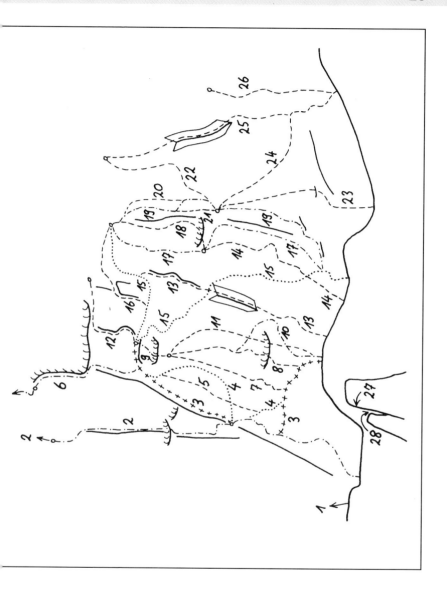

WACHAU - Dürnstein **

Lage	Cirka 6 Kilometer westlich von Krems.
Zufahrt	Gleich wie DONAUUFERFELSEN nach Dürnstein (siehe Seite 348).
Parken	Beim Bahnhof von Dürnstein oder auf dem großen ausgeschilderten Parkplatz am Ortseingang.
Zugang	Beim Bahnhof die Gleise und einen kleinen Graben überqueren, dann wenige Meter nach links und anschließend auf schmaler geteerter Straße die Ortschaft verlassen. Beim letzten Haus auf der linken Seite folgt man dem weiß-rot markierten Wanderweg zu den ersten Felsen. Gehzeit cirka 10 - 12 Minuten.
Lage der Felsen	Alle Himmelsrichtungen.
Meereshöhe	Dürnstein 209 Meter, Einstiege zwischen 300 und knapp 400 Meter.
Routenanzahl	Insgesamt 190 Touren, davon werden nachfolgend 36 beschrieben. bis 4+ = 6 Touren bis 6a+ = 18 Touren bis 6c+ = 10 Touren bis 7b+ = 2 Touren Die Routennamen stehen oftmals an den Einstiegen angeschrieben.
Absicherung	Meist sehr gut, Bohrhaken. In manchen Touren werden Klemmkeile benötigt.
Felsstruktur	Gneis, ost- und südseitig mit vielen kleinen Leisten. Westseitig plattig mit Warzen, Dellen und Schuppen.
Wandhöhe	Von 5 - 35 Meter.

Übersicht der Sektoren	Sektor A	**DÄUMLING**	Seite 354
	Sektor B	**DICKKOPF**	Seite 355
	Sektor C	**NARRENTURM/ EDELWEISSTURM**	Seite 356

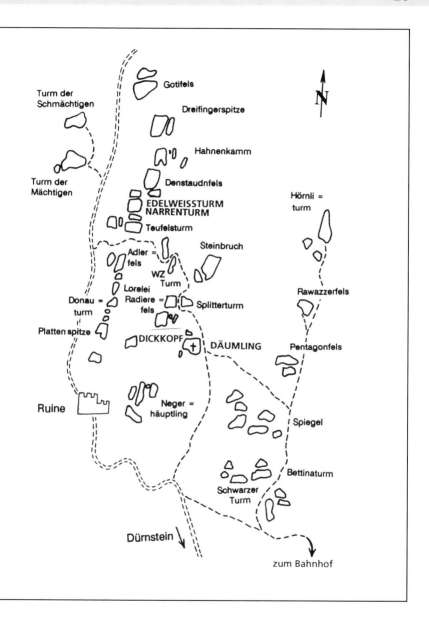

WACHAU - Dürnstein **

Routen Sektor A

DÄUMLING

Südwand
1. Alte Süd (Waschak) 1.SL 5b/2.SL 5c/3.SL 5b
2. Gerader Ausstieg 5b
3. Liebesspieler 6b
4. Jenseits von Eden 6c
5. St. Pöltner Weg 6c+
6. Direkter Ausstieg 5c
7. Kombination 7b/7b+
8. Schwein extrem 6c+
9. Südost-Riß 5c
10. Nordost-Kante 5c

SEKTOR A

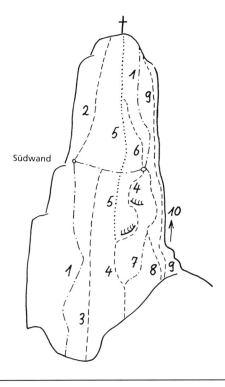

DICKKOPF

Südwand
1. Spätlese 5b
2. Im Schatten 5b
3. Und noch einmal 7b+
4. Enjoy Co-cain 6b+
5. Wachauer Weg 6a+
6. Aufhern kaun i net 6c

**Routen
Sektor B**

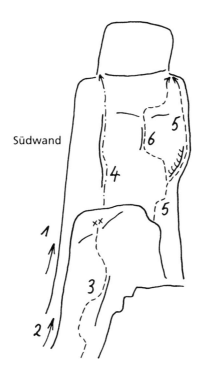

WACHAU - Dürnstein **

Routen Sektor C

NARRENTURM/EDELWEISSTURM

NARRENTURM-Ostwand
1. Narrenturmkante 4+
2. Direkte Ost 5b
3. Pichlriß 4+
4. Pichlpfeiler 6b
5. Pichlkante 4
6. Narrenturmkamin 2

EDELWEISSTURM-Ostwand
7. Edelweiß-Ost 5b
8. D'Logische 6a
9. Direkte Edelweiß-Ost 6b
10. Hawelka 6c

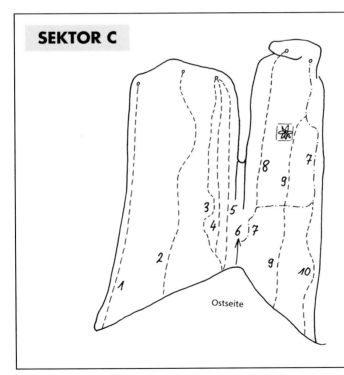

SEKTOR C

Ostseite

EDELWEISSTURM-Westwand
11. Omone 6a
12. Untn a weng zweng 5c
13. Westwand 4+

NARRENTURM-Westwand
14. Großvögelei mit Beuteweibern 5b
15. Manesche frei 6b
16. West 5b
17. Genieß mich 5c
18. Südwest-Kante 5b
19. Im rechten Licht 5c
20. FHR-Riß 3+

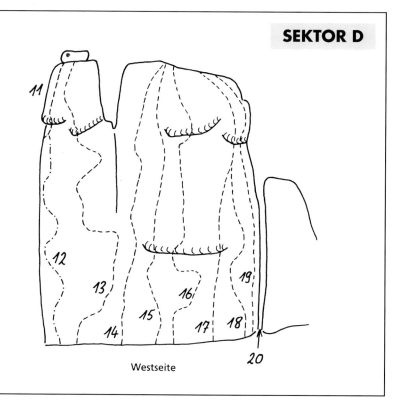

SEKTOR D

Westseite

WACHAU - Hoher Stein */**

Lage Cirka 1,5 Kilometer südlich von Mitterarnsdorf und 8 Kilometer südwestlich von Dürnstein.

Zufahrt Von der Autobahnausfahrt Melk in Richtung Melk zur Abfahrt Melk-Nord und weiter der Ausschilderung »Rechtes Donauufer« (L 33) folgen nach Mitterarnsdorf. Kurz vor dem Ortsausgangsschild nach rechts in Richtung Geyersberg. Nun auf anfangs geteerter, dann auf einer Schotterstraße cirka 4,3 Kilometer bergauf, bis man in einer Linkskehre eine betonierte Brücke (»Dürnbachbrücke«) erreicht.

Parken Am Beginn der Forststraße, unmittelbar nach der Brücke.

Zugang Von der Brücke rechts ansteigend den Forstweg (»Poppenbergstraße«) entlang, an der ersten Abzweigung geradeaus, an der nächsten Gabelung nach rechts und an einer Schranke vorbei. An der nächsten Abzweigung nach links und immer auf dem Hauptweg rechtshaltend (ansteigend) bleiben, bis zu einem großen Platz (Art Lichtung). 100 Meter links davon befindet sich das sichtbare Massiv. Gehzeit cirka 30 - 35 Minuten. Der Zugang mit dem Bike ist empfehlenswert.

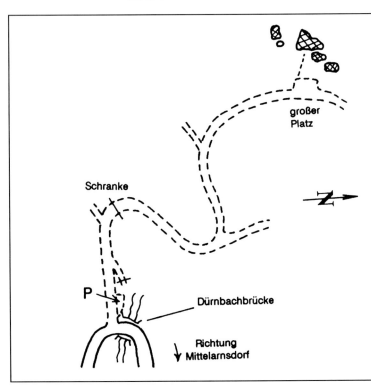

Alle Himmelsrichtungen, siehe Skizze Seite 360.	**Lage der Felsen**
Cirka 700 Meter.	**Meereshöhe**
Insgesamt 61 Touren. bis 4+ = 23 Touren bis 6a+ = 21 Touren bis 6c+ = 14 Touren bis 7b+ = 3 Touren	**Routenanzahl**

Die Routennamen stehen nur vereinzelt an den Einstiegen angeschrieben.

Sehr gut bis sehr schlecht. Bohrhaken, vereinzelt geschlagene Haken. Des öfteren werden Klemmkeile und Friends benötigt.	**Absicherung**
Granit, viele Risse und Verschneidungen, großblockig, oftmals quergeschichtet. Stellenweise etwas beflechtet.	**Felsstruktur**
10 - 45 Meter.	**Wandhöhe**

Routen

1. Going ahead 6a+ (rechts von Nr. 2)
2. 4- (Rißkamin)
3. Trichter 4-
4. Monthy Python's Climbing Circus 6c+
5. Flugdrachen 6a+
6. Goliath 5a (Untergriffquergang nach links)
7. Zyklop 5b
8. Elephant 4
9. Fallbeil 4-
10. Wildtöter 1.SL 6a+/2.SL 4
11. Ad astra per aspera 6a+
12. Der Kontrakt des Zeichners 7a
13. Sag niemals nie 5a/b (rechtshaltende Verschneidung)
14. Die Macht der Weiber 6b+
15. Die Kunst des Pirschens 6b+
16. Spiel ohne Grenzen 7a
17. Pangäa 7a
18. Feigenschwinger 6b+ (überhängender Riß)
19. Genu varum 6c
20. Tausend Clowns 6c
21. Die kahle Sängerin 6b
22. Gletscherspalte 4+

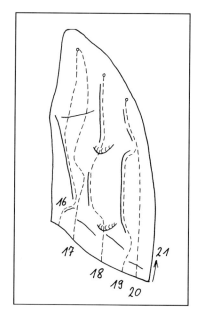

WACHAU - Hoher Stein */**

Routen

23. Sturmwind 6b+
24. Ohrenriß 1.SL 5a/2.SL 4+
25. Prima Vera 1.SL 5a/b/2.SL 4+
26. Zum Arsch der Welt 1.SL 4+/2.SL 3
27. Heldenplatz 6c+
28. G. (Grimmdinet) 6a+ (links von Gedenktafel)
29. Träxlerriß 4+/5a (markanter Riß rechts von Gedenktafel)
30. Auniwaunta 6b
31. Willenslos 6b+ (Rißspur folgend, oben wie Nr. 25)
32. Kleinlaut 6a+ (oben Granitsanduhr, Schlinge mitnehmen!)
33. D. (Dinadan) 6b+ (Einstieg und Ausstieg wie Nr. 25)
34. Traudanur 6b
35. 6a
36. Normalweg 1
37. Nervensäge 5a
38. Wiener Würstl 5b

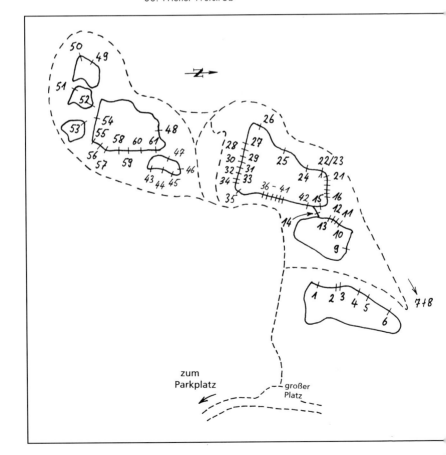

26

Routen

39. Enzianschlürfer 5c
40. Nixnutz 6a
41. »D« 2
42. Unheimlicher Weg 4
43. Vakuum 4+/5a (Einstieg an großem Überhang)
44. Volldampf 4
45. Staub im Aug 5b
46. Luftpirat 4+/5a (überhängende Kante)
47. Spektakel 4 (kurze Platte, anschl. Überhang)
48. Namenlos 3+
49. Mosaik 4+
50. Gottverlassen 4- (Rißsystem an der Kante)
51. Piff-Paff 4 (Kamin, anschl. Riß)
52. Harakiri 5a (über Risse auf Absatz, danach Quergang)
53. Peterriß 4 (Faustriß)
54. Grüner Heinrich 4- (Platte mit Riß)
55. Rutschpartie 4 (Riß, Quergang nach links, anschl. Platte)
56. Geheimnis 4- (Riß, anschl. Rinne)
57. Zwangsjacke 4+ (Rampe mit Riß, anschl. Kamin)
58. Tube 4 (Riß, anschl. enger Kamin)
59. Mordmanns Heil (In the mood) 6b
60. Via Excidii 5c
61. Mach mal Pause 4+

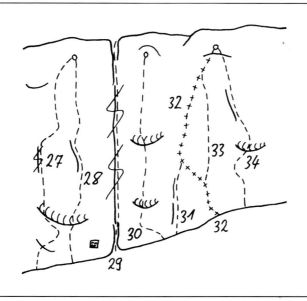

Rotpunkt Verlag · Österreich

HELENENTAL */**

Allgemein

Etwa 25 Kilometer südlich von Wien liegt die Kurstadt Baden mit dem bedeutendsten Schwefelbad Österreichs. Als Heilbad schon zur Römerzeit besucht, verdanken die Badener den Aufschwung ihrer Stadt den regelmäßigen Sommerbesuchen (zwischen 1803 und 1834) des Habsburgischen Adels. Die Schwefelquellen haben eine tägliche Schüttung von über sechs Millionen Litern und treten mit cirka 36 Grad ans Tageslicht.

Was uns jedoch viel mehr interessiert, ist das von der Schwechat durchflossene Helenental. Der erste Sektor, das JAMMERWANDL, befindet sich gleich am Ortsrand von Baden. Von der Straße erreicht man dieses Felsmassiv in wenigen Schritten, dementsprechend laut ist auch der Fahrzeuglärm.

Recht originell ist der ENGELSFELS, die Routen beginnen fast alle über der Schwechat. Die Einstiege erreicht man durch Queren knapp über dem Wasser oder mittels Abseilen. Durch Unachtsamkeiten sind dort schon einige Meter Seil auf dem Grund des Flusses gelandet.

Lange Zeit galt das oberhalb des Tunnels versteckt im Wald liegende VOGLWANDL als Geheimtip. Knapp dahinter befindet sich der Sektor ABGELEGENES WANDL. Trotz seiner geringen Höhe (etwa 10 m) ist dieses, zum Teil stark überhängende Massiv, sehr zu empfehlen.

Wer vor dem Straßenlärm nicht zurückschreckt, der kann sich am ZWERGWANDL, wenige Meter nach dem Tunnel, die Finger langziehen. Oftmals sitzt dort der erste Sicherungspunkt etwas hoch.

Ideal im Sommer sind die HELENENTALER BLÖCKE, durch den dichten Wald kommt kaum Sonne an das eher kleine Felsmassiv.

Nur fünf Routen gibt es bislang am BRÜCKENFELSEN, alle Anstiege sind senkrecht bis überhängend und dementsprechend kraftraubend.

Die Sektoren H - J werden BADENER KLETTERSCHULE genannt und sind unterteilt in EFEUFELSEN, HAUPTWAND und TRENKER-WAND (es waren die ersten Felsen im Helenental, die bestiegen wurden). Bis zum Jahre 1986 kletterte man alle Routen nur toprope, Christian Enserer setzte dann die ersten Bohrhaken. Diese drei Felsformationen dürften wohl die interessantesten Sektoren in dieser Gegend sein.

Zwei athletische Sportkletterrouten führen über das Dach am KLEINEN STEINBRUCH, der GROSSE STEINBRUCH, mit seinen fünf Anstiegen, ist eher für den Ungeübteren gedacht.

Auf der anderen Flußseite befindet sich dann der Sektor M, genannt HERZIGES TÜRMCHEN und das schräg oberhalb liegende Massiv SCHARFENECK, mit ein paar recht lohnenden Anstiegen.

Dann gibt es noch für die ganz Extremen die BEETHOVEN-WAND, was den Schwierigkeitsbereich anbelangt, das absolute Top-Gebiet im Helenental. Ganz links können sich die Boulderfreaks an einigen »knackigen« Problemen die Finger langziehen.

Allgemein

Zum Schluß noch der etwa 15 Meter hohe BADENER TURM am Fuße des Badener Lindkogels. Dieser etwas abseits gelegene Sektor unterteilt sich in vier Massive. Nur sechs Routen kann man an Bohrhaken im Vorstieg bewältigen, die restlichen 20 Anstiege müssen im Toprope geklettert werden oder man holt sein verstaubtes Keilset aus dem Rucksack.

Ein großes Lob und vielen Dank an Harald Gansterer, der mühevoll den ganzen »Helenentalstapel« durchgearbeitet und ergänzt hat!

Lage

Cirka 25 Kilometer südlich von Wien, genau am westlichen Ortsrand von Baden.

Zufahrt

Auf der Autobahn A 1/A 21 Richtung Wien, bis zur Ausfahrt Alland. Von dort nach rechts und über Alland auf der L 210 ins Helenental. Weitere Zufahrt siehe Skizze Seite 365.
(KOMPASS Wanderkarte 1:35 00, Nr. 209, »Wienerwald«).

Parken/Zugang/Lage der Felsen

Siehe jeweiliger Sektor.

Meereshöhe

250 Meter.

Routenanzahl

Insgesamt cirka 260 Touren.
bis 4+ = 33 Touren
bis 6a+ = 120 Touren
bis 6c+ = 55 Touren
bis 7b+ = 32 Touren
     7c =   6 Touren
     7c+ =   3 Touren
     8a =   1 Tour
     8a+ =   1 Tour
     8b =   2 Touren
     A2 =   2 Touren

Die Routennamen stehen fast immer an den Einstiegen angeschrieben.

Absicherung

Meist sehr gut, Bohrhaken. Klemmkeile werden nicht benötigt.

Felsstruktur

Kalk, teils plattiger, teils löchriger Fels. In den Sektoren B, E, F und N meist senkrechter bis überhängender Fels mit einigen kleineren bis größeren Dächern. Leider ist der Fels vielerorts schon abgespeckt.

Wandhöhe

8 - 25 Meter, überwiegend 15 - 20 Meter.

Beste Jahreszeit

Frühjahr, Sommer, Herbst (event. ganzjährig).

HELENENTAL */**

Topo 142seitiger Topoführer »Kletterfelsen rund um Wien« von Christian Hacker und Kurt Schall, in dem unter anderem auch das Helenental auf 66 Seiten beschrieben ist. Erhältlich ist dieser Führer zum Beispiel bei der Bergsport-Buchhandlung »Alpin aktuell«, Westbahnstr. 56 - 58, 1070 Wien, Tel. 02 22/5 22 67 57.

Übernachtung »Schloß-Camping Laxenburg«, Münchendorfer Straße, 2361 Laxenburg, Tel. 0 22 36/7 13 33. Preise: Pro Person ÖS 62; Kinder 4 - 15 Jahre ÖS 35; Platz und Auto ÖS 57; Kurtaxe ÖS 7.
Geöffnet von Ende März bis Ende Oktober.

Lebensmittel Großer Supermarkt in Baden.

Wasser Von Baden in Richtung Helenental befindet sich ein Brunnen.

Hallenabd Thermalhallenbad in Baden, Brustattiplatz 4, Tel. 0 22 52/4 45 31 oder 4 45 32. Öffnungszeiten: täglich von 9.30 - 21.30 Uhr. Mi. von 9.30 - 18.00 Uhr, Mo. geschlossen. Im Juli 2 Wochen geschlossen. (angeschlossenes Freiluftbecken sowie Thermalschwefelwasser 33 Grad).

Sportgeschäft **In Wien**
– »Bergfuchs«, Kaiserstr. 15, 1070 Wien, Tel. 02 22/5 23 96 98.
– »Hard Country«, Praterstr. 15, Tel. 02 22/2 16 07 94.
– »Sport Schwanda«, Bädlerstr. 16, Tel. 02 22/5 12 53 20.
– »Steppenwolf«, Kirchengasse 34/4, Tel. 02 22/5 23 40 55.

In Wiener Neustadt
»Bergsportzentrum«, Richard-Wagner-Gasse 12, Tel. 06 22/51 54 22.

In Gloggnitz
»Sport Gruber«, DR. Renner-Platz 3, Tel. 0 26 62/23 30.

Kletterhalle – In Tribuswinkel »Klettercenter Rotpunkt«, Badener Str. 39, Tel. 0 22 52/2 21 16. Größe: 480 qm, 8 m hoch, 8 m überhängend, 5 Boulderwände (davon zwei stufenlos verstellbar). Öffnungszeiten: im Sommer Di. bis Fr. 16.00 - 22.00 Uhr, Sa. und So. von 11.00 - 20.00 Uhr; im Winter täglich von 10.30 Uhr bis 22.00 Uhr. Juni, Juli und August geschlossen! Preise: Pro Person ÖS 150.-; Schüler über 10 Jahre ÖS 50.-; Kinder bis 10 Jahre ÖS 35. Wandhersteller: Art Rock.

– In Wien »Trainings-Center Edelweiß«, Walfischgasse 12, Tel. 02 22/5 13 85 00. Größe: 150 qm, 10,5 m hoch, verschiedene Dächer, verstellbare Seitenwände. Training nur für AV-Mitglieder! Öffnungszeiten: Im Winter Mo. und Di. von 10.00 - 17.30 Uhr und

Kletterhalle

von 20.30 - 22.00 Uhr; Mi. von 10.00 - 21.00 Uhr; Do. von 10.00 - 18.00 Uhr und 20.30 - 22.00 Uhr; Fr. von 10.00 - 18.00 Uhr; Sa. von 10.00 - 13.00 Uhr. Im Sommer Mo., Mi., Fr. von 10.00 - 18.00 Uhr; Di., Do. von 10.00 - 22.00 Uhr. Preise: Abgerechnet wird nach Punktekarte (1 Punkt = 0,5 Std). 1 Punkt für Erwachsene ÖS 25.-, für Jugendliche ÖS 15.-; 40-Punkte-Karte für Erwachsene ÖS 700.-, für Jugendliche ÖS 500.

Touristenbüro

2500 Baden, Hauptgasse 2, Tel. 0 22 52/8 68 00 - 310. Öffnungszeiten: Von Ende April bis Mitte Oktober Mo. bis Sa. von 9.00 - 12.00 Uhr und von 14.00 - 18.00 Uhr, So. von 9.00 - 12.00 Uhr. In den übrigen Monaten Mo- bis Fr. von 8.00 - 12.00 Uhr und von 13.00 - 17.00 Uhr.

Übersicht der Sektoren

Sektor A	**JAMMERWANDL**	Seite 366
Sektor B	**ENGELSFELS**	Seite 368
Sektor C	**VOGLWANDL**	Seite 369
Sektor D	**ABGELEGENES WANDL**	Seite 369
Sektor E	**ZWERGWANDL**	Seite 370
Sektor F	**HELENENTALER BLÖCKE**	Seite 370
Sektor G	**BRÜCKENFELSEN**	Seite 372
Sektor H	**EFEUFELSEN**	Seite 372
Sektor I	**HAUPTWAND**	Seite 373
Sektor J	**TRENKER-WAND**	Seite 374
Sektor K	**GROSSER STEINBRUCH**	Seite 375
Sektor L	**KLEINER STEINBRUCH**	Seite 376
Sektor M	**HERZIGES TÜRMCHEN**	Seite 376
Sektor N	**SCHARFENECK**	Seite 376
Sektor O	**BEETHOVEN-WAND**	Seite 377
Sektor P	**BADENER TURM**	Seite 378

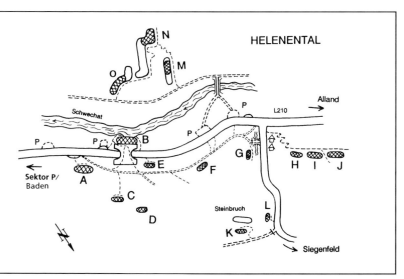

HELENENTAL */**

Sektor A	**JAMMERWANDL**
Zufahrt/ Parken	Von Baden auf der L 210 ins Helenental. Unmittelbar vor dem Ortsausgangsschild von Baden befinden sich auf der linken Straßenseite Parkmöglichkeiten. Ein weiterer Parkplatz befindet sich 100 Meter weiter, ebenfalls auf der linken Straßenseite, bei einer Bushaltestelle. Siehe Skizze Seite 365.
Zugang	Die Straße überqueren und in wenigen Schritten zum Fels. Siehe Skizze Seite 365.
Lage der Felsen	Das Felsmassiv ist nach Südwesten ausgerichtet.
Routen	**! Die Routen in diesem Sektor sind von rechts nach links aufgelistet!**

1. Sonnenkante 4+
2. Ameisenmord 6b+
3. Invasion der Ameisen 6a+
4. Efeuzorn 6b
5. Efeuteufel 7a
6. Putzteufel 5a/b
7. Ameisenbär 6a
8. Terrassendiagonale 5a/b
9. Hexalotte 6a+
10. Schuppe d. Zweifel 5c
11. Ohne Baum 6a
12. Teststrecke 5c
13. Saineed faad 7b+
14. Kurze Kamine 4+/5a
15. Topstar 6b
16. Plattenzauber 5c
17. Plattenzauber-dir.Einstieg 5a
18. Mayflower-dir.Einstieg 5c
19. Mayflower Nr.1 6a
20. Unschlüssig 6c+/7a
21. Jammer Peppi 6a
22. Golden Ambrosia 6b
23. Das Come Back 6a+
24. Junge Römer 6b+
25. Das kleine Aufwärmen 4+/5a
26. Das große Aufwärmen 6a+
27. Bertl 5c
28. Petra 6a+
29. Laubfrosch 6a

SEKTOR A

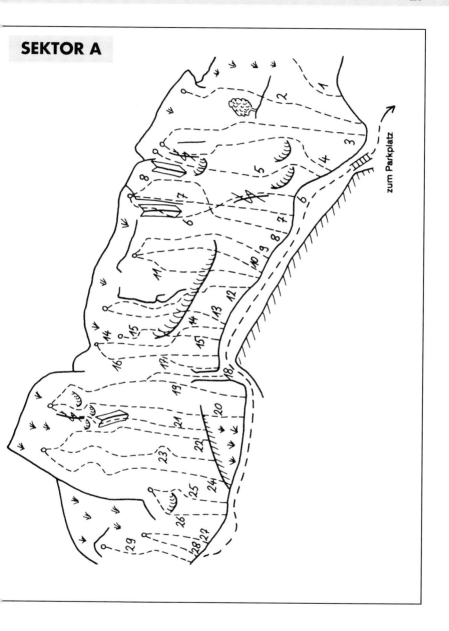

HELENENTAL */**

Sektor B	**ENGELSFELS**
Zufahrt/Parken	Siehe Sektor A Seite 366.
Zugang	Vom Parkplatz auf deutlichem Pfad (vor dem Tunnel) links absteigen zum Fluß. Gehzeit 1 Minute. Zu den Touren 10 - 12 geht man am besten durch das Tunnel hindurch, überquert danach die Leitplanken und steigt zum Fluß ab (siehe Skizze Seite 365). Man kann natürlich auch zu allen Touren von oben abseilen. Achtung daß das Seil nicht ins Wasser fällt!
Lage der Felsen	Das Felsmassiv ist nach Südwesten ausgerichtet.
Routen Sektor B	**! Die Routen in diesem Sektor sind von rechts nach links aufgelistet.**

1. Ameisenflipp 4+/5a
2. Gichtfinger 7a+
3. Bissige Kreuzspinne 6a
4. Tollwut 6c
5. On sight Adelheid 7a
6. Yellow submarine 6c+
7. Happy day 6b+
8. Weg aus dem Fisch 6c+
9. Heaven and hell 6b+
10. Katzenjammer 7a
11. Adolfons 6c+
12. Drum dream 6a+

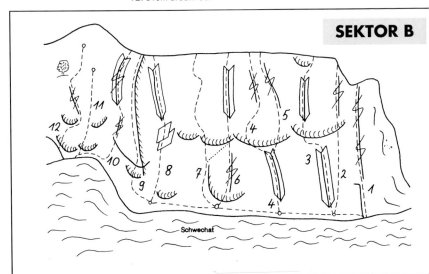

VOGLWANDL

Sektor C

Siehe Sektor A Seite 366.

Zufahrt/ Parken

Man überquert die Straße und folgt dem Wanderweg in Richtung Sektor F (HELENENTALER BLÖCKE), bis nach etwa 200 Meter (vor Erreichen der Tunnelanhöhe) rechts ein Pfad steil ansteigend zum Felsmassiv führt. Gehzeit 8 - 10 Minuten. Siehe Skizze Seite 365.

Zugang

Das Felsmassiv ist nach Südwesten ausgerichtet.

Lage der Felsen

1. Alte Kante 4+
2. Schwanenhals 5a/b
3. Flamingo Road 6c+
4. Geier Wally 5c
5. Wiedehopf 4+ (E. wie Nr. 4, dann rechtshaltend, oben rechts)
6. Wiedehopf - links 6a (wie Nr. 5, oben links)
7. Kondor 6b+
8. Vogerltanz 5c (oben wie Nr. 10)
9. Voglkante 4 (Nr. 10 kreuzend)
10. Riß der alten Vögel 6a
11. Voglkante dir. Einst. 5c (oben wie Nr. 9)
12. Vögeln erlaubt 6a
13. Mauerläufer 6a
14. Kolibri 6a+
15. Spatzenhirn 5a/b
16. Hühnerauge 4+
17. Badener Mandl 3-

Routen Sektor C

ABGELEGENES WANDL

Sektor D

Siehe Sektor A Seite 366.

Zufahrt/ Parken

Gleich wie Sektor C (siehe oben). Schräg dahinter befindet sich das Massiv. Siehe Skizze Seite 365. Gehzeit cirka 10 Minuten.

Zugang

1. Little Osp 7b+
2. Saft 7a
3. Primorka 7a/7a+
4. Koper 6b+
5. 6b+

Routen Sektor D

HELENENTAL */**

Sektor E	**ZWERGWANDL**
Zufahrt/ Parken	Siehe Sektor A Seite 366.
Zugang	Vom Parkplatz durch das Tunnel, wenige Meter danach befindet sich rechts das Felsmassiv. Gehzeit 3 - 4 Minuten. Siehe Skizze Seite 365.
Lage der Felsen	Das Felsmassiv ist nach Südwesten ausgerichtet.

Route Sektor E

1. Bumble bee 5b
2. Seven pointed ladybird 4+
3. Easy Rider 6a
4. Leutnant Webri 6b
5. Nichts für schwache Geister 6b+
6. Stand up and fight 6b
7. Greenhorn 6a+
8. Moonlightning 5b
9. Verschneidung 4+
10. 6b+
11. Aalglatt 7a (Längenproblem)
12. Zwergenfalle 6c+
13. Schneewitwe 5c

Sektor F	**HELENENTALER BLÖCKE**
Zufahrt/ Parken	Cirka 300 Meter nach dem Tunnel befindet sich auf der linken Seite (gegenüber dem Verkehrsschild in Richtung Siegenfeld) ein großer Parkplatz. Siehe Skizze Seite 365.
Zugang	Die Bundesstraße überqueren und auf deutlichem Pfad ansteigend bis zu einem querverlaufenden Wanderweg. Auf diesem nach rechts und in wenigen Schritten zum Felsmassiv, das sich direkt neben dem Wanderweg befindet. Gehzeit cirka 2 Minuten. Siehe Skizze Seite 365.
Lage der Felsen	Das Felsmassiv ist nach Süden ausgerichtet.

Routen Sektor F

1. Riesengroßes Aufwärmen 6c+
2. Großes Aufwärmen 6b
3. Männer Träume 7a
4. Wilde Züge 7a
5. Alter Non plus ultra Steig 4+/5a
6. Grünmandl 4+/5a

**Routen
Sektor F**

7. Zephier 4
8. Stoja Steig 5a
9. Das Reich der Erben 7c (oder A2)
10. Helmut 7c
11. Heimo - Verschneidung 4+/5a
12. Heimo - dir. Ausstieg 5b
13. Beißzange 6b
14. No ane 4+/5a
15. Kasu 4+/5a
16. Atlas 4+
17. Mariannenkante 4
18. Keine Wahl 4+/5a
19. Keine Wahl - dir. Ausstieg 5a
20. Little Crack 6b
21. 6b+
22. Unbenannter Weg 4+
23. Blauer Fritz 4+
24. Fritzl Prom. 3

Klettercenter Rotpunkt
Österreichs größte Indoorkletterhalle

Markierte Routen in allen Schwierigkeitsgraden

Vier Boulderwände, zwei Hauptwände

Kletterfläche: ca 400 m²

Klettershop, Infocafe

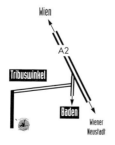

Klettercenter Rotpunkt in der Art&Fun Factory
Badenerstraße 39, A-2512 Tribuswinkel
Tel.: 02252/22116

HELENENTAL */**

Sektor G	**BRÜCKENFELSEN**
Zufahrt/ Parken	Schräg gegenüber der Abzweigung nach Siegenfeld befindet sich, unmittelbar vor einer Bushaltestelle, ein Parkplatz. Siehe Skizze Seite 365.
Zugang	Vom Parkplatz wenige Schritte in Richtung Siegenfeld, bis beim ersten Haus nach rechts eine Brücke über einen kleinen Bach führt (Schranke). Nach der Brücke links und in wenigen Schritten zum Fels. Gehzeit cirka 3 Minuten. Siehe Skizze Seite 365.
Lage der Felsen	Das Felsmassiv ist nach Nordwesten ausgerichtet.

Routen Sektor G

1. Hiroshima 7a
2. Hirosh 6b
3. Hit C 100 6a+
4. Huj 5c
5. Uj 6a+

Sektor H	**EFEUFELSEN**
Zufahrt/ Parken	Siehe oben Sektor G.
Zugang	Vom Parkplatz wenige Schritte in Richtung Siegenfeld. Vor dem ersten Haus führt links ein weiß-blau-weiß markierter Wanderweg ansteigend direkt am Felsmassiv vorbei. Gehzeit 4 - 5 Minuten. Siehe Skizze Seite 365.
Lage der Felsen	Das Felsmassiv ist nach Südwesten ausgerichtet.

Routen Sektor H

1. Artistensteig 4+
2. Efeulaus 5c
3. Im Schatten der Burenwurst 7c
4. Moderne Teufelspromenade 6c+
5. I. A. M. Steig A2 (Einst. wie Nr. 4, dann gerade weiter)
6. Gelber Steig 6a
7. Gelber Steig - dir. Ausstieg 6a
8. Heavy Metal Pepi 6b (Einst. wie Nr. 6, dann rechtshaltend)
9. Projekt
10. Empty Garden 6b+
11. Testpiloten vortreten 7b+
12. Don't fly 6b

HAUPTWAND — Sektor I

Siehe Sektor G Seite 372. — **Zufahrt/Parken**

Das Felsmassiv befindet sich 100 Meter links vom Sektor G. — **Zugang**

Das Felsmassiv ist überwiegend nach Südwesten ausgerichtet. — **Lage der Felsen**

Routen Sektor I

1. Für Anfänger 4
2. Sch - im Wald 6b
3. Alte Führe 5a/b
4. Lulu 5c
5. Adagio 4+/5a
6. Ratte 5a/b
7. Andante 4+/5a
8. Vivaldi 6a
9. Toccata 6a+
10. Pfarrer Asmann 1.SL 6a/2.SL 3
11. Pfarrer Asmann - dir. Einstieg 5a/b
12. Grrr! 6b
13. Hundewetter 6b
14. Wasserfall 6a
15. Alte Verschneidung - dir. Einstieg 5a
16. Alte Verschneidung 5a
17. The Boxer 6c+ (oben Nr. 16 kreuzend)
18. Neuer Diagonalriß 5a/b
19. Excalibur 7b+
20. Prügelknabe 5c
21. Fingerhut 83 6a+
22. Neuer Evasteig 5a/b
23. E. Wegänderung 5a/b
24. Evasteig direkt 6a (Einst. wie Nr. 22, oben linkshaltend)
25. Neue Blockrampe 4+/5a
26. Neuer R. Steig 4+/5a
27. Tripplix 6a+
28. Little Boulder 5a
29. Reinbolz 6a+
30. Dachrinne 5a (Nr. 31 querend)
31. Pinkl Flink 6b (Nr. 30 querend)
32. Poltergeist 6a+ (Einst. wie Nr. 31, oben gerade hoch)
33. Selbstmörderriss 5a/b
34. Selbstmörderriss - rechter Einstieg 4-
35. Black out 6c+

HELENENTAL */**

Routen
Sektor I

36. Heilfroh 4+
37. Down under show 7a
38. Tolle Biene 7a+
39. Mon Amour Physique 7c+
40. Kaffee mit Kuchen 7a (oben rechts weg)
41. Kinderfest bei Pumuckl 7a+ (Einst. wie Nr. 40, oben ger. hoch)
42. Mord am dritten Finger 7b+
43. Spezifisch Dynamisch 6c+
44. Eiszunge 6a+
45. Whisky 5c (oben wie Nr. 46)
46. Mixer 5c
47. Wilde Mexikanerin 5a/b
48. Zum Drüberhaun 6a

Sektor J

TRENKER-WAND

Zufahrt/Parken

Siehe Sektor G Seite 372.

Zugang

Das Felsmassiv befindet sich 100 Meter links vom Sektor I.

Lage der Felsen

Das Felsmassiv ist überwiegend nach Südwesten ausgerichtet.

Route
Sektor J

1. Die widerspenstige Zähmung 6c+
2. Flic Flac 5a
3. Großer Überhang 6b
4. Musculus 6c+
5. Othello 5a
6. Vinzenz 5c
7. Frater Calidus 6a (Einst. wie Nr. 6, oben gerade hoch)
8. Nachschulung 5a/b (Einst. wie Nr. 6, oben rechts von Nr. 7)
9. Spreizer 5c (oben wie Nr. 10)
10. Palmkatzerl 6a
11. Steckenpferd 5c
12. Warrior 5c
13. Warrior- rechts 6b (unten rechts der Kante)
14. Kottan 5b
15. L. Var. Pilch 5c (Einst. wie Nr. 14, oben linkshaltend)
16. Kaminverschneidung 4
17. Prommerlkante 5b
18. Dir. Prommerlkante 6a+ (rechter Einst. von Nr. 17)
19. Bügeleisen 6c+
20. Mordsvergnügen 7a

21. Hoffmannsteig 5b
22. Baumkamin 4+
23. Doctor and the maniacs 7a
24. Marantana 6c
25. Alice im Wonderland 7a
26. Linker Babykamin 4
27. Rechter Babykamin 4-
28. Müsliman 6b
29. L. B. H. Riß 6b
30. Slip sliding away 6a+
31. Adrenalin 6a+ (Nr. 32 kreuzend)
32. Ingrid W. Verschn. 6a (Nr. 31 kreuzend)
33. Wolfsblut 6b+ (oben wie Nr. 34)
34. L. Trenker Verschn. 5c
35. Ballet Volta 6c+
36. Ballet Volta - Indir. E. 6a (oben wie Nr. 35)
37. Hilde Steig 4-
38. Ratti 4+/5a
39. Affi 5a/b
40. Hasii 6a
41. Mausi 4

Routen
Sektor J

GROSSER STEINBRUCH

Sektor K

Cirka 500 Meter in Richtung Siegenfeld, bis rechts ein Schotterweg (Schranke) in den Wald führt. Siehe Skizze Seite 365.

Zufahrt

Bei der Schranke befinden sich nur wenige Parkmöglichkeiten. Am besten man parkt sein Fahrzeug unten bei der großen Kreuzung. Siehe Sektor G Seite 372.

Parken

Die Schranke passieren und nach 100 Metern rechts in den alten Steinbruch. Linker Hand befindet sich die geneigte, mit Rissen durchsetzte Platte. Gehzeit ab der Schranke 2 Minuten.

Zugang

Das Felsmassiv ist nach Südwesten ausgerichtet.

Lage der Felsen

1. Weiße Pfeile 4-
2. Plattiger Riß 4-
3. The Fox 4+/5a
4. Kurz und bündig 4+/5a
5. Blaupunkt 4 (top rope)

Routen
Sektor K

HELENENTAL */**

Sektor L	**KLEINER STEINBRUCH**
Zufahrt/ Parken	Gleich wie Sektor K.
Zugang	Vom Parkplatz des Sektors K (bei der Schranke) auf der Straße cirka 100 Meter bergab und auf deutlichem Pfad steil links ansteigend zum überhängenden, nach Westen ausgerichteten Massiv (Dach, 2 Meter ausladend).
Route Sektor L	1. Siegenfelder Reality 6b+ 2. Schreck im finish 7a+
Sektor M	**HERZIGES TÜRMCHEN**
Zufahrt/ Parken	Siehe Sektor F Seite 370.
Zugang	Auf breitem Wanderweg flußaufwärts über die Brücke, danach links und dem »Beethoven Wanderweg« cirka 350 Meter flußabwärts folgen, bis ein Pfad steil nach rechts, zum kleinen Felsmassiv führt. Gehzeit cirka 6 Minuten. Siehe Skizze Seite 365.
Lage der Felsen	Das Felsmassiv ist nach Westen ausgerichtet.
Routen Sektor M	1. Und die kleinen verrecken 6b (je nach Größe) 2. Dschungeldach 5b 3. Herziges Türmchen 6a+
Sektor N	**SCHARFENECK**
Zufahrt/ Parken	Siehe Sektor F Seite 370.
Zugang	Gleich wie Sektor M (siehe oben). Vom Sektor M ansteigend weiter zum anschließend sichtbaren Felsmassiv. Gehzeit vom Parkplatz cirka 7 Minuten. Siehe Skizze Seite 365.
Lage der Felsen	Das Felsmassiv ist nach Westen bzw. Norden ausgerichtet.

1. Der Standard 6b+
2. Kuschelecke extrem 6a
3. 6b+
4. Projekt
5. Höhlenüberhang 6a+
6. Alurch 6b+
7. Zwerg Nase 7a+ (knapp rechts der Kante deutlich einfacher)
8. Unten hui, oben pfui 5c
9. Grundkurs 2+
10. Schuppenriß 4+
11. Waldgnom 5c
12. Scharfeneck Nordwestwand 5b
13. Toprope Verbot 5c (dir Einst. 6b)
14. Stolperstein 5c
15. Kudlmudl 5c
16. Die Klassische 5c
17. Milde Bestie 6a+(oben linkshaltend)
18. Wilde Bestie 7a (Einst. wie Nr. 16, oben rechtshaltend)
19. Entbestialisierung 6a+

Routen Sektor N

BEETHOVEN-WAND

Sektor O

Siehe Sektor F Seite 370.

Zufahrt/ Parken

Gleich wie Sektor M (siehe Seite 376), man geht jedoch auf dem »Beethoven Wanderweg« noch etwa 200 Meter weiter flußabwärts, bis dieser unmittelbar am Felsmassiv vorbeiführt (das Massiv befindet sich genau gegenüber vom Sektor B). Siehe Skizze Seite 365. Gehzeit cirka 6 Minuten.

Zugang

Das Felsmassiv ist nach Norden ausgerichtet.

Lage der Felsen

1. Don't worry 6c+
2. Projekt (etwa 7c+)
3. Projekt (etwa 8a+)
4. Sterben = zu wenig 8a
5. Happel 8b
6. Monkeyman 8a+
7. Projekt (etwa 8b)
8. Sietarto 7c
9. 7c+
10. Rosegarden funeral of sores 7b+

Routen Sektor O

HELENENTAL */**

Routen
Sektor O

11. Give it away 7c
12. Feistritzer 7a+
13. Fritzelacke 7a+
14. Aus Spaß wird Ernst ... 5a/b
15. Depression 7a+
16. It's hard to be a man 7a
17. Kreuze die Fährte des Steppenwolfes 7c
18. Vergangenheitsbewältigung 6c+
19. Wie Schuppen vor den Augen 7b
20. 7b+

Sektor P   **BADENER TURM**

Zufahrt/Parken   Von Baden zum Gasthof »Jägerhaus«. Dort parken.

Zugang   Vom Parkplatz wenige Meter dem markierten Wanderweg in Richtung »Hoher Lindkogel« folgen. Unmittelbar nach dem Gasthof (zwischen dem Gasthof und dem nächsten Haus) rechts weg und anschließend nicht dem Weg ins Helenental folgen, sondern rechts leicht ansteigend auf eine Forststraße. Dort nach links und auf der Forststraße etwa 300 m entlang, bis sich links ein markanter Hochstand befindet. Etwa 40 m nach diesem führen rechts über einen Holzschlag Steigspuren zum Felsmassiv. Achtung: Die Felsen sind bis zum Ende des Zustiegs nicht sichtbar! Gehzeit cirka 10 Minuten.

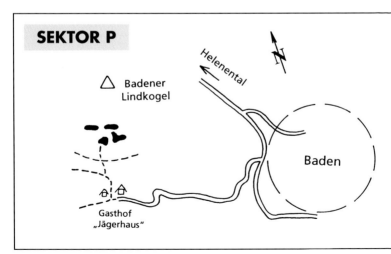

**Routen
Sektor P**

1. Wildschwein 6b+
2. Nacht und Nebel 5c
3. Aber bitte mit Sahne 7a
4. Klassiker 5c
5. Nordostkante 6a
6. Direkte Ostwand 6a

Es gibt noch Toprope-Touren sowie Routen, die mit Keilen abzusichern sind.

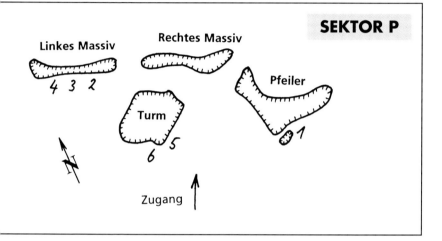

TRAININGS-CENTER EDELWEISS
1010 Wien, Walfischgasssse 12, Telefon 513 85 00
Nur fünf Minuten von der U-Bahnhaltestelle Karlsplatz entfernt!

- Klettern und Bouldern unabhängig vom herrschenden Wetter!
- Mehr als 50 m² Kletterfläche, 6 m ausladendes Dach, Kippwand, u.v.m.
- Austragungsort der Österreichischen Boulder-Wettbewerbe
- Freier Trainingsbetrieb Montag bis Freitag von 10 bis 18 Uhr
- Auch Abendtermine (Montag, Mittwoch, Donnerstag)
- Trainigcamps für Gruppen am Wochenende nach Vereinbarung

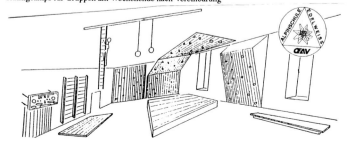

PEILSTEIN ***

Allgemein

Natürlich darf der PEILSTEIN in diesem Kletterführer nicht fehlen. Doch wie schon bei der letzten Ausgabe, stellte sich die Frage, in welchem Umfang ich dieses riesige Massiv vorstelle. Würde ich alle Sektoren im Detail (mit Topo) auflisten, wäre dieses Buch um mindestens 50 Seiten dicker. So habe ich die beiden lohnenden Sektoren FICKERTWAND und WINKLERTURM herausgepickt und diese komplett mit Topo aufgelistet. Ewald Gauster war so freundlich und hat mir von diesen beiden Massiven einen Auszug aus seinem neuen Peilsteinführer zukommen lassen. Dieser Führer beschreibt die Routen am Peilstein nicht nur topographisch, sondern es werden auch die Erstbegeher, die Länge, die Anzahl der Haken, Umlenkpunkte und sonstige Bemerkungen zu jeder Route aufgeführt. Noch ein paar Worte zur Peilstein-Statistik aus Ewalds Führer (Stand Herbst 94): Insgesamt gibt es etwa 600 Touren, davon sind 456 saniert, 249 Umlenkspiralen und etwa 3200 Klebehaken wurden bislang gesetzt. Wie man sieht, ein großartig recherchierter Kletterführer, der bei einem Peilsteinbesuch immer dabei sein muß! Zum Schluß noch 'ne lobenswerte Sache: Vom Erlös der verkauften Führer werden finanzielle Mittel zur Sanierung von Kletterrouten und zur Behebung von Wege- und Erosionsschäden bereitgestellt.

Vielen Dank an Ewald Gauster für seine Unterlagen und Glückwunsch zu dem gelungenen Peilsteinführer!

Lage

Cirka 30 Kilometer südwestlich von Wien.

Zufahrt/ Parken

Auf der Autobahn A1/A21 von Linz kommend zur Ausfahrt Alland/Mayerling und weiter nach Alland. Von dort nach links auf der B 210 nach Mayerling. Nun über Raisenmarkt, der Ausschilderung »Peilstein« folgend, nach Schwarzensee. Dort parken (KOMPASS Wanderkarte 1:35 000, Nr. 209 »Wienerwald«).

Zugang

Auf geteerter Straße ansteigend die Ortschaft verlassen, am Waldrand geradeaus in den Wald und weiter ansteigend über Stufen, der rot-weißen Markierung (»Judith Kramer-Steig«) folgend, einen Forstweg queren, bis zum nächsten Forstweg. Auf diesem in wenigen Minuten zum Peilstein-Haus. Weiter siehe Übersichtsskizze. Gehzeit vom Parkplatz bis zum Peilstein-Haus cirka 20 Minuten.

Lage der Felsen

Meist westseitig.

Meereshöhe

Schwarzensee 530 Meter, Peilstein-Haus 718 Meter.

Insgesamt cirka 600 Touren, nachfolgend sind 37 näher beschrieben. **Routenanzahl**

bis 4+ = 129 Touren
bis 6a+ = 219 Touren
bis 6c+ = 144 Touren
bis 7b+ = 39 Touren
      7c = 14 Touren
     7c+ =   2 Touren
     8a+ =   2 Touren
      8b =   1 Tour
    8bc+ =   1 Tour

Die Routennamen stehen nur selten angeschrieben.

Meist sehr gut, Klebehaken. Zum Teil werden Klemmkeile benötigt. **Absicherung**

Kalk, abwechslungsreiche Kletterei an Rissen, Verschneidungen und plattigem Fels. **Felsstruktur**

Bis 80 Meter, überwiegend 15 - 25 Meter. **Wandhöhe**

Frühjahr, Sommer, Herbst. **Beste Jahreszeit**

KEINE WAND ZU STEIL

Wenn Sie sich Ihre Ziele selbst stecken und andere Wege gehen, ob am Fels, am Berg oder auf Reisen, dann sollten Sie steppenwolf kennen. Ausrüstung, Auswahl, Beratung und Service wie Sie es sich wünschen.

steppenwolf

Trekking-& Reiseausrüstung · Geschäft & Versand
1070 Wien · Kirchengasse 34
Tel: 02 22 - 523 40 55 · Fax: 522 33 78

RUCKI ZUCKI ANRUFEN!
Und den neuen steppenwolf-Katalog anfordern!

02 22 - 523 40 55

PEILSTEIN ***

Topo
120seitiger Topoführer »Peilstein« (mit vielen Wandfotos, Kletterfotos und 31 Anstiegsskizzen) von Ewald Gauster. Erhältlich unter anderem im Peilstein-Haus.

Übernachtung
-Ideal ist das Peilstein-Haus (ÖAV), Tel. 0 26 74/3 33. Preise Matratzenlager: Nichtmitglieder pro Person ÖS 140, Mitglieder ÖS 60, Jugend ÖS 30; Zimmer: Nichtmitglieder ÖS 225, Mitglieder ÖS 90. Ganzjährig geöffnet, von Nov. bis März Dienstag Ruhetag.
Die Umgebung des Peilstein-Hauses ist sehr familienfreundlich. Unmittelbar beim Haus befinden sich ein Spielplatz, eine Feuerstelle und eine ebene Wiese für sonstige Spiele.

Weitere Infos
Weitere Infos siehe Klettergebiet HELENENTAL Seite 362.

Übersicht der Sektoren

Sektor A	**PURTSCHELLERSTEIN/TRIESTINGTALTURM**	
Sektor B	**GAMSECKGRAT**	
Sektor C	**GAMSECKTURM**	
Sektor D	**WINKLERTURM**	Seite 384
Sektor E	**LUCKETE WAND/FROHSINNWAND**	
Sektor F	**ROHR**	
Sektor G	**KLEINE TEUFELSBADSTUBENWAND**	
Sektor H	**GROSSE TEUFELSBADSTUBENWAND**	
Sektor I	**UHUWINKEL**	
Sektor J	**MATTERHORN**	
Sektor K	**GROSSE PEILSTEINWAND**	
Sektor L	**FICKERTWAND**	Seite 385
Sektor M	**VEGETARIERWAND/STÖSSERWAND**	
Sektor N	**CIMONE**	
Sektor O	**FALKENWAND/BRUNZWINKEL**	
Sektor P	**DUETTPFEILER/ENZIANWAND**	
Sektor Q	**KLEEBLATTPFEILER**	
Sektor R	**ZINNENWAND**	
Sektor S	**HAHNENKAMM/HAHNENKAMMTURM**	
Sektor T	**KLEINER ZINNENKESSEL**	
Sektor U	**GROSSE ZINNE**	
Sektor V	**GROSSER ZINNENKESSEL**	
Sektor W	**VALLYTURM**	
Sektor X	**SPARTASTEIN**	
Sektor Y	**SPARTATÜRME**	
Sektor Z	**SPARTAWAND**	
Abstieg 1	**Winklerschütt**	
Abstieg 2	**Haserlstiege (einfaches Abklettern)**	
Abstieg 3	**Cimone Couloir (einfaches Abklettern)**	
Abstieg 4	**Zinnenkessel**	

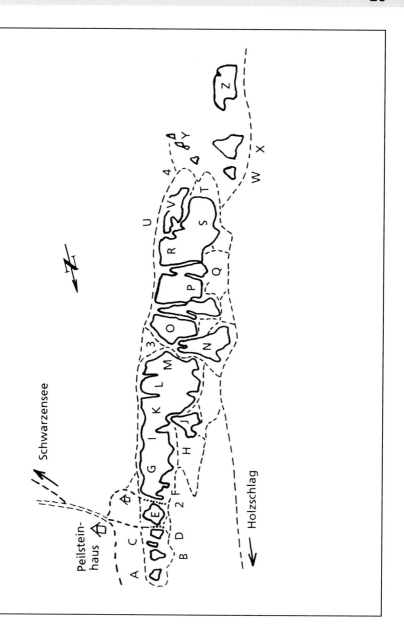

PEILSTEIN ***

**Routen
Sektor D**

WINKLERTURM

1. Egonriß 4+/5a
2. Klettergildensteig 2
3. Alpinistengildesteig 5c
4. JaJa-Kante 5c

Routen Sektor D

5. JG-Kante 6a+
6. Brüder Goliasch-Weg 5b
7. Bordesteig 5a/b
8. Oskar 6a+
9. Peternpfad 5a
10. Rauferkante 4-
11. Direkte Rauferkante 5b

FICKERTWAND

Routen Sektor L

1. Fickertwand 6a (3 SL, 65 m)
2. Herzflattern 6b+
3. Linker Ausstieg 5a/b
4. Rechter Ausstieg 5a
5. Ungeschickt läßt grüßen 6b+
6. Pan galactic gargle blaster 6b
7. Sandinista 6b
8. Clash 6c+
9. Netzförmige Zerstörung 7a+
10. Urlaub in Tschernobyl 7c/7c+ (2 SL, 40 m)
11. Mehr Beißer als Scheißer 6b+

PEILSTEIN ***

Routen
Sektor L

12. Direkter Gargle blaster 6a
13. Projekt
14. Sauer macht lustig 6b+
15. Fickertriß 5c (35 m)
16. Projekt (30 m; man spricht von 9a?)
17. Xtendend version 8b (33 m)
18. Gstrein-Stangl 7a+ (33 m)
19. Busen mit Docht 7c+ (28 m)
20. Saxophone in freier Wildbahn 8a+
21. Schraubstock 5c
22. Jaraweg 5a (2 SL, 30 m)
23. Windsbraut 5b (28 m)
24. Obere Kanzelwand 5a/b (28 m)
25. Direkte obere Kanzelwand 6b
26. Chalkstone 7a

SEKTOR L

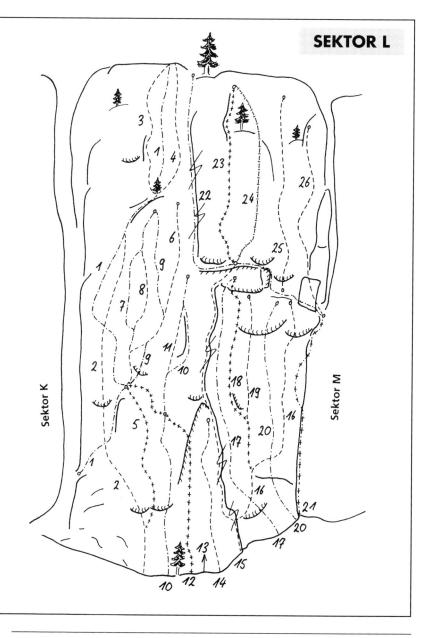

THALHOFERGRAT **/*** 29

Allgemein

Lange Zeit lag der THALHOFERGRAT im Dornröschenschlaf. Der Peilstein zog die Kletterer in seinen Bann und kaum jemand verirrte sich hierher. Lediglich der *Drei-Freunde-Steig*, eine Gratüberschreitung im 4. Grad aus dem Jahre 1930 und die Route *Himmelsfinger 5a/b* (1974) wurden ab und zu geklettert - beide Touren zählen übrigens noch heute zu den schönsten in diesem Schwierigkeitsbereich und sind sehr zu empfehlen! Erst Mitte der 80er Jahre begannen Christian Hacker und Gefährten mit der systematischen Erschließung, und die Routenanzahl als auch die Zahl der Besucher stiegen sprunghaft an. Die Jahre vergingen, die Bolts begannen zu rosten und wieder war es Christian, der fast alle alten Routen sanierte und gleichzeitig noch ein paar neue einbohrte. Auch Peter Gasser gelangen noch einige schöne Routen im Bereich 7a, und Christoph Helma sorgte für die Höchstschwierigkeiten: *Ein Wixer in der Arktis 8b/8b+* ist die derzeit schwierigste Tour hier.

Und wenn Ihr einmal vom Klettern genug habt - auch das soll's geben - empfehle ich einen Spaziergang auf den Peilstein (vom Thalhof ca. 1 Std. bis zum Peilsteinhaus, schöner Anblick der Peilsteinwände), einen Besuch der Tropfsteinhöhle in Alland (klein aber fein!) oder eine Wanderung durch die Steinwandklamm (ca. 10 km vom Klettergebiet entfernt), wo man die Wahl zwischen einem versicherten Klettersteig oder einem gemütlichen Wanderweg hat.

Lage

Cirka 32 Kilometer südwestlich von Wien und 25 Kilometer nordwestlich von Wiener Neustadt.

Zufahrt

Auf der Autobahn A 2 von Wien in Richtung Wiener Neustadt zur Ausfahrt Leobersdorf. Von dort auf der L 18 immer der Ausschilderung Hainfeld folgend nach Weißenbach. Nun rechts weg und auf der L 11 in Richtung Alland, bis 900 m nach dem Ortsausgangsschild von Neuhaus (KOMPASS Wanderkarte 1:35 000, Nr. 209 »Wienerwald«).

Parken

Genau gegenüber vom Massiv befinden sich links am Straßenrand (vor einem Felsblock) wenige Parkmöglichkeiten. Sollten diese belegt sein, fährt man 400 m weiter in Richtung Alland zum ausgeschilderten Parkplatz auf der rechten Straßenseite.

Zugang

Vom ausgeschilderten Parkplatz am Straßenrand an der Häusergruppe (Thalhof) vorbei und in 4 - 5 Minuten zu den Einstiegen (siehe Skizze Seite 391).

Lage der Felsen

Nach allen Himmelsrichtungen, überwiegend nach Westen.

Bitte senden Sie mir Ihren umfangreichen Katalog

Bitte ausschneiden und auf Postkarte kleben

Die Fachbuchhandlung für Alpinistik, Reise und Sport

A-1070 Wien, Westbahnhofstraße 56-58
Telefon (02 22) 5 22 67 57 · Fax (02 22) 5 22 67 57-4
Öffnungszeiten: Montag bis Freitag 10-13 Uhr und 14-18.30 Uhr
Samstags 9-12 Uhr

- Alpin-, Reise- und Sportlitaratur
- Bergeweise Buchneuheiten
- Wanderkarten für Österreich und viele andere Gebiete der Welt
- Wir besorgen jeden in Österreich lieferbaren Titel, auch aus anderen Interessensbereichen
- Videos
- Sonderangebote
- Versandservice
- Prompte Lieferung
- Regelmäßige Katalogzusendung
- Fachliche Beratung

THALHOFERGRAT **/***

Meereshöhe	Einstiege zwischen 400 und 500 Meter.
Routenanzahl	Insgesamt cirka 120 Touren.

bis 4+ = 4 Touren
bis 6a+ = 50 Touren
bis 6c+ = 43 Touren
bis 7b+ = 15 Touren
    7c+ = 1 Tour
    8a   = 1 Tour
 8b/8b+ = 1 Tour

Die Routennamen stehen meist an den Einstiegen angeschrieben.

Absicherung	Sehr gut, Bohrhaken, Bühler-Haken und Klebehaken. Klemmkeile werden nicht benötigt.
Felsstruktur	Kalk, stark strukturiert. Abwechslungsreiche Kletterei.
Beste Jahreszeit	Frühjahr, Sommer, Herbst.
Topo	Ein Topoführer über den Wienerwald ist zur Zeit von Christian Hacker in Bearbeitung.
Weitere Infos	Weitere Infos siehe Klettergebiet HELENENTAL Seite 364.

Übersicht der Sektoren

Sektor A	**SÜDWESTWAND-UNTEN**	Seite 390
Sektor B	**SÜDWESTWAND-OBEN**	Seite 392
Sektor C	**UNTERE THALHOFER WAND**	Seite 392
Sektor D	**OBERE THALHOFER WAND**	Seite 393
Sektor E	**TRINKRATZAHN**	Seite 394
Sektor F	**HIMMELSFINGER**	Seite 394
Sektor G	**OSTWAND**	Seite 394
Sektor H	**RÜCKSEITE**	Seite 395
Sektor I	**THALHOFER KANZEL**	Seite 395
Sektor J	**BOULDERBLOCK**	Seite 395
Sektor K	**HÖHLE**	Seite 395

Routen Sektor A

SÜDWESTWAND-UNTEN

1. Welcome to Thaligrat 5c
2. Wühlmaus 5c
3. Maturavorbereitung 5c (20 m)
4. Troubadour 6b (15 m)
5. Aufe muaß i 6b (15 m)
6. Herbsttraum 6b+ (15 m)
7. Fasten seat belts, please! 6b (
8. Direkter Annysteig 5c
9. Cholera 6c+
10. Typhus 6c+
11. Annysteig-unten 4+
12. Malaria 7a

13. Ungeduld des Herzens 7a
14. 7a (25 m)
15. ZEN 7c+
16. Zen light 7a (20 m)

Routen Sektor A

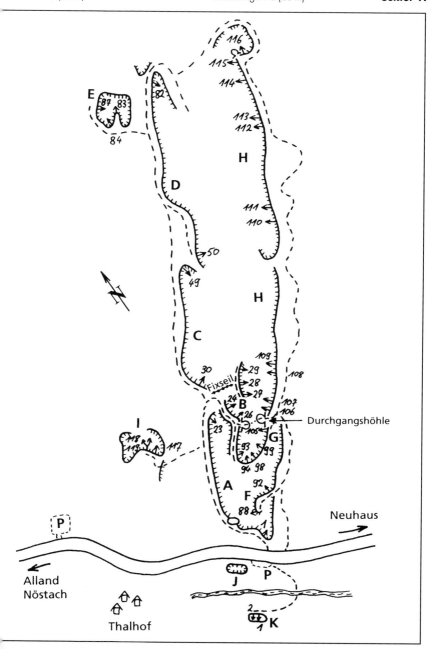

THALHOFERGRAT **/***

Routen Sektor A

17. Um ein Haar 7a+ (20 m)
18. Complement fou 6c+/7a (18 m)
19. Tractatus Logico 7a
20. Soit Soit 6a+ (15 m)
21. Tommy is bad 6c+
22. Tommy can you hear me? 6a+
23. Tommy be good 6b/6b+

Routen Sektor B

SÜDWESTWAND-OBEN

24. Schabanack 6b+ (12 m)
25. Techniker 6b+ (12 m)
26. Love me tender 8a (12 m)
27. Kakatus 5a/b (15 m)
28. Gecko 7a+ (15 m)
29. Schrecksekunde 6a (15 m)

Routen Sektor C

UNTERE THALHOFER WAND (12 - 20 m)

30. 5c+
31. Saurer Regen 6a
32. 6b

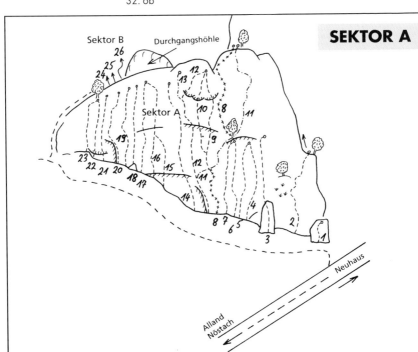

SEKTOR A

**Routen
Sektor C**

33. Gottardi-Riß 6a
34. Mit neuer Kraft 6b+ (kreuzt Nr. 33; oben rechts weg)
35. Was solls sein? 6b
36. Amerika I 6c+
37. Amerika II 6b+
38. Amadeus 6c+
39. Morgentau 6a+
40. Morgengrauen 6b
41. Hulmeister 6a+
42. Don Albatros 6a+
43. Don Roberto 6a
44. Don Rosl 6a+
45. Don Carlos 6a/6a+
46. Kuh Rosl 6a
47. Eine Kuh macht Muh 5c
48. Coming Home 6a
49. Der Komissar 5a

OBERE THALHOFER WAND (8 - 20 m)

**Routen
Sektor D**

50. Kalte Schulter 6b (rechts weg)
51. Heiße Spur 6a+ (links weg)
52. Griffknacker Charly 6b+
53. Engpaß-Syndrom 6b+ (nach dem 2. BH von Nr. 52 nach links)
54. Glühwürmchen 6b
55. Fulmen ex Mente 6c+
56. Startbahn 6b+
57. Zauberflöte 5c
58. 5c
59. 5c
60. 6a
61. 5b
62. Morgenstern 5b
63. Abendstern 6b/6b+
64. Abel 6b/6b+ (Einst. wie Nr. 65, oben rechts)
65. Kain 5c (oben links)
66. Five finger exercise 6a+/6b (Einst. wie Nr. 65, oben gerade)
67. Platzangst 6a+
68. Alpin aktuell 7a
69. Wanderbare Heimat 6a
70. 5c
71. 5b
72. 5b
73. 5b
74. Das Mädchen aus 1001 Nacht 5c

THALHOFERGRAT **/***

Routen Sektor D
75. Für kl. Mädchen 4+/5a
76. Bückling 5b
77. 6a+
78. Hackerling 6a+
79. Super feucht 7a
80. Für dich Klausi 6c+ (von links: 6b)
81. Ohnmacht in mir 6a+
82. Nix 6a

Routen Sektor E

TRINKRATZAHN (12 m)

83. Silvanakamin 4
84. 6b
85. Tanz der 1000 Regentropfen 5b
86. 5c
87. Trinkratplatte 6a

Sektor F

HIMMELSFINGER (25 - 30 m)

Zugang

Auf der RÜCKSEITE kurz den Hang hinauf, dann nach links (Schrofen) auf Absatz an die Kante.

Routen Sektor F
88. Himmelsfinger 5a/b
89. Himmelsleiter 5a
90. 3-Freunde Steig 4+
91. Sesambackstube 4+/5a
92. Sesam öffne dich 4+

Sektor G

OSTWAND (20 - 25 m)

Zugang

An der SÜDWESTWAND entlang, nach der Route Nr. 23 ansteigend zur Durchgangshöhle (»Hotel zur grantigen Laus«), dort weiter nach rechts und auf einem Band zu den Routen 93 - 98. Zu den Routen 99 - 109 geht man durch die Höhle hindurch zum Standplatz.

Routen Sektor G
93. Malaria, ob. Teil 5c
94. Mein Gott, Anny! 6b (Kante)
95. Annysteig-oben 5a (Riß)
96. Anny's delikti 6a+
97. 6b
98. Grizzly 6a
99. Wahre Komplizierte 6b

100. Single Man 6b
101. Augenblicke des Glücks 6b (von Nr. 102 links weg)
102. Betthupferl 6b
103. Rumpelstielzchen 6c+
104. Grisu 6b
105. 7a+
106. Projekt
107. UTA-Steig 7b+

Routen Sektor G

RÜCKSEITE (bis 25 m)

108. Thaliriss 6b+
109. 6b (Einst. wie Nr. 108, oben rechts)
110. 5c
111. 6b/6b+
112. Projekt
113. ? (wird neu eingerichtet)
114. Projekt
115. Ein Wixer in der Antarktis 8b/8b+
116. ? (unlohnend; Bruch)

Routen Sektor H

THALHOFERKANZEL (30 m)

Bei der Route Nr. 16 (SÜDWESTWAND) waagrecht nach links zum Abbruch (Fixseil) und absteigen zu den Einstiegen.

117. Let it be 6b (brüchig)
118. Drehtüre 6b+
119. Keep smiling 7a+ (beim 3. BH von 118 links weg)

Sektor I

Zugang

Routen Sektor I

BOULDERBLOCK

Nette Bouldermöglichkeiten und einige kurze Touren zum Vorsteigen.

Sektor J

HÖHLE

In wenigen Schritten über die Weide und den Bach zum Massiv.

1. Hansi bitte Saft 7a+
2. Born to be bad 6b+

Sektor K

Zugang

Routen Sektor K

HOHE WAND ***/****

Allgemein

Standen schon um die Jahrhundertwende die Felsen der HOHEN WAND im Schatten des Peilsteins, so dauerte es auch bei den Sportkletterern nochmals sehr lange, bis sie die nach Südosten ausgerichteten Felsen entdeckten. Dazu beigetragen hat mit Sicherheit der etwas alpine Charakter, die beeindruckende Wandhöhe und nicht zuletzt die Unübersichtlichkeit des Gebietes.

Die eigentliche Sportkletterära begann 1983. Karl Kosa, dem unermüdlichen Altmeister und Michael Wolf ist es in erster Linie zu verdanken, daß ab diesem Zeitpunkt die HOHE WAND an Attraktivität gewann.

Da wir in der letzten Ausgabe dieses Österreich-Führers die HOHE WAND nur oberflächlich beschrieben haben und uns einige Kletterer vorschlugen, die lohnendsten Sportklettersektoren näher zu beschreiben, machte ich mich vor Ort an die Arbeit, möglichst viele Sektoren zu besichtigen und natürlich daran zu klettern. Robert Gruber, ein Kenner dieser Gegend, unterstütze mich bei der Auswahl. An dieser Stelle meinen herzlichen Dank an Robert, der sich für dieses Führerwerk sehr engagiert hat. Herzlichen Dank auch an Harald Gansterer, der den Manuskriptstapel nochmals Korrektur gelesen hat.

Ganz grob unterteilt sich die HOHE WAND in einen vorderen bzw. rechten Teil und einen hinteren- oder linken Teil. Wir beginnen mit unserer Sektorenauflistung von rechts nach links, also von Nordosten nach Süden.

Der Parkplatz vom Gasthaus »Hubertus« ist der Ausgangspunkt zum Sektor WANDECK. Auf vier verschiedene Massive verteilen sich die 37 Touren. Bei WANDECK handelt es sich um einen der besten und beliebtesten Sektoren der HOHEN WAND. Hinzu kommen noch der kurze Zugang und die mittelschweren Kletterein im Bereich zwischen 6a und 6c+.

Zu den Routen am WILDROSENKESSEL (Sektor B) seilt man von oben (leider immer noch an Bäumen) ab. Auch dieser Wandabschnitt bietet hervorragende Kletterei an senkrechtem, teils löchrigem Kalk. Durch seinen Zugang (abseilen) ist der WILDROSENKESSEL bei weitem nicht so stark frequentiert wie andere Sektoren. Wegen der schattigen Lage empfiehlt sich dieser Wandabschnitt besonders im Hochsommer.

Machen wir einen Sprung zur BIZEPSWAND. Bereits der Name läßt auf athletische Kletterei schließen. Die Wand hängt über und bietet Löcher in bestem Kalk. Auch hier muß zu den Einstiegen abgeseilt werden (Kette).

Der Zustieg zum Sektor D (SONNENUHRWAND) ist etwas mühsam, doch dafür wird man mit einigen schönen Mehrseillängenrouten belohnt. Ausgangspunkt ist der untere große Parkplatz, etwa 600 Meter nach der Mautstelle.

Allgemein

Vom Alpengasthof »Postl«, der Szenenkneipe in dieser Gegend, führt ein breiter Weg zum Startplatz der Drachen- und Gleitschirmflieger. Von dort geht's über den »Völlerin-Steig« bergab, bis dieser unmittelbar am ÖTK-KLETTERGARTEN vorbeiführt. Nette, kurze, überwiegend sehr einfache Klettereien findet man dort vor.

Kommen wir zum hinteren- oder linken Teil der HOHEN WAND. Am GROSSEN HOCHKOGEL (Sektor F) geht's wieder etwas alpiner zu. Zu den Einstiegen wird wieder abgeseilt, doch die meisten Routen sind gut abgesichert und die Kletterei ist absolut empfehlenswert.

Ein weiteres Spitzengebiet ist der Sektor G direkt unter dem »Hochkogelhaus«. Extrem harte Touren, bester löchriger Fels, gemütlicher Platz an den Einstiegen und ein kurzer Zugang - Kletterherz was willst du mehr? Also nichts wie hin zum HOCHKOGEL.

Ein weiterer »Leckerbissen« der HOHEN WAND ist der Sektor NIEDERER HOCHFALL mit seinem festen und löchrigen Fels. Leider muß hier, wie auch bei den restlichen Sektoren eine Zugangszeit von etwa 60 - 70 Minuten einkalkuliert werden.

»Äußerst ausgesetzt!«, schrieb Thomas Behm in seinem Führer von den HOCHFALLPLATTEN. Und in der Tat, beim Abseilen kommt ein bißchen »Verdonfeeling« auf. Am besten man läßt das Abseil-Seil hängen, damit ein Rückzug jederzeit möglich ist!

Zum Schluß noch die OBERE und UNTERE NAGLPLATTE. Durch die lange Zugangszeit sind diese Routen nicht so stark beklettert als die Anstiege im vorderen Bereich der HOHEN WAND, wobei die OBERE NAGLPLATTE besonders an sonnigen Frühjahrs-, Herbst- oder Wintertagen gerne aufgesucht wird. Doch es lohnt sich, den Fußmarsch zu diesen Massiven auf sich zu nehmen. In vergangener Zeit hat man die alten Haken aus der Wand entfernt und durch neues, zuverlässiges Material ersetzt.

Von den nahezu 50 Wandabschnitten der HOHEN WAND haben wir nachfolgend die oben beschriebenen Sektoren mit kompletter Routenaufzählung und Topos aufgelistet. Wem dies nicht genügt, der kann sich den neuen Topo-Führer von Thomas Behm zulegen, in dem auch die noch fehlenden Anstiege beschrieben sind.

Ein weiteres Schmankerl bietet die HOHE WAND den Drachen- und Gleitschirmfliegern. Der Startplatz befindet sich in der Nähe vom Alpengasthof »Postl« (Startgebühr ÖS 50 pro Tag), gelandet wird in Maiersdorf. Auskunft erteilt gerne der Postlwirt (Tel. 0 26 22/78 36 83) oder die Fremdenverkehrsgemeinde Hohe Wand (Tel. 0 26 38/ 8 34 81). Und nun viel Spaß beim Klettern oder Fliegen.

HOHE WAND ***/****

Lage	Cirka 15 Kilometer westlich von Wiener Neustadt und 48 Kilometer südsüdwestlich von Wien.
Zufahrt	Von Wien auf der Autobahn A 2 in Richtung Wiener Neustadt zur Ausfahrt »Wöllersdorf«. Von dort weiter in Richtung Pernitz, dann links weg und über Dreistetten, Muthmannsdorf und Stollhof der Ausschilderung »Hohe Wand« folgen. An Wochenenden und Feiertagen wird für die Zufahrt auf das Hochplateau eine Mautgebühr von ÖS 20, plus ein Förderbeitrag von ÖS 10 pro Person verlangt. Werktags ist die Zufahrt gratis (KOMPASS Wanderkarte 1:35 000, Nr. 210, »Wiener Hausberge«). Weitere Zufahrt siehe jeweiliger Sektor.
Parken/Zugang	Siehe jeweiliger Sektor.
Lage der Felsen	Überwiegend Süden, bzw. Südosten.
Meereshöhe	Mautstelle 502 Meter, Gasthaus »Hubertus« 830 Meter, Gasthaus »Postl« 892 Meter, »Hochkogelhaus« 932 Meter, »Kleine Kanzel« 1085 Meter.

Routenanzahl	Insgesamt nahezu 500 Touren (incl. alte Klassiker), nachfolgend wurden cirka 220 näher beschrieben.
	bis 4+ = 7 Touren
	bis 6a+ = 62 Touren
	bis 6c+ = 66 Touren
	bis 7b+ = 45 Touren
	    7c = 8 Touren
	   7c+ = 5 Touren
	    8a = 4 Touren
	   8a+ = 5 Touren
	    8b = 4 Touren
	 A1/A3 = 2 Touren
	
	An vielen Sektoren stehen die Routennamen angeschrieben.

Absicherung	Meist sehr gut. Bohrhaken, Klebehaken und Bühler-Haken. Klemmkeile werden bei den nachfolgend beschriebenen Routen sehr selten gebraucht.
Felsstruktur/Wandhöhe	Siehe jeweiliger Sektor.

Frühjahr, Sommer, Herbst.	**Beste Jahreszeit**
»Hohe-Wand-Topos« von Karl Kosa (2. Auflage 1991, nicht mehr ganz auf dem neuesten Stand). Thomas Behm arbeitet zur Zeit an einem neuen Hohe-Wand-Führer, der Mitte bis Ende 95 erscheinen soll.	**Topo**
Übernachtungsmöglichkeiten gibt es in den zahlreichen Hütten und Gasthöfen auf der Hochfläche. Der Wirt vom Gasthof »Postl« erlaubt es, für ein paar Schillinge ein Zelt auf der angrenzenden Wiese aufzustellen oder man nimmt ein Doppelzimmer für ÖS 220.	**Übernachtung**
In Wiener Neustadt, Grazer Str. 36 - 38, Tel. 0 26 22/2 36 38. Öffnungszeiten: Di. von 14.00 - 17.00 Uhr, Mi. und Fr. von 12.00 - 20.00 Uhr, Do. von 12.00 - 18.00 Uhr, Sa. von 9.00 - 20.00 Uhr, So. von 9.00 - 20.00 Uhr.	**Hallenbad**
In Baden Thermalhallenbad (siehe Klettergebiet HELENENTAL Seite 362).	

In Wien   *Sportgeschäft*
- »Bergfuchs«, Kaiserstr. 15, 1070 Wien, Tel. 02 22/5 23 96 98.
- »Hard Country«, Praterstr. 15, Tel. 02 22/2 16 07 94.
- »Sport Schwanda«, Bädlerstr. 16, Tel. 02 22/5 12 53 20.
- »Steppenwolf«, Kirchengasse 34/4, Tel. 02 22/5 23 40 55.

In Wiener Neustadt
- »Bergsportzentrum«, Richard-Wagner-Gasse 12, Tel. 06 22/51 54 22.

In Gloggnitz
»Sport Gruber«, DR. Renner-Platz 3, Tel. 0 26 62/23 30.

In Wimpassing   *Kletterhalle*
»Freizeitanlagen Wimpassing«, Bundesstr. 13 (von Wiener Neustadt über Neunkirchen nach Ternitz), Tel. 0 26 30/3 35 19. Größe: 16 m hoch, 5,5 m breit. Öffnungszeiten: Täglich von 9.00 - 23.00 Uhr. Preise: Pro Std. ÖS 200.
Weitere Indoorklettermöglichkeiten siehe Klettergebiet HELENENTAL Seite 364/365.

2700 Wiener Neustadt, Hauptplatz 3, Tel. 0 26 22/2 95. Öffnungszeiten: Mo. bis Fr. von 8.00 - 12.00 Uhr und 13.00 - 17.00 Uhr, Sa. von 8.00 - 12.00 Uhr.	**Touristenbüro**

HOHE WAND ***/****

Touristenbüro Weitere Auskünfte bei der Fremdenverkehrsgemeinde »Hohe Wand«, 2724 Maiersdorf 33, Tel. 0 26 38/8 34 81. Öffnungszeiten: Mo. und Do. von 7.30 - 12.00 Uhr und 14.00 - 19.00 Uhr, Di. und Fr. von 7.30 - 12.00 Uhr.

Szenenkneipe Alpengasthof »Postl« (Zufahrt siehe Sektor E Seite 409).

Übersicht der Sektoren

Vordere Hohe Wand

Sektor A	**WANDECK**	Seite 401
Sektor B	**WILDROSENKESSEL**	Seite 403
Sektor C	**BIZEPSWAND**	Seite 405
Sektor D	**SONNENUHRWAND**	Seite 407
Sektor E	**ÖTK-KLETTERGARTEN**	Seite 409

Hintere Hohe Wand

Sektor F	**GOSSER HOCHKOGEL**	Seite 410
Sektor G	**HOCHKOGEL**	Seite 412
Sektor H	**NIEDERER HOCHFALL**	Seite 413
Sektor I	**HOCHFALLPLATTEN**	Seite 415
Sektor J	**OBERE NAGLPLATTE**	Seite 417
Sektor K	**UNTERE NAGLPLATTE**	Seite 418

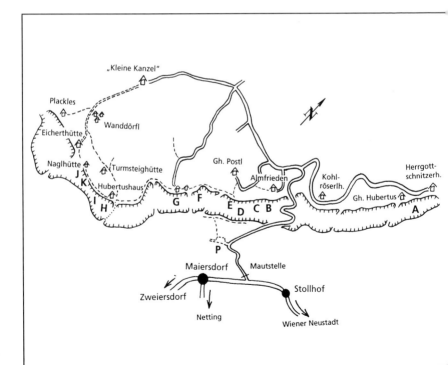

WANDECK

Sektor A

Die Mautstraße hoch, oben nach rechts und der Ausschilderung »Herrgottschnitzerhaus« cirka 2,5 km folgen zum Gasthof »Hubertus«. Dort parken.

Zufahrt/Parken

Links vom Gasthof »Hubertus« (mit Blick zum Tal) dem weiß markierten Pfad abwärts folgen, bis dieser am Massiv vorbeiführt. Gehzeit cirka 5 Minuten.

Zugang

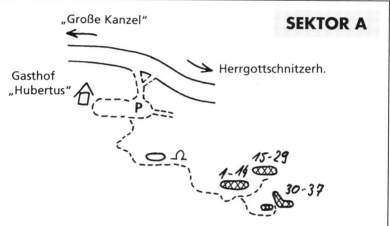

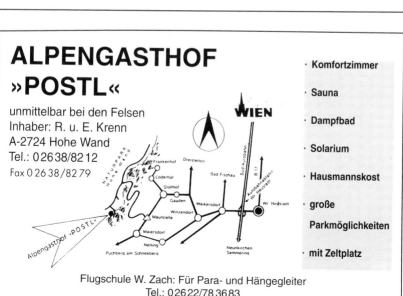

HOHE WAND ***/****

Felsstruktur Kompakter, teils löchriger Fels.

Wandhöhe 15 - 25 Meter.

Routen
Sektor A

1. Die Kleinen und die Bösen 7a
2. Top Dog 6a
3. Top und Teufel 7a
4. Escalier C 6a+
5. Ostwandkurti 6a
6. Espandrillo 5a
7. Mandela free 6b/6b+
8. Morbus Parkinson 7b+
9. Ten Years After 7b+
10. Malaria 6c+/7a
11. Fool on the hill 7b+
12. Hunter 6c+
13. Eat the rich 6b
14. Hootchie Gootchie Man 6a
15. Eiertanz 6a+
16. Fleischwolf 6a
17. Fleischwolf-Variante 6b+
18. Bergsportzentrumweg 6a+
19. Wild at heart 6a+/6b
20. Zarathustra 6a/6a+
21. Lucky's Streik 6b
22. Hanky Panky 6a
23. Steig der Mechan. Werkstatt 5c (orangenes Kreuz)
24. Steigschmiede 6a (gelbes Kreuz)
25. Fluxus 6a (orangene Punkte)
26. Fleischesser 5a (gelbe Punkte)
27. Skiny 5a
28. Ast im Rücken 6a
29. ?
30. Fugazi 5c
31. Henkel Trocken 5c
32. Gran Fury 6a+
33. Zwischenzeit 6b
34. Big Time 6c+
35. Schneuzelchen 8a
36. Projekt
37. Red hot Chillypepper 6b

30

SEKTOR A

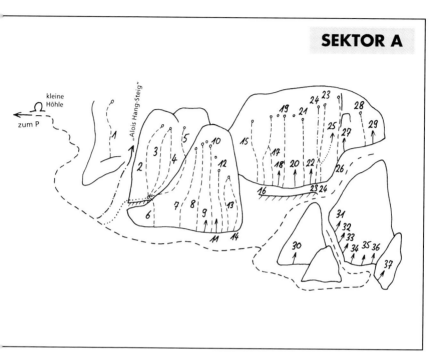

WILDROSENKESSEL

Die Mautstraße hoch, oben nach links in Richtung »Kleine Kanzel«.
Nach ca. 1 km links in Richtung Gasthof »Postl«, bis sich nach 700 m
rechts Parkmöglichkeiten befinden (bei Parkplatzhinweisschild
600 m).

Auf breitem Weg in Richtung »Almfrieden«, nach ca. 50 m rechts und
über eine Wiese abwärts zum Wandabbruch (»Turnerbergsteigerkes-
sel«). Geht man linkshaltend zum nächsten Wandvorsprung weiter,
wird der »Draschgrat« erreicht. Links (mit Blick ins Tal) befindet sich
der WILDROSENKESSEL. Siehe Skizze Seite 400.
Gehzeit 4 - 5 Minuten. Von dort über Bäume abseilen!

Sektor B

Zufahrt/ Parken

Zugang

HOHE WAND ***/****

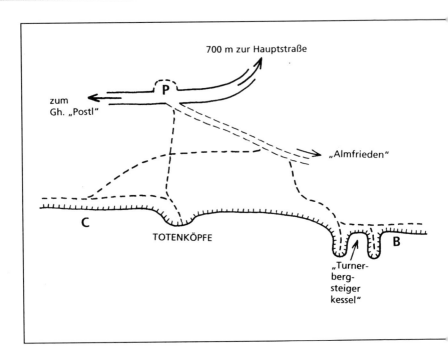

Felsstruktur	Senkrechter bis leicht überhängender, fester Fels. Teils löchrig.
Wandhöhe	20 - 60 Meter.
Routen Sektor B	1. Orchidee 6b+ 2. Krozagilx 7a+ 3. Mixtett 7a 4. Stilles Örtchen 6c+ 5. Goldaderl 6b+ 6. Wildrosenriß 4+ (Keile) 7. Silberkante 6c+ 8. Abgeblitzt 7c+ 9. Aufgeblitzt 7a 10. Aufwind 6a+ 11. Tarzan 6b 12. Batman 6c+ 13. Zorro 7c+ 14. Sandrose 1.SL 6b/2.SL 6c+/3.SL 6a

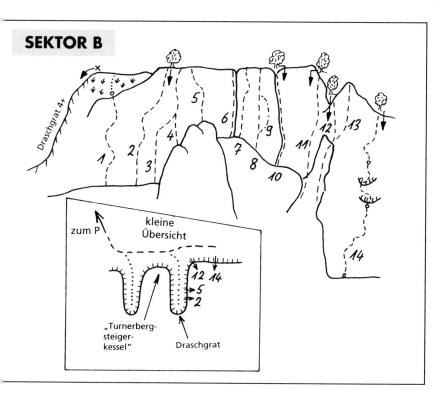

BIZEPSWAND

Gleich wie Sektor B (siehe Seite 403).

Gegenüber von den Parkmöglichkeiten auf deutlichem Pfad in den Wald. Geradeaus gelangt man zum Sektor TOTENKÖPFL (nicht näher beschrieben). Im Wald rechtshaltend gelangt man zu den Abseilstellen der BIZEPSWAND (siehe Skizze Seite 400).
Gehzeit 2 - 3 Minuten.

Überhängende Lochkletterei in bestem Gestein, teilweise geschlagene Griffe.

25 - 40 Meter.

Sektor C

Zufahrt/ Parken

Zugang

Felsstruktur

Wandhöhe

HOHE WAND ✱✱✱/✱✱✱✱

Routen
Sektor C

1. Reifeprüfung 6a
2. Michis Schmauchi 6b+
3. Vierfreundesteig 5a/b
4. Bizeps ahoi! 1.SL 6c+/2.SL 6b+
5. Trizeps 1.SL 7c/2.SL 7a+
6. Superbuzzi 7c+
7. Kamikazi 8a+/8b
8. Bin bei Passini 7a
9. Polak 7c
10. Ein Zug geht noch! 1.SL 6a+/2.SL 5a/b (unlohnend)
11. Im 7. Himmel 6b+
12. Popper gegen Adorno 7a+
13. Herkules 7c
14. Wr. Neustädter Steig 5c (grasig)
15. Oh Otto 1.SL 6a+ (2. u. 3.SL unlohnend)
16. Kleine Reise 6c+
17. 6b+
18. 6b+
19. Micky 5a/b
20. Herzklopfer 6b
21. Konkubine 7c+

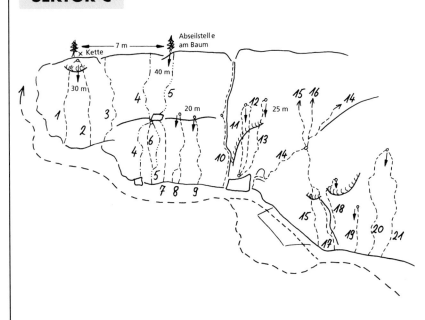

SONNENUHRWAND — Sektor D

Die Mautstraße etwa einen Kilometer empor, bis sich bei der ersten Rechtskurve links der ausgeschilderte Parkplatz befindet. — **Zufahrt/Parken**

Vom Parkplatz wenige Meter den Forstweg ansteigend entlang, dann rechts weg und dem »Wandfuß-Steig« (blaue Markierung) zum Wandfuß folgen. Dort rechts, bis man zu einem steilen Hang gelangt. Über diesen ansteigend zum Massiv (am besten, man hält sich in Hangmitte). Gehzeit cirka 10 - 15 Minuten. — **Zugang**

Überwiegend plattiger, rauher Fels, teils überhängende Lochkletterei. In den älteren Routen ist der Fels etwas brüchig. — **Felsstruktur**

Meist 25 Meter. Die Mehrseillängenrouten sind bis zu 120 Meter hoch. — **Wandhöhe**

Die bessere ALPIN Einkaufsquelle

KLETTERSCHUHE — RIESENAUSWAHL

Alle Top-Modelle! Fordern Sie unsere Angebote an!

BERGSPORTZENTRUM
WIENER NEUSTADT
2700 Wiener Neustadt, Richard Wagner-Gasse 12
Telefon 02622/514522

HOHE WAND ***/****

Routen
Sektor D

1. Sandviper 7a+
2. Gelbe Mamba 6c+
3. Kobrapfeiler 7a
4. Blindschleiche 6b+
5. Durchlauferhitzer 1.SL 6b+/2.SL 6b+/3.SL 6b/4.SL 6c+/ 5.SL 7b+/6.SL 6a (Abseilpiste)
6. Elanaveva 1.SL 6b+/2.SL 6b+/3.SL 6a/4.SL 6b/5.SL 7a/ 6.SL (7c oder A1)
7. Direkte Sonnenuhrwand 6b+ (6 SL, schlecht abgesichert, teils brüchig und grasig)
8. Zenata Beach Projekt
9. Conan Zülzer 1.SL 6b/2.SL 6c+/3.SL 7c/4.SL 7a+/5.SL 7a
10. Kaum Zeit zum Atmen 1.SL 7c?/2.SL 5a/b/3.SL 6c+/4.SL 6b+
11. Techno-Tour
12. Projekt
13. Fingerfakir 7a+
14. Sonne aus Jaipur 7a
15. Außenseiter 6b+

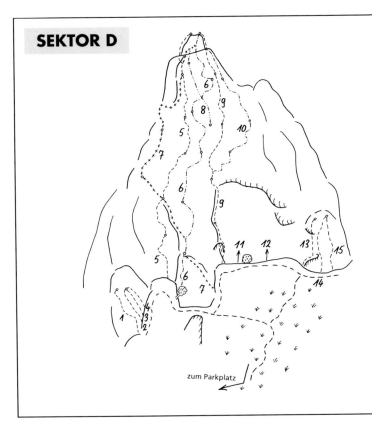

SEKTOR D

zum Parkplatz

ÖTK-KLETTERGARTEN

Sektor E

Die Mautstraße hoch, oben nach links in Richtung »Kleine Kanzel«. Nach ca. 1 km links zum Gasthof »Postl«. Dort parken.

Zufahrt/Parken

Vom »Postl« etwa 100 m auf der geteerten Straße zurück, dann rechts ab und auf dem Forstweg abwärts zum Startplatz der Drachen- und Gleitschirmflieger. Dort halblinks, anschließend abwärts (ausgeschildert mit »Völlerin«), bis der Steig am Massiv vorbeiführt. Gehzeit cirka 5 Minuten.

Zugang

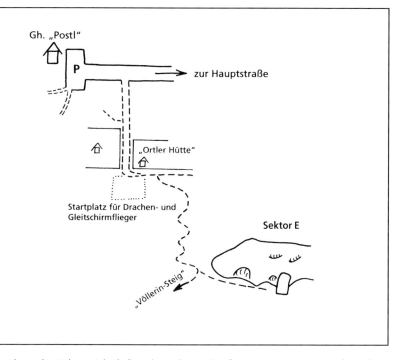

Meist kompakter Fels mit vielen halbrunden Löchern und Auflegern.

Felsstruktur

Bis 25 Meter.

Wandhöhe

HOHE WAND *** / ****

Routen
Sektor E

1. Grünpunkt 3
2. Rotes Dreieck 4-
3. 6a+/6b
4. Mental Funeral 8a
5. 7a
6. Sacramento 6b+
7. Ruck Zuck 6a+
8. Santa Fee 6b
9. 5c
10. Wilde Völlerin 2+
11. Völlerinpfeiler 4+
12. Der strenge Geruch nach Merkapthan 8a
13. 5b
14. Milupa 6b

Sektor F — **GROSSER HOCHKOGEL**

Zufahrt/Parken
Die Mautstraße hoch, oben nach links und cirka 2,5 km der Ausschilderung »Kleine Kanzel« folgen, dann links zum »Hochkogelhaus«. Dort parken.

Zugang
Vom »Hochkogelhaus« auf der geteerten Straße zum Gasthaus »Luf« und weiter der Ausschilderung »Krumme Ries« folgen zum Kreuz des Hochkogels. Gehzeit 8 - 10 Minuten. Die Abseilstelle befindet sich etwa 10 m links vom Kreuz (mit Blick zum Tal).

Felsstruktur
Abwechslungsreiche Kletterei (plattig, teilweise versintert).

Wandhöhe
Bis cirka 80 Meter.

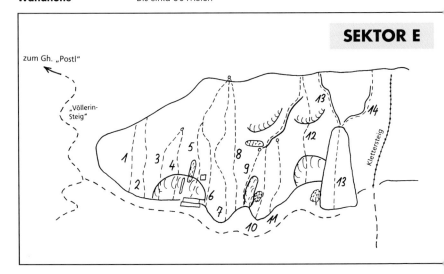

30

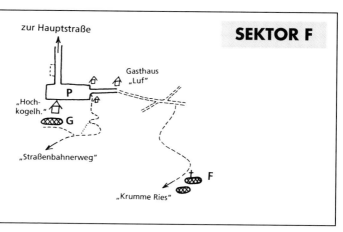

SEKTOR F

1. Halb so wild 1.SL 6a/2.SL 6b+/3.SL 7a+
2. Eternal Flame 1.SL 6c+/2.SL 6c+
3. Blue velvet 1.SL 6b/2.SL 6c+
4. Moby Dick 1.SL 6b/2.SL 6b+/3.SL 6b+/4.SL 5c/5.SL 6a+
5. Moby Dick-Variante 7a/7a+
6. Der Weiße Hai 7a+
7. Flipper 6b
8. Forelle blau 6b+
9. Teufelsroller 6a+

Routen Sektor F

Am linken angrenzenden Massiv gibt es noch 6 Touren, die jedoch nicht lohnend sind.

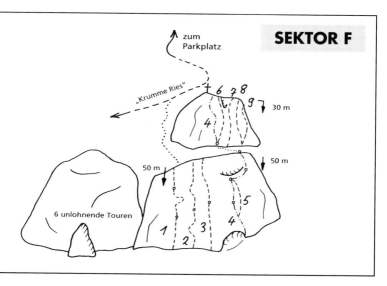

HOHE WAND ***/****

Sektor G	**HOCHKOGEL**
Zufahrt/ Parken	Gleich wie Sektor F (siehe Seite 410).
Zugang	Links vom »Hochkogelhaus« (mit Blick zum Tal) dem »Straßenbahnerweg« folgen, bis ein Pfad nach rechts zur sichtbaren Wand führt (siehe Skizze Seite 400). Gehzeit 3 - 4 Minuten. Die Wand befindet sich direkt unter dem »Hochkogelhaus«.
Felsstruktur	Athletische Kletterei an senkrechter bis überhängender Wand, teils rötlicher Fels, viele Löcher (teilweise geschlagene Griffe).
Wandhöhe	Bis 25 Meter.
Routen Sektor G	1. Uovopeccare 6b+ 2. Geilspecht 6c+ 3. Condor 7a 4. König Uhu und Marlene 7b+ 5. Urquell 6b+ 6. 8a+ 7. Die Filosofie ist wie ein Gurkerl im Knie 8b 8. Manituu 7b+ 9. Nobodi 8a 10. 1000 Liter Feuerwasser 8a+/8b

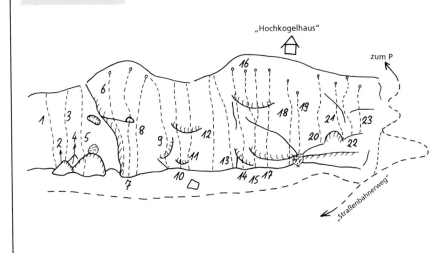

11. Verliebter Leichnam 8b
12. Red Bull 7b
13. Nirwana 7b
14. Winnitou 7b+
15. Ballisto 7b+
16. Projekt
17. Hakoah 8a+
18. Impoposant 7c
19. Rex the runt 8a+
20. Cold Turkey 8a+
21. Missing Link 7b+
22. Lucy in the sky 6a+
23. Lederstrumpf 6b

Routen
Sektor G

NIEDERER HOCHFALL

Sektor H

Die Mautstraße hoch, oben nach links zur »Kleinen Kanzel«. Dort parken.

Zufahrt/ Parken

Vom Parkplatz auf breiter Forststraße (Fahrverbot!) zum »Wanddörfl« und weiter linkshaltend zum »Hubertushaus« (ausgeschildert). Gehzeit bis hierher cirka 40 Minuten - ideal mit dem Bike! Von dort absteigend über den »Springlessteig« (versichert) und nach der Leiter über Schrofen aufwärts zum rechten Wandteil oder auf dem »Springlessteig« weiter absteigen, bis rechts der »Turmsteig« abzweigt. Auf diesem steil ansteigend zum linken Wandende. Gehzeit cirka 60 - 70 Minuten. Siehe Skizze Seite 400.

Zugang

Löchrige steile Wandkletterei.

Felsstruktur

Bis 30 Meter.

Wandhöhe

1. Zachersteig 1.SL 4+/2.SL 4+
2. Zacherkante 5b
3. Tik-Tak 1.SL 6b+/2.SL ?(7a)
4. Zacher Zacher 1.SL 6a/2.SL 6a
5. Alter Hut 1.SL 6c/2.SL 6c
6. Verg. Pfeiler 1.SL 5c/2.SL 6c+
7. Aquirre 7c+
8. Der lange Abschied 8a+
9. Lebwohl Liebling 1.SL 7a/2.SL 7c
10. Die Schaumgeborenen 7b+
11. Trangopfeiler 7a+

Routen
Sektor H
(Topo Seite 414)

HOHE WAND ***/****

Routen
Sektor H

12. Großes Umlegen 1.SL 6b+/2.SL 7b+/3.SL 6a
13. Renaissance 1.SL 6a+/2.SL 6a+
14. Scharfer Poldi 7a+
15. Poldisteig 1.SL 5c/2.SL 5c (Keile brauchbar; alte Haken!)
16. Aufwärmpfeiler 1.SL 6b/2.SL 6a (brüchig)
17. Probedurchgang 6b+
18. Redi neu 6a+
19. Redi-Variante 6c+
20. Bacia mi Tesoro 7a
21. Am laufenden Band 7a+
22. Voller Biß 6c+
23. Sahara 6c+
24. Hasch mich 7a
25. Attacke 7a
26. Hubertusriß 6c+
27. Labyrinth 6b+
28. Zourma 7c
29. Projekt
30. Hilly Billy 6a+
31. Prolo 7a+
32. Gerhards Chaoshüttn 6a+

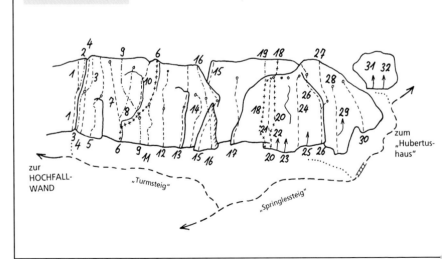

SEKTOR H

HOCHFALLPLATTEN   **Sektor I**

Gleich wie Sektor H (siehe Seite 413).   **Zufahrt/Parken**

Vom Parkplatz auf breiter Forststraße (Fahrverbot!) zum »Wanddörfl« und weiter linkshaltend zum »Hubertushaus« (ausgeschildert). Gehzeit bis hierher cirka 40 Minuten - ideal mit dem Bike! Von dort am Wandabbruch in Richtung »Eicherthütte«. An der Stelle, an der der Weg das erste Mal aus dem Wald (und relativ nah zum Abbruch) führt, befinden sich die HOCHFALLPLATTEN. Gehzeit cirka 3 - 4 Minuten vom »Hubertushaus« (insgesamt etwa 45 Minuten). Siehe Skizze Seite 400. Nun zu den Einstiegen abseilen (sehr ausgesetzt). Entweder weiter hinten von den Bäumen oder man sucht Abseilringe, die sich an den Blöcken befinden. Achtung: Von oben kann man schlecht erkennen bei welcher Route man sich befindet. Da ein Rückzug aus der Wand nahezu unmöglich ist (Überhänge, ca. 60 m), sollte man das Abseilseil als Fixseil hängen lassen!!   **Zugang**

Überwiegend plattiger Fels.   **Felsstruktur**

Gesamthöhe 80 - 100 Meter; Platten 20 - 35 Meter.   **Wandhöhe**

... zwischen Höllental und Hoher Wand

2640 Gloggnitz
Dr. Rennerplatz 3
Tel. 02662/2330

ZENTRASPORT

Bergsteigerschule
Schwarzatal

HOHE WAND *** / ****

**Routen
Sektor I**

1. Projekt
2. Come on Pumuckl 7a+ (alte Haken)
3. ÖTK Führe 5a/b A3 (Einst. vom Wandfuß)
4. 6 aus 45 6c+
5. Oase 6b
6. Luftikus 6a+
7. Greif nach den Sternen 6b
8. Hoch das Bein 6b+
9. Nackte Reulität 7a
10. Black Fantasy 6c+
11. Einmal no 7a
12. Männer weinen nicht 7b+
13. Wort zum Sonntag 6b+
14. Orgasmus des Teufels Projekt
15. Baustelle 5b
16. Meckern ist zwecklos 6b+
17. Kurzer Reißer 7b
18. Und noch ein Überhang 1.SL 6b+/2.SL 6b+ (Einst. vom Wandfuß; alte Haken)
19. Entsafter 7a

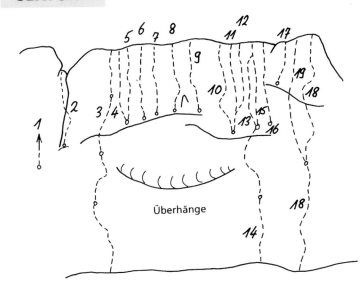

OBERE NAGLPLATTE

Sektor J

Gleich wie Sektor H (siehe Seite 413).

Zufahrt/ Parken

Vom Parkplatz auf breiter Forststraße (Fahrverbot!) zum »Wanddörfl« und weiter linkshaltend in Richtung »Hubertushaus«, bis rechts ein Weg zur »Eicherthütte« abzweigt. Auf diesem zur Hütte. Von dort oberhalb der Wand in Richtung »Turmsteighütte«, bzw. »Hubertushaus« (östliche Richtung). Nach etwa 5 Minuten gelangt man zur kleinen, unbewirtschafteten »Naglhütte« (idealer Zugang auch mit dem Bike). Siehe Skizze Seite 400. Wenige Meter danach erkennt man am Wandabbruch ein Kreuz. Genau darunter befindet sich die OBERE NAGLPLATTE. Nun entweder 45 m abseilen oder wenige Meter nach links (mit Blick zum Tal) und steil bergab, anschließend rechts um die Ecke zu den Einstiegen. Gehzeit cirka 40 - 50 Minuten.

Zugang

Plattenkletterei in bestem Fels.

Felsstruktur

Fast alle Routen saniert.

Absicherung

Bis 45 Meter.

Wandhöhe

1. Obere Naglkante 6a
2. Obere Naglplatte 5b
3. Naglplatte-Variante 6b
4. Sturzausstieg 5a/b
5. Sturzausstieg-Variante 6a
6. Aufwandler 6a
7. Schackltour 6a+
8. Mister X 6b+
9. Puppisteig 6a/6a+
10. Dirty Loundry 5b
11. Sturznummer 999 6b
12. Flip Flop 6a+
13. Flopyvariante 6b
14. Elfisteig 5a/b
15. Neue Elfi 5c/6a
16. Höhlenquerung 5c
17. Höhlendach 7a+
18. Eine hab ich noch 6b+
19. Nach Lust und Laune 6b
20. Fensterlgalerie 5a
21. Fensterlgalerie-Variante 6a
22. Via Nelly 4-
23. Notnagl 6b

**Routen
Sektor J
(Topo Seite 418)**

HOHE WAND ***/**** 30

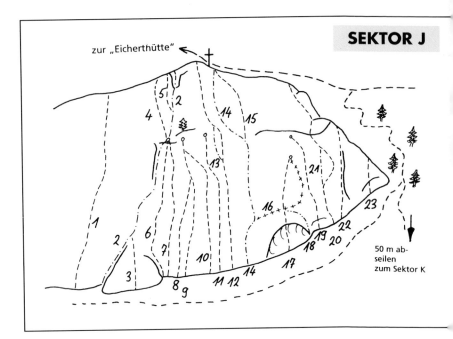

Sektor K	**UNTERE NAGLPLATTE**
Zufahrt/ Parken	Gleich wie Sektor H (siehe Seite 413).
Zugang	Gleich wie Sektor J (siehe Seite 417). Bevor man die Einstiege erreicht, weiter abwärts zu Baum und von dort 50 m abseilen.
Felsstruktur	Plattiger, wasserzerfressener Fels, teilweise sehr rauh.
Absicherung	Meist ältere Bohrhaken und Normalhaken.
Wandhöhe	Bis 45 Meter.

Routen Sektor K

1. Linksdrall 6a+
2. Naglverschneidung 5b/c
3. Naglkante 6a
4. Filou im Gummischuh 5b
5. Viel Spaß & Vergnügen
   1.SL 5c/2.SL 6a
6. Helisteig 6a
7. Alte Neue Direkte 6a+
8. Eile mit Weile 6b
9. Untere Naglplatte 5c